历史与理论

Encounters
Philosophy of History after Postmodernism

邂 逅

后现代主义之后的历史哲学

〔波兰〕埃娃·多曼斯卡（Ewa Domanska）编

彭 刚 译

北京大学出版社
PEKING UNIVERSITY PRESS

著作权合同登记号　图字:01-2007-0954

图书在版编目(CIP)数据

邂逅：后现代主义之后的历史哲学 / (波) 埃娃·
多曼斯卡编；彭刚译. —— 2 版. —— 北京：北京大学出
版社，2024.10. —— （历史与理论）. —— ISBN 978-7
-301-35399-8

　Ⅰ. K01

中国国家版本馆 CIP 数据核字第 2024MW5671 号

Encounters：Philosophy of History after Postmodernism by Ewa Domanska copyright © by the Rector and Visitors of the University of Virginia

据 University of Virginia Press1998 年版译出，中文简体字版归北京大学出版社所有

All rights reserved. No part of this book may be reproduced, or transmitted in any form or by any means, electronic or mechanical, including photocopying, recording or by any information storage and retrieval system, without permission in writing from the Publisher.

书　　　名	邂逅：后现代主义之后的历史哲学
	XIEHOU：HOUXIANDAI ZHUYI ZHIHOU DE LISHI ZHEXUE
著作责任者	〔波兰〕埃娃·多曼斯卡　编　彭　刚　译
责 任 编 辑	刘书广
标 准 书 号	ISBN 978-7-301-35399-8
出 版 发 行	北京大学出版社
地　　　址	北京市海淀区成府路 205 号　100871
网　　　址	http://www.pup.cn
电 子 邮 箱	编辑部 wsz@ pup.cn　总编室 zpup@ pup.cn
电　　　话	邮购部 010-62752015　发行部 010-62750672
	出版部 010-62754962　编辑部 010-62752025
印 刷 者	北京中科印刷有限公司
经 销 者	新华书店
	880 毫米×1230 毫米　32 开本　13.25 印张　330 千字
	2007 年 12 月第 1 版
	2024 年 10 月第 2 版　2024 年 10 月第 1 次印刷
定　　　价	88.00 元

目　录

致　谢

　　本书乃是始于 1993 年的一场思想探险的结果。如果没有我所访谈的教授们的大力支持，它就不会面世了。他们是：海登·怀特（Hayden White）、汉斯·凯尔纳（Hans Kellner）、弗兰克林·安克斯密特（Franklin R. Ankersmit）、格奥尔格·伊格尔斯（Georg G. Iggers）、杰尔泽·托波尔斯基（Jerzy Topolski）、阿瑟·丹托（Arthur C. Danto）、约恩·吕森（Jörn Rüsen）、列昂奈尔·戈斯曼（Lionel Gossman）、彼得·伯克（Peter Burke）、斯蒂芬·巴恩（Stephen Bann）。他们腾出了跟我谈话的时间。我想要感谢他们中的每一位，不仅因为他们的时间，还因为他们的宽容和耐心。这些会面和访谈对我而言，是不同寻常的向他人学习的宝贵源泉，同时也是灵感和难以忘怀的经历的源泉。我还想要向阿兰·梅吉尔（Allan Megill）教授和林恩·亨特（Lynn Hunt）教授表示谢意，他们分别为我的访谈集撰写了导言和后记。

　　对我的导师杰尔泽·托波尔斯基教授、安克斯密特教授和凯尔纳教授给予我的所有帮助和建议，我深怀感激之情。这些帮助和建议支撑起了我的热忱。

　　我还想感谢亚当·密科维茨大学历史研究所和格罗宁根大学艺术与人文学院的经费支持。

　　我还要向承担了书稿版式设计的马塔·杜布津斯卡（Marta

Dubrzynska）和巴托斯·法西吉（Bartosz Fasiecki）表示诚挚的谢意。我还要感谢戴维·斯拉特利（David Slattery）有益的评论和审订以及帕维尔·奥茨多夫斯基（Pawel Ozdowski）的翻译。乔纳森·梅吉尔（Jonathan Megill）帮助我审看了清样。

受访者简介

弗兰克林·安克斯密特（1945）

　　荷兰格罗宁根大学思想史与史学理论教授

斯蒂芬·巴恩（1942）

　　英国坎特伯雷肯特大学现代文化研究教授

彼得·伯克（1937）

　　英国剑桥大学文化史教授及伊曼纽尔学院研究员

阿瑟·丹托（1924）

　　美国纽约哥伦比亚大学哲学教授

埃娃·多曼斯卡（1963）

　　波兰波兹南亚当·密科维茨大学史学理论与史学史助理教授

格奥尔格·伊格尔斯（1926）

　　美国布法罗纽约州立大学欧洲思想史杰出教授

列昂奈尔·戈斯曼（1929）

　　美国普林斯顿大学罗曼语言与文学教授

林恩·亨特（1945）

　　美国宾夕法尼亚大学安娜堡历史学教授

汉斯·凯尔纳（1945）

　　美国阿林顿德克萨斯大学修辞与历史话语教授

阿兰·梅吉尔（1947）

　　美国弗吉尼亚大学历史学教授

约恩·吕森（1938）

德国北莱茵威斯特法伦科学中心埃森文化科学研究所所长，威腾/
赫德克大学基础研究部通史与历史文化教授

杰尔泽·托波尔斯基（1928）

波兰波兹南亚当·密科维茨大学现代史与史学方法论教授

海登·怀特（1928）

美国加州大学圣塔·克鲁茨分校意识史（History of Conscious-
ness）教授

导　言

阿兰·梅吉尔

　　阅读《邂逅》只有一个理由：这些访谈提供了你所可能找到的有关 20 世纪末叶历史学状况的最好不过的思索。这些记述并非出之以对当前研究成果的勾勒或者对人们所偏好的各种方法的概览的形式，因为在目前的情形下，没有人能够理直气壮地声称，某种单一的关切构成了历史学的"主干"，也没有人敢说，对于研究过往而言存在着某一套单一的权威方法。结果就是，那些严肃地对历史学加以思考的人们，发现自己超出了历史学的学科界限，而进入了某种元学科的层面。这里出场的历史学家和理论家们提出来的问题，植根于这一学科内部的和超出这一学科之外的一样多。于是，它们就不仅对当今的历史写作，而且也对总体而言的当代文化状况提供了启示。

　　人们一度将历史学视作一桩统一的事业。19 世纪时，各种特殊的历史终将汇集到某种对于人类历史的总体描述之中这一信念，盛行于职业历史学之中并成为其特征之一。这一信念在 20 世纪消退了，然而它的位置却被对于由某种共通的方法所支撑起来的历史学专业本身的统一性的信念所取代。到 20 世纪末，对于某种单一的权威的历史学方法的信念也在消退。今天，最令人兴味盎然的历史论著中的很大一部分，是在研究此前没有人探究过的那些生活领域，或者是以新的途径来接近过去，或者是两者兼备。简而言之，它突破了某个单一的故事或者某种单一的方法的樊篱。

　　早在 1957 年，列昂纳德·克里格就提出，诸如非洲史和思想史这样一些领域的出现，表明了"某种对于人们所熟稔的西方文明政治领域之外的历史世界的意识"，而且这些领域标志着"历史学的繁荣兴盛……超出了历史学家把握它的能力之外"。[1] 自 1950 年代以来，"把握"历史的难度越来越大了。颇能说明问题的是，对于本学科的综览，而今采取的是将多位作者的论文编纂成册的形式，每位作者处理的是与整体相对分离的某个特定问题或次一级的领域。[2] 近来受到最广泛注意的对于历史学的民族传统的研究——彼得·诺维克的《那高尚的梦想："客观性问题"与美国历史学界》——的结论是，该学科目前呈现出多中心和碎片化的特点。[3] 倘若人们将眼光越过历史学科，看看研究过去的其他领域，比如说艺术史或者文学研究，多中心和碎片化的情形甚至会更加让人触目惊心。

倘若今天有人想让对于过往的研究还有些意义的话，历史和理论就都是不可或缺的。采访人埃娃·多曼斯卡于 1982 年在波兹南开始了她大学阶段的学习，在她学习历史的同时，她亲身经历了波兰共产党政权缓慢的崩溃过程。无论是过去还是现在，都有着许多需要重新解释的东西。多曼斯卡走向了一般而论的"后现代"理论和具体而论的"后现代"史学理论。其结果之一就是眼下这本书。多曼斯卡的受访者们长年浸淫于历史学中，而且他们还具有某种更为罕见的东西——一种宽广的理论视野，那赋予了他们对于远远超出具体历史领域之外的问题

〔1〕 Leonard Krieger, "The Horizon of History," *American Historical Review* 63 (1957): 62-74, at 62, 63; repr. in Krieger, *Ideas and Events: Professing History,* edited by M. L. Brick, with an introduction by Michael Ermarth. Chicago: Univ. of Chicago Press, 1992, 145-158.

〔2〕 例如，参见 *Historical Studies Today*, edited by Felix Gilbert and Stephen R. Graubard. New York: Norton, 1972 和 *The Past Before Us: Contemporary Historical Writing in the United States*, edited by Michael Kammen. Ithaca: Cornell Univ. Press, 1980。

〔3〕 Peter Novick, *That Noble Dream: The "Objectivity Question" and the American Historical Profession.* New York: Cambridge Univ. Press, 1988, 413-629.

的意识。其结果就是，他们可以向我们提供对于当今历史学的某些重要特性——各种人们争论不休的问题和悖论——的洞见卓识。

那些特性部分地来自学科内在的发展。例如，每年都有数量庞大的历史学著作和论文被生产出来。庞大的历史文献的存在，使得单个的历史学家要想"脱颖而出"——亦即历史学家要满足学科的要求，生产出既有趣又新颖的知识——变得前所未有地困难。因而，就有一种刺激力量，让人们在大多数历史学家从前认为并没有任何重要性，或者至少是没有历史的重要性的论题中去发现重要性。于是，诸如日常生活史（ *Alltagsgeschichte* ）这样的论题变成了全新的领域，性别史也崭露头角。然而，正如性别论题所表明的，追求原创性的学术动机，只能部分地解释历史学那种日渐多样化的特性。更加广阔的社会和文化背景也同样重要。我们似乎是生活在"后现代状况"，在其中（用让-弗朗索瓦·利奥塔的话来说）不存在什么"宏大叙事"，也没有单一的、权威性的、无所不包的故事，能够让我们赋予我们所生活的这个世界以意义。〔1〕由于对历史写作存在统一性的可能提出了质疑，宏大叙事的缺席就改变了历史写作。

不能指望一本书就能够让我们通向今日历史学的广阔领地，然而，这本书至少可以令我们对某些最具兴味和挑战性的研究的背后究竟是些什么样的东西有所领悟。受访者们并不都执着于同样的立场，但是他们确实在某个问题上达成了一致——那就是，他们一致认为哪些问题是重要的。最引人注目的是，他们都认为艺术和美学理论非常

---

〔1〕Jean-François Lyotard, *The Postmodern Condition: A Report on Knowledge*, translated by Geoff Bennington and Brian Massumi, foreword by Fredric Jameson. Minneapolis: Univ. of Minnesota Press, 1984.

重要。在这一根本性的一致之外，歧异之处所在多有。有些受访者本身就强烈地偏向审美的层面(怀特、凯尔纳、安克斯密特、巴恩、丹托)，另一些人则对此更多保留(伊格尔斯、托波尔斯基、吕森)。对于第三种人(戈斯曼、伯克)而言，审美的层面没有占据那么核心的位置，却还是出现在他们研究的背景之中。

审美在这些访谈中所扮演的重要角色，并非来自于采访者方面的 *parti pris*[先入之见]。确实，多曼斯卡是带着一系列她所萦心的问题来见采访对象的，可是她对于史学理论的现状了然于心，并且她所关心的问题，在那一领域内确实非常重要。在受访者方面来说，他们对于审美问题发生关切的缘由，既来自史学理论领域的某种内在的动力，又出自于历史研究和写作的现状。

有的读者可能会将这些访谈看作上演了一场当今历史学界"现代主义"和"后现代主义"趋向之间的冲突。这种解读在我看来并不能够让人满意：别的不说，历史学作为一门学科从来就不是非常"现代主义"的，并且"后现代主义"一词也是人们争讼纷纭的。对我来说，核心的问题并非"现代主义"与"后现代主义"之间的对抗，而毋宁说是历史写作的审美层面与我们可以称之为"科学的"和"哲学的"关切之间的关系问题。

我所谓的"科学的"关切，指的是对于历史记述(historical account)的有效性(validity)的关切，也即对其真伪的关切。历史学家不只是在描述和说明过往的事物，他们还致力于论证，以将他们所提供的描述和说明的真实性确立起来。在论证或证实的任务和审美生产的精神之间存在着某种张力：真与美并非总是能够重合的。我所谓的"哲学的"关切，指的是历史记述的意义(significance)，也即对其就我们目前而论所具有的意味的关切。历史学家所从事的解释的任务，有一种本质上道德性的倾向，因为某一历史记述对于我们目前所具有的意味，确乎是一桩有关它对于当下的选择和行动所具有的蕴含的事情。[1]

于是，这些访谈所涉及的并非审美层面本身，而是涉及艺术、有效性和意义之间的关联。或者，要用更加鲜明的方式来表达的话，它们涉及历史研究和写作之间的关系，真、善、美之间的关系。受访者中有的距离某种关切更近，有的距离另一种关切更近，然而他们都一致认为，就我们对于当今历史学的理解而言，艺术、有效性和意义乃是紧要的，或许就是全部紧要的关切。

与以上所勾勒的各种关切有着最密切关联的人，莫过于第一位受访者海登·怀特。他那本广受争议的《元史学：19世纪欧洲的历史想象》，对于当前有关历史学的思考产生了巨大的影响。[2] 怀特是这些访谈中最被广泛提及的人物（提到他的地方有232次之多），这一点不足为奇，接下来的是米歇尔·福柯（80次）、理查德·罗蒂（46次）、雅克·德里达（36次）、弗兰克林·安克斯密特（36次）和罗兰·巴特（34次）。受访者们并非在所有问题上都同意海登·怀特，但是他们确实一致认为，他的研究对于当前有关历史学的思考而言乃是根本性的。怀特影响力的基础在于，在一个相当早的时期——20世纪60年代中期，他就在我们有关历史学的思考中洞察到了某种审美的转向，

----

〔1〕　我在这里指的是历史学的四个任务：描述（description）、说明（explanation）、论证（justification）和解释（interpretation）。见 Allan Megill, "Recounting the Past: 'Description,' Explanation, and Narrative in Historiography." *American Historical Review* 94 [1989]: 627-653。

〔2〕　Hayden White, *Metahistory: The Historical Imagination in Nineteenth-Century Europe*. Baltimore: Johns Hopkins Univ. Press, 1973.

而别的思想深邃的观察者们又花了 10 年或者更多的时间，才看到这一点。怀特的书对于当今的历史哲学而言，有着与卡尔·亨佩尔的《普遍规律在历史学中的作用》一文在 1945—1965 年这一时期内同样的地位；也就是说，它界定了人们所要讨论的问题。[1]

　　眼下这本书，的确可以看作几乎就是一本呈献给海登·怀特的纪念文集(*Festschrift*)：它清楚地显示出他在当今历史哲学中无处不在的身影。因而人们有必要回想一下，怀特是如何得出他在《元史学》和其他地方所阐发的那种离经叛道的观点的。需要注意的一点，是在审美转向与极具马克思主义或新马克思主义色彩的历史观中间那种两相对立的关系。更宽泛些来说就是，对于某种"宏大叙事"的执着似乎是与审美的转向不相容的。柯林武德为此提出了一些理由，他在《历史的观念》中指出，"纯然想象的世界之间无法发生冲突，并且无须协调一致；每一个都是它自身的世界"。因而不同的虚构就没有多大的压力来使它们彼此之间和谐无间。柯林武德指出，相反的是"只有一个历史世界"。[2] 正如我们已经注意到了的，自柯林武德的时代以来，历史学繁荣起来了。与此同时，在其多样性中它与审美事项有了越来越多的相通之处。

　　怀特能够抓住审美层面的一个原因，是他从来没有让自己效忠于现成的马克思式的宏大叙事或者那种叙事的任何替代品。他在访谈中宣称，他一直将自己视为"某种马克思主义者"。然而就他同时还有别的身份而论，他是一个特殊的马克思主义者，"我将马克思视作伟

〔1〕　Carl G. Hempel, "The Function of General Laws in History, " in *Theories of History*. edited by Patrick Gardiner. New York: The Free Press, 1959, 344-356.

〔2〕　R. G. Collingwood, *The Idea of History*. Oxford: Oxford Univ. Press, 1994, 246[original edition, 1946].

大的历史哲学家中的一员，许多当中的一个"。怀特的社会的和地域的根底，或许有助于他免于头脑简单地被正统所吸引。他1928年生于田纳西州的马丁——贫困地区中一个三千人口的小城。1936年，当地的轧棉厂失火烧毁以后，他搬家到了底特律。他父亲在汽车厂找到了工作，怀特在那儿上了高中。在怀特的孩童时代，他家在城里和乡下之间搬来搬去，怀特实际上是在肯塔基州的富尔顿高中毕业的，那里离马丁并不远。因而，他的根既在乡野的"中南部"，又在工业化的底特律。他在第二次世界大战之后步入成年，置身于一个充满了各种神奇可能性的世界之中，那是他在战前做梦也想不到的。怀特之拒斥任何大写的历史的观念，是不是他那破碎而不连贯的童年和青年时代的一个结果呢？我们无从了解；我们所能够了解的全部，就是在他的经历和他的理论立场之间有某种亲和性。

　　有关怀特的另一桩要紧的事情，是他很早就接受了这样的观念：历史研究的最高目标，就是要使研究者对人类文化有宏阔的把握。与阿瑟·丹托一样，怀特上的是韦恩州立大学，那是底特律的城市大学，受教于一位极具个人魅力的教师威廉·博森布鲁克（William Bossenbrook），他显然是把以尽可能包容的方式来教育他那些来自社会底层和移民后裔的学生，作为自己的天职。[1] 当怀特到了咫尺之遥的密歇根大学上研究生时，他选择了研究欧洲文化中曾试图成为"普世性"的那种制度——中世纪的教皇制。他后来转向研究历史学时，又

---

　　［1］　怀特为博森布鲁克编了一本纪念文集 *The Uses of History: Essays in Intellectual and Social History* (Detroit: Wayne State Univ. Press, 1968)。还可参见丹托在他的 *Analytical Philosophy of History* (Cambridge: Cambridge Univ. Press, 1965, xvi) 一书的前言和这里的访谈中对他受到博森布鲁克的影响的致谢。很有意思而又不大受到人们注意的一件事情，就是两位最具原创性的美国历史哲学家都曾在同一个寂寂无名的学者指导下学习。

6　将精力集中在那些胸怀整个社会和政治领域的 19 世纪大历史学家和历史哲学家身上。在《元史学》的末尾，怀特清楚地表明了他受到这些作家吸引的原因，他表达了这样的希望，"历史意识将会重新建立起它与诗学、科学和哲学的宏大关切的联系，正是这些关切，激励了 19 世纪它那黄金时代中那些垂范后人的参与者和理论家们"〔1〕。

　　人们可以在不同的层面上质疑怀特的结论，但却没有人能够否认他所提出来的问题的重要性。尽管他从一开始就坚持这一观念——历史学应该讲述对于普遍性多少有所主张的种种故事，本质上他却是一个多元主义者，从来没有执着于任何单一的宏大叙事。他有着开阔的历史观，因而对于理论性问题保持着开放的胸襟，这在大多数历史学家来说是颇不寻常的。因而，他很早就对审美的层面以及由此发生的问题洞若观火。〔2〕

　　读者可以将其余的访谈看作对怀特的反思加以处理——对其进行发挥或提出质疑——的一系列尝试。受访者中的两位，汉斯·凯尔纳和弗兰克林·安克斯密特非常接近于怀特。汉斯·凯尔纳自 20 世纪 60 年代以来就与怀特保持着联系。与所有的受访者一样，凯尔纳对于这样一种看法——专业的历史研究可以"统合"成为某种单一的大写的历史——持否定态度；他将那种无法统合的东西归为"某种审美对

---

　　〔1〕　White, *Metahistory*, 434.
　　〔2〕　就此而论，卡洛·金兹堡（Carlo Ginzburg）试图将怀特的思想发展解释为他受到"意大利哲学的新唯心主义"的影响，并指出怀特的发展与法西斯主义哲学家乔瓦尼·金蒂利（Giovanni Gentile）的著作的密切关系，在我看来是错误的，除了别的因素之外，金兹堡还完全忽略了怀特思想发展的美国背景（Carlo Ginzburg, "Just One Witness," in *Probing the Limits of Representation: Nazism and the "Final Solution,"* edited by Saul Friedlander. Cambridge: Harvard Univ. Press, 1992, 82-96, especially 89-92）。

象"。他最精彩的思想脉络所处理的是那种成其为职业历史学家的标志的"缄默的焦虑"（tacit anxieties）。他的很多研究致力于揭示和评析历史学家们的焦虑，以便更好地判断和鉴赏他们的论著。用他的话来说，"对我而言，历史就是人们写作并称之为历史的书籍"。这中间的内涵并不像表面看来那么浅薄直白，因为人们——从政治家到最名声显赫的文学批评家们——往往在心目中连一本历史书都没有的时候就侈谈"历史"。

弗兰克林·安克斯密特到了 20 世纪 80 年代后期才接触到怀特的著作。他对于史学理论的第一项实质性的贡献《叙事的逻辑》，并没有受到怀特的影响；实际上，那本书的灵感来自于莱布尼茨的整体主义的本体论。[1] 它最引人注目和争议最大的论点是这一断言：尽管特定的历史陈述（historical statement）可以依据其指涉物而被判断为或真或伪，然而，对于作为整体的历史记述（historical account）——他称之为"叙事实体"（narrative substances）——来说，却并非如此。随后，安克斯密特提出，叙事实体乃是"过去实在的替身或替代品，就像是贡布里希和丹托将艺术作品视作实在之中某物的替代品一样"。撇开别的不说，安克斯密特的观点意味着，就历史写作的层面而论，"不再有认识论问题存在的余地"，因为历史学家所提供的并非对于过去的表现（representation）而是其替代品，正如一件艺术品并非对于实在的表现，而是实在的一部分，被用来替代另外一部分。在他最近的著作中，安克斯密特开始论证"历史经验"（historical experience）的重要性，那在他看来乃是无法被语言所准确捕捉住的某种东西。与此同时，他依旧对历史学学科的"合理性"深信不疑，并对"历史学家们

7

---

　[1]　Franklin R. Ankersmit, *Narrative Logic: A Semantic Analysis of the Historian's Language*. The Hague: Nijhoff, 1983.

作为一个学术共同体所展现出来的实践智慧"印象深刻。

接下来的三位受访者，格奥尔格·伊格尔斯、杰尔泽·托波尔斯基和约恩·吕森，对于审美的视角和"后现代主义"都有所保留。与此同时，他们又都认可怀特所提出的问题的力度和进一步探讨的必要性。格奥尔格·伊格尔斯认为，自己从一个更加正统的角度对怀特和安克斯密特做出了评论，尽管他或许并没有自己所认为的那样距离他们那么遥远。在宏大叙事的问题上，他与他们并无二致。他认为，处于危机之中的并非历史写作，而是"作为一个统一性过程的历史的概念"，而"我们正生活在一个不再认定历史是沿着一个明晰的规程前行的时代"。

杰尔泽·托波尔斯基是在第二次世界大战之后的波兰共产党政权下接受教育的。他的很多著作都牵涉马克思主义的宏大叙事和历史唯物主义就不足为奇了。在此之后，他觉得"后现代主义"扮演了一个"重新焕发生机的角色"。然而，他也警告说，"采纳后现代主义最极端的要求"，将会导致"几个世纪以来占据了主导地位的那种历史学的瓦解"，而且，他也很怀疑历史学家们会接受这样一种观点，那将使得他们不可能像一直以来所理解的那样去写作历史。再就是，他针对相对主义而强调真理的概念，那在他看来同时也是一个道德性的范畴。因此，他就将审美的层面从属于有效性和意义的标尺之下。对于在他眼中既包含了叙事主义的又包含了"后现代主义"的种种关怀的"新历史哲学"，托波尔斯基认为，它有助于历史学家们弄清楚他们所做的事情，也有助于指引他们沿着新的路径来进行自我反思。

约恩·吕森也对后现代视角持保留态度。他主要关心的是，要"在叙事主义和科学合理性这两歧之间进行沟通"。作为一个在20世纪50年代和60年代步入成年的进步的德国人，他强烈地意识到了大

屠杀向历史思想和历史文化提出的挑战。人们如何领会包含了大屠杀　8
在内的一部历史？这样一部历史有什么样的意义？吕森指出，历史学
家不是在制造意义而是在转换（translate）意义，并且他呼吁学者更多
地去研究人们的宗教生活，那是接近意义源泉的一种途径。他也萦心
于有效性的问题。他对于在当代史学理论中所看到的"精神分裂症"
颇为痛心：一方面是对于语言、修辞和叙事的敏锐意识，另一方面则
是对于历史研究技能的认可，在这两者之间存在着一道鸿沟。他提倡
要对历史学的认知的、政治的和审美的层面之间的关联进行更多的
研究。

　　最后四位受访者，阿瑟·丹托、列昂奈尔·戈斯曼、彼得·伯克
和斯蒂芬·巴恩，是从带有鲜明的艺术和艺术批评色彩的角度切入历
史学的——或者，就戈斯曼的情形而论，是从文学和文学批评的角
度。阿瑟·丹托曾想要成为一名职业的艺术家。即便是他成了哥伦比
亚大学年轻的哲学教授之后，他还在画廊里展出自己的作品，直到他
最后断定自己可以搞艺术，也可以搞哲学，却不能二者兼顾。他对于
艺术世界的体验，尤其是安迪·沃霍尔（Andy Warhol）的"布里洛盒
子"（Brillo boxes，1962）给他带来的震撼，使得他对于艺术的历史变
迁以及是什么使得艺术品成其为艺术品这一问题极为敏感。他将现时
代视作一个"深度多元主义"的时代，后现代艺术"内化到了它自身
之中"。他在哲学上依旧是一个现代主义者。他是一个叙事实在论者，
针对怀特，他提出"在历史中实实在在地存在着客观的事件组合"。
他认为"美学确实无法与科学分离"，因而在他看来，清除了一切审
美关照的陈旧的"科学历史学"的观念，不过是丧失了人文关怀的
历史。

　　文学与文化史专家列昂奈尔·戈斯曼，在第二次世界大战之后是

格拉斯哥大学的学生，他急于在历史中寻找"意义"，然而他没有在自己上的历史课中找到它，那里面"似乎没有任何哲学上的自觉"。于是，他转而学习法国和德国文学，沉迷于卢卡奇，结果就接触到了德国古典主义和新人文主义的 Bildung［教养］传统。他并不接受"任何连贯一致的理论立场"，而是从像是存在主义和实证主义这样彼此互不相容的哲学立场中受到启迪。本着这样多元主义的视角，他对于"研究大写的历史"毫无兴趣就不足为奇了；吸引他的是"研究具体的历史问题并衡量证据和论点的"内容充实的学科。因而他对有效性和意义——对 Wissenschaft［科学］和 Bildung［教养］——都同样高度关注。如同我前面所提到的，对他来说，审美方面的关切并不处于那么核心的位置；他表示，他对于历史的态度更是政治的和伦理的而非审美的。

文化史家彼得·伯克或许最不适合于这本集子的路数。伯克在牛津求学时，的确将意大利文艺复兴时期的艺术作为自己的专业。然而，他很快就不局限于对艺术和美学的具体关切，对于艺术、有效性和意义之间关系的理论问题也没有多大的兴趣。他在访谈中是以信息灵通的文化史家的身份出现的。他对一般而言的文化史、自下而上的历史、历史人类学、思想史和社会史之间的关系有所点评。"后现代主义"让他心驰神往，却又觉得与其"多少有些疏远"，这在很大程度上是因为，他想要不光能够谈论"想象的自由"，也能够谈论"社会的制约"。

批评家斯蒂芬·巴恩让我们回到了根本的审美焦点问题上。巴恩长期与艺术上的先锋派打交道。他发现在艺术与历史之间有着密切的关联，尽管"在这两个领域之间发生的事情并不雷同"。巴恩打破了学科界限，对于出现在历史绘画、历史小说和博物馆中的历史表现与出现在对历史著作中的同样关注，在他的访谈中，关于表现过去的多种多样的方式，他有很多可说的。

　　对于一个学术性学科的要求之一，就是有一种推动力要"使其常新"。寻求知识，寻求的是新知识，那跟踩水或者将神像擦拭一新不是一回事。让笔者觉得耳目一新的著作，往往是那些超出了或者至少是冲击了既定模式的界限的著作：那些带来了前所未见的主题和研究路数的著作；那些对另外一个学科或者学术领域有所贡献的著作；那些承认自身虚构性的层面的著作；那些成功地同时具备了历史性和理论性的著作。

　　《邂逅》一书至少触及了这些可能性当中的一些。它之所以能够做到这一点，是因为多曼斯卡选择来提问的人们，对于历史学传统和那个传统置身的更加广阔的思想的和实际的世界，都有着深刻的认识。在他们的思想中，有一种对于实验的兴奋感和强烈兴趣，还有对于有效性和意义问题所持续具有的重要性的认识。如果当作对更早期的、更受限制的历史学——在那里，对于这个世界中什么重要、什么不重要，历史学家们基本上能够达成一致——的观察来看的话，柯林武德的断言"只有一个历史世界"在很大程度上是对的。一旦不再是这样的情形，我们就可以更加清楚地认识到，历史写作是如何深深地依赖于自身的假设。在这个意义上，它更像艺术，然而是一门对于事实真理有所主张的艺术。

10

　　在蒙田的随笔《论跛子》中，他写道："我喜欢那些让我们轻率鲁莽的论点更加温婉平和的词语，比如'或许''多少有些''人们说''我认为'……谁想要挽救自己的无知就得先承认它……好奇乃是一切哲学的根底；探究是它往前推进的路径；无知乃是它的终点。"[1]
但是，作为探究的终点的无知，并非简单的"我不知道而且无法指望
去知道"。它不是从思想中开小差。毋宁说，它清楚地意识到了有多
少东西是无法知道的，它的结果是知道得更多。人们在这本书的有些
部分中可以窥探到的怀疑主义的低调，在我看来应该视作寻求知识中
的一个环节。

这些访谈让我们对于在当前的历史学中可以寻找什么有所感悟。
当然，阅读历史的一个紧迫的原因，显然是对于过往的某些特定部分
的好奇心。然而，访谈还提供了更深层次的原因，那关系到宽泛层面
上的历史写作。它们更多地是澄清了而非回答了问题——有关历史与
其表现模式的关系问题、特定的历史著作与某种更加宏大的一般历史
观念的关系（或没有关系）问题、有关历史对于个人和公民所具有的
作用的问题。对这些问题的澄清并非无关紧要，也许将会有助于我们
更加清楚地思考对知识和生活都有所贡献的历史。

论著选目

Prophets of Extremity: Nietzsche, Heidegger, Foucault, Derrida. Berkeley: Univ. of
    California Press, 1985.

*The Rhetoric of the Human Sciences: Language and Argument in Scholarship and
    Public Affairs,* co-editor, with John S. Nelson and Donald N. McCloskey. Madi-
    son: Univ. of Wisconsin Press, 1987.

Rethinking Objectivity, editor, Durham: Duke Univ. Press, 1994.

―――――――――

[1] Michel de Montaigne, *The Complete Essays,* translated by M. A. Screech. London:
Penguin, 1991, bk. 3, essay 2, "On the Lame," 1165.

"Aesthetic Theory and Historical Consciousness in the Eighteenth Century." *History and Theory* 17 (1978): 29-62.

"The Reception of Foucault by Historians." *Journal of the History of Ideas* 48 (1987): 117-141.

"Recounting the Past: 'Description,' Explanation, and Narrative in Historiography." *American Historical Review* 94 (1989): 627-653.

"Jörn Rüsen's Theory of Historiography between Modernism and Rhetoric of Inquiry." *History and Theory* 33 (1994): 39-60.

"'Grand Narrative' and the Discipline of History," in *A New Philosophy of History*, ed. Frank Ankersmit and Hans Kellner, 151-173, 262-271. Chicago: Univ. of Chicago Press, 1995.

"Historicizing Nietzsche? Paradoxes and Lessons of a Hard Case." *Journal of Modern History* 68 (1996): 114-152.

"Why Was There a Crisis of Historicism?" *History and Theory* 36 (1997): 416-429.

海登·怀特

过去是一个神奇之地。

Hayden White

首先，我想问的是，在求学时期你主要的兴趣是什么？ *13*

  我 1928 年生在美国南方。我父母都属于工人阶级，在大萧条时期到了密歇根州的底特律找工作，我到那儿上的学，念的是本市的公立大学——密歇根州底特律市的韦恩州立大学。我是 1951 年毕业的。1940 年代末我曾经在美国海军服役。后来，上了密歇根大学，那是州立大学，我学的是中世纪史。我 1955 年在密歇根大学拿到博士学位，论文主题关于克来佛的圣伯纳德（Saint Bernard of Clairvaux）与 1130 年的教皇分裂。我研究 12 世纪的教会史，以及罗马教廷的官僚制重组与由克来佛的圣伯纳德和 12 世纪的神秘主义改革派这样一些人物所领导的教会改革之间的关系。然后我在韦恩州立大学、纽约的罗切斯特大学、加州大学洛杉矶分校、康涅狄格州的韦斯里安大学执教，而后又去了加州大学的圣塔·克鲁茨分校，最近 15 年一直待在那里。我在历史哲学方面最早的论著是在意大利出版的。我从我的论文中——有关中世纪史的——抽取了一些材料来发表，身为年轻教授，我教的是中世纪史和文化史。

  1960 年代是美国高等教育大幅度扩展的时期，我非常幸运地在那个时候进入了学术界，因为那是一个激动人心的年代。我参与了学生的抗议活动和教学计划的改革。我觉得那是一个令人兴奋的时期，因为在我看来

我学的是中世纪史。

14

对教育制度进行改革的时机是非常少有的；那些制度往往非常保守，你只有在动荡不定的危机时刻才能提出新的论题来。一直以来，我对于人们为何研究过去比之自身去研究过去要更有兴趣。也就是说，从某种人类学的角度来看，那在我看来真是一桩很奇怪的事情。一个社会里面会有专业人士来研究过去，真是有些奇怪。为什么国家、社会或社群要付钱来让人研究过去？从你对于过去的研究之中，你能够学到什么？为什么人们对它这么着迷？许多文化中并没有这么一回事，为什么西方产生了这么一种职业呢？

一直以来，我对于人们为何研究过去比之自身去研究过去要更有兴趣。

在 19 世纪初期之前大学里面并不教授历史。历史学并不是大学的一个学科，也没有历史教员。有专以古代为业，研究远古的、《圣经》所记述的世界的教员，但是没有历史学家。历史是什么人都可以写的东西。用不着写学位论文，也用不着证书或执照。

因此，这就向我提出了问题：研究过去的社会功能是什么？意识形态和宣传的功能是什么？人们有了基于权威并且声称它是权威的某种教条，因为它对于过去有所了解。那在我看来是非常奇怪的事情。于是，我越来越多地就这些问题进行写作。

大概是 1965 年，《历史与理论》杂志的编辑要我写一篇讨论历史的社会或文化功能的文章，于是我写了一篇题为《历史的重负》的论文。最初我是在韦斯里安大学的一次讲演上将其发表的。那篇论文在我看来并不特别具有什么独创性，然而有很多人喜欢它，很多人将其视作我的第一篇重要论文。但是对我来说，那不过是就人们对于历史的各种态度所进行的又一份概览而已。正是《历史的重负》一文让我写了《元史学》，因为有人读了那篇论文后给我写信说："你是否愿意对这个主题，对 19 世纪的历史思想写一本小书呢？"于是我就写了本没有人喜欢的小书。编辑说："再写长一点儿，因为人们想看的不是概述。"所以我就写了《元史学》。《元史学》不讨历史学家们喜欢。然而别的学科中有些人喜欢，像是哲学家和文学批评家。因为它所做的，或者力图做的，就是解构所谓历史科学的神话。

《元史学》所做的，或者力图做的，就是解构所谓历史科学的神话。

15

《元史学》是对于实证主义的一种反叛吗？

是的，它确实是针对实证主义、针对某种实证主义的历史观念的。历史学科是彻头彻尾地反理论的。历史学家将自己视为经验论的，他们的确是如此，然而他们不是哲学上的经验论。他们是常识上的经验论——在普通寻常的意义上。这就是马克思主义在美国一致被认为并非纯正历史性的原因所在，因为它有理论。而马克思主义理所当然地总是因为资产阶级历史学家们没有理论而批判他们。

我们可以谈论叙事主义的历史哲学，然而要讨论这种理论的运用却非常困难。我们可以设想，福柯或者某些历史学家与以勒华拉杜里（Le Roy Ladurie）、卡洛·金兹堡为代表的 mentalité[心态]范式相关，他们置身于这个潮流之中。然而，却没有人以叙事主义历史哲学为指导来写作历史书。

这是实话，可是叙事的历史观的论旨是分析性的结果，而不是开出来的药方。它不是要制订如何写作的规则，就像研究小说的文学批评家并不教人如何写小说一样。将历史视作叙事的理论并不预制规则；我想说的是，它是反思性的和分析性的；它是对于实践的反思。它思索的是实践。有关叙事的最重要之处就在于，它是将人们对于世界的感知、人们的经历组织起来的一种模式。我以为，它是一种反理论的、不承载理论的模式。叙事不是需要接受训练后才能做的事情。你当然要学习如何叙事，然而那就像学习自己的母语一样。人们并不需要有了一套语言理论再去说话。他们的确得有某些内化了的语法概念和形态学概念等等，然而——照我说来——不同于科学思维或算法思维，那并不是在潜意识里要运用一套理论。我觉得，叙事是与社会生活相生相伴的，它是社会和群体认同所固有之物。正是这一点使得它与神话一道绵延不绝，也使得它在科学家眼中颇为可疑。当达尔文将自然史改造为生物学时，他就扔掉了叙事。自然史是对世界演化的叙事性记述。然而，另一方面，叙事史学的理论给那些试图试验不同的叙事写作门类的人们颁发了许可证。比如，金兹堡就憎恨《元史学》，他认为我是法西斯主义者。他在很多方面也很天真。他认为我的历史观有似于克罗齐，是主观主义的，并且以为我的观点是可以为了某种审美效果而操纵事实。我认为人们可以这样做，而且尽管金兹堡认为不应

[旁注]

叙事是将人们对于世界的感知、人们的经历组织起来的一种模式。

16

自然史是对世界演化的叙事性记述。

当这样做，我却觉得他本人常常就是在这么做的。

　　研究历史有许多不同的方式，我们为了不同的缘故而研究历史。不可能将某种研究历史的方式立为正统。这和物理学研究不一样。人们可以即兴采用不同的技巧来表现过去，而这就是历史写作有着与物理学研究不同性质的历史的原因。我们只有考察历史著作史，才能辨识出不同的风格变化。而历史学家的天真之处就在于，他们总是认为眼下搞历史的方式终究是最好的方式。

　　倘若我们回溯到每个人，比如说米什莱，我们会说："真是糟糕，我们可比他高明。他太幼稚了。"现代史学家们回望伏尔泰、兰克或布克哈特，他们断定说："是的，他们在试验写作历史的不同方式。作为作家而言他们很有意思，然而就搞历史而论，我们有更加高明的办法。"我觉得这始终就是一种幻觉。不可能将人们与过去发生关联的方式定于一尊，这首先因为过去是一个神奇之地。它已经不复存在。人们只能通过遗留下来的东西来研究它。就其定义而言，历史事件就是不可重复的。我们不能像在实验室里重复物理事件一样来重复它。历史事件就其定义来说无法重复。我们不再能对它有所感知。因而无法对其进行经验性的研究。可以用别的、非经验性的方法来研究它们；然而却没有办法来最后判定对于学习和指导历史研究而言哪种理论是最好的。我的看法就是如此。

> 过去是一个神奇之地。

　　我想，大多数历史学家会同意说，没有最终的史学理论。但是，可以有一种关于历史写作的理论。我的意

17

思是说，你可以退后一步，以和科学哲学同样的方式来
考察历史写作。科学哲学家们并不告诉物理学家们如何
从事科学研究。他们对物理学家所做的事情进行反思，
以对物理学的认识论假设提出某些断言。

我要回到有关历史哲学的一般性问题上来。你认为历史
哲学的目的不是给历史写作提供指南或者表明如何将这
些指南运用于历史写作，而是说历史哲学有助于我们理
解过去的历史学家们是如何写作历史的？

不尽然如此。它要对历史学和其他学科之间的关系
问题进行反思。比方说，历史写作与小说——文学写
作——之间是什么关系？历史研究与社会学研究之间是
什么关系？这是些哲学问题。历史学家们在做他们的事
情，他们并不是必须要对这些关系进行思考。历史学家
们并不经常要对他们的研究的文化功能进行思考。他们
进入这门学科。他们做他们的事情。当你向他们指出
"你所做的事情预设了或者建基于一系列隐含的假设之
上"时，他们会说，"我不在乎那个，我得继续做我的
事情"。

知识被组织成为不同的学科。比方说，至少在美
国，历史学家们突然决定可以运用人类学，他们可以运
用某些有关亲属系统的理论，他们再回过头来将其运用
于历史学。然后，另外一个人决定不用人类学，而是用
心理分析、社会学或者某种社会阶级理论。他们持续不
断地在挪借。吸引我的是他们究竟是基于什么原则来决
定从事这一种而非另一种历史研究的。

你最初的灵感来自何方？

柯林武德和克罗齐。我一开始就被柯林武德和克罗齐所吸引，因为他们提出了我们为何研究历史的问题。你知道，在许多方面，大多数历史学家甚至是不会提出这些问题的。他们认为我们研究历史的缘故显而易见。可是当人们不喜欢他们所写出的历史时，他们总是惊诧莫名。

> 我一开始就被柯林武德和克罗齐所吸引。
>
> 18

我在密歇根大学读研究生时，与莫里斯·曼德尔鲍姆（Maurice Mandelbaum）一道工作，那个时候他是美国唯一一个研究历史哲学的人。

其他启发了我的是诸如赫伊津哈（Huizinga）这样伟大的反思的历史学家。我想说的是，他是这样一个人，不仅搞历史，而且还对如何搞历史有所反思。我认为，所有的大历史学家都是既搞历史，又搞历史哲学。他们总是在问这样的问题：如何做历史？做历史的最好的方式是什么？认为某种方式比另一种更好的根据是什么？研究过去的目的、社会性的目的是什么？

我对地道的历史学有兴趣。我对写作历史有兴趣，但我并非好古成癖的人。我的意思是，我不相信人们研究过去仅仅是因为对过去有兴趣。倘若你对过去有兴趣，那必定有着某种心理的驱动力。《元史学》是历史研究的成果，它不过是对 19 世纪历史写作进行的研究。我是说，我过去在研究的是 19 世纪的历史写作。那是一项历史性的研究。然而我认为，我需要某些原则来编排和勾画 19 世纪研究历史、写作历史的不同路数。这

> 我不相信人们研究过去仅仅是因为对过去有兴趣。

就是我从历史学家的文本入手的缘故。在我看来，大多数撰写历史著作史的人们是在倾听历史学家们言其所行，而不是去分析他们究竟写的是什么。比如说，兰克就指出：我们去档案馆研究档案，从里面走出来，把各种事情理顺，然后再写出来。其中既有研究的阶段，又有写作的阶段。我发现，倘若我们不是从这种信息入手而是考察文本本身，你就会发现，很多时候他们说出来的东西是无法在他们所报告的研究的基础上得到证实的。仅仅就谋篇布局方面的考虑本身来说，历史学家的文本的谋篇布局就使得他们从档案中所提炼出来的史料发生了变化。因此，我就需要一种对不同的表现风格进行概括的方法。那就是我开始研究诸如诺思罗普·弗莱（Northrop Frye）——但不只是弗莱，还有肯尼斯·伯克（Kenneth Burke）等人——的文学理论的缘故。我的《元史学》一书大致说来是结构主义的。它也有结构主义的种种局限性。

我一直将自己视为某种马克思主义者。我在政治上是一个社会主义者，我从来如此。我认为马克思是许多大历史哲学家中的一位。他不同于黑格尔，并不比黑格尔更好，但却提出了深刻的洞见。国内外的马克思主义者——比如俄罗斯的莫格里茨基（Mogilnitsky）——说："你这是形式主义。"我说："是的，就是形式主义。"在导论中，我说："我的方法是形式主义的！"为什么呢？因为我认为，还没有人对历史学家的文本进行过形式主义的分析。

能说说你对维柯和文艺复兴时期的人文主义的兴趣吗？是不是因为人文主义者们试图以修辞取代逻辑或者试图将逻辑化约为修辞呢？

确实如此。我为什么要运用比喻学（tropology）这种有关比喻 (trope)的理论呢？因为叙事性的写作并不需要逻辑蕴含其中。没有任何叙事是要体现出某种逻辑推演的融贯性的。如果有人写了一个故事，提供了可以从故事的一个片段推演出另外一个片段的规则的话，他不会是一个成功的讲故事的人。我觉得，你需要的或者是另一套逻辑，或者是一套叙事写作的逻辑，那可以从现代修辞学中找到。但我以为那是古代修辞学中所没有的。

我相信，黑格尔的辩证法，也即黑格尔的逻辑学，是在力图将实际思维形式化。当人们在政治和爱情中彼此发生关联时，他们不是以三段论的形式关联起来的。那不是三段论；那是别的东西；那是三段论的省略式（enthymemic）。大多数的写作、大部分日常言谈是三段论的省略式。它们并不遵循逻辑推演的规则，它们不是三段论的。

因此，就像约翰·穆勒和黑格尔所认识到的，你需要另一套逻辑来讨论实际事务——一套实践的逻辑学。实践的逻辑学并不遵循同一律和不矛盾律。社会创造出种种处境，使得你身处其中时必须在矛盾中采取行动。那就是"庸俗的"马克思主义者所永远无法理解的，他们不断在说，当你在一项论证中发现某个矛盾

实践的逻辑学并不遵循同一律和不矛盾律。

20

生活就是由矛盾所构成的。因此我们需要一套对置身矛盾之中的生活加以表现的理论。

我转向了修辞理论，因为我相信修辞学提供了即兴话语的理论。

时，你就打破了这项论证。然而情况并非如此。人们生活在矛盾之中。生活就是由矛盾所构成的。因此我们需要一套对置身矛盾之中的生活加以表现的理论。那使得我们能够对实际生活的句法（syntax）做出说明。在研究叙事的时候，试图提出一套叙事逻辑的人们失败了。他们试图提出一套叙事的语法（grammar），而他们失败了。因为其中的要害和事实在于，叙事并不是一个长句。而语法只能告诉你有关句子（sentence）的而非有关话语（discourse）的东西。同样，三段论逻辑只能告诉你有关命题的东西。然而，尽管叙事中有命题，叙事本身却并非一套扩展了的命题。叙事的构成成分并非仅只是命题。存在着超出命题之外的成分，而这些成分与句法有关。但这不是一套语法上的句法。它是一套关于语言运用的句法，超出句子之外了。它将句子放到了一起。你可以用逻辑将句子连在一起，或者你也可以用比喻学的方法来做到这一点。之所以是比喻学，那是因为你需要一套有关偏转（swerve）的理论，一套对于逻辑期望的系统化偏离的理论。这就是叙事让人着迷之处。它不会被严格的逻辑推演的规则所支配。于是，我转向了修辞理论，因为我相信修辞学提供了即兴话语（improvisational discourse）的理论。

自柏拉图以来，哲学家们就宣称，修辞是可疑的、蒙骗人的、肤浅的，而逻辑则是自然的。这真是荒谬之极！柏拉图对智者心存偏见，因为他是一个对于绝对真理深信不疑的唯心主义者。而修辞则是以真实不妄的对于生活的唯物主义观念为基础的，它是怀疑论的。高尔吉亚和普罗泰哥拉认识到，并没有正确地言说和表现世界的方法这么一回事，因为语言在与它所言说的世界之间的关系上乃是任意的。什么是恰当的、正确的或如实的言说，取决于谁有权力来做出判断。因而，照我看来，修辞学乃是关于话语政治学的理论。它认为话语是在人们之间的矛盾当中产生出来的。那些决定谁有权利、权力和权威来说出什么是正确的言说的人们，以及那些试图给正确的言说正名——换句话说，也就是使其合法化——的人们，从柏拉图以来一直就是权威主义的。修辞家们了解到，意义始终是被创造出来的；真理是被创造出来的，而非被人们发现出来的。正是出于这个缘故，我才认为，从修辞学的角度来考察像是历史学这样无法形式化的话语形式，可以有所作为，有似于诗学以其对于诗歌用辞和语言进行的分析所做的事情。

诗学并不规定诗歌应该如何书写。它并不给出规则。然而在诗歌写就之后，你可以对它们进行反思，看到不同的结构。我觉得，罗特曼（Lotman）对于艺术文本的思考方式与思考诗学的方式是一致的。罗特曼想要判定艺术文本与实践文本、功利文本之间有何不同。问题在于：历史学是一种功利的知识呢，还是更像一种艺术知识？因为没有人会否认，没有人会说，诗歌没有给我们提供对于世界的洞见；至少它给予了我们对于语言的洞见。因此，我是这样看的，然而，所有像是历史学那样并非科学的话语都是如此。历史学不是一门科学。

边注：

修辞学乃是关于话语政治学的理论。

真理是被创造出来的，而非被人们发现出来的。

21

历史学不是一门科学。

那么，它是什么呢？

历史学有两张面孔：一张科学的，一张艺术的。

确实——这就是有意思的地方。你总是面对着两种取向。然而，历史学家们并不知道这一点，因为自 19 世纪以来，他们就被教导说，他们一定要把文学效果和诗的效果排除在写作之外。于是他们说的是："你像一个科学家一样来做研究，然后，到写作的时候了，那好，写漂亮点儿，好让人们读起来轻松些；不过你的写作对你讲述的真相除了妆饰之外，并没有增添任何东西。"这是错误的。任何一个现代语言学家都知道，表现形式乃是内容本身的一部分。这就是我将自己的近作取名为《形式的内容》的缘故。它与自卢卡奇以来所发展出来的观念是一致的，而且像詹姆逊（Fredric Jameson）这样的批评家也强调，意识形态与事物的形式相关联，正有如它与特定表现的内容相关联。选择形式就已经是在选择某个语义领域。你是怎么看的呢？

我认为，倘若我们可以说历史学有两张面孔的话，那我们也可以说，在一个历史学家从事他的研究的时候，那是科学的面孔。我的意思是，他得运用科学方法来分析史料并审查档案。然而，当他写作历史并以此种方式来表达研究结果时，要做这件事情只有一个办法——叙事，而这是一张艺术的面孔。我们无法将这两面区分开来。它们总是彼此相连。想一想柏拉图有关人的两面的著名隐喻。照他的说法，男人和女人起初原本是一体的。将他们分开乃是一种惩罚。

是的，我同意你的看法。这就是我在自己的书中用了罗德维克·杰姆斯勒夫（Lodvik H. Jelmslev）的层次观念的缘故。我提出，在一个层次上，我们有各种事实的构成物，也即编年；而后在下一个层次上，是情节，要将这些事实编排成为情节。接着，历史学家们往往要提出论证，那是以解释的形式出现的。他们还经常力图提出训诫，我称之为意识形态的层面。我的问题是：这些不同的方面是如何彼此相联的？很多历史学家认为意识形态存在于他们所做的事情中。我认为意识形态在形式中已经存在了。

可是，顺便说说，你在说以科学的方式来进行研究时，你所说的是哪种科学？那当然不会是实验科学，也就是在实验室中从事的科学。除此之外，在你做研究的时候，倘若你已经明确地选择了将要用来把你的表现写出来的形式的话，你的研究就会被文体的必然性，你所采纳的形式本身在文体方面的考虑所支配。因此，情况并非是：你去档案馆研究文献，对于将要如何写作并没有什么想法。你将这些想法也一块儿带到了那里。

我们知道，上一代美国历史学家的态度是："我们并不是要写作叙事。我们对于写作叙事毫无兴趣。"年鉴学派的布罗代尔说："我不喜欢叙事。叙事是幼稚的，让人迷幻丛生。"他甚至在看档案之前就做出了这样的决定。我认为无法将科学的一面和艺术的一面轻易分离，你也会同意这一点。但是我的确并不认为 19 世纪将这一关联概念化的方式就能够完全让人信服。我知道，这些历史学家们仍然在说，写作的形式与内容无关。他们可以决定讲故事，也可以不讲，而这与他们在研究中所创造出来的事实的有效性并无关系。可布罗代尔和年鉴学派说了，写作叙事本身就是意识形态上的歪曲。

因此，考虑到这一点，从叙事主义历史哲学的角度来看，我们是否可以从"视角"出发来谈论历史中的真实？

很好，但是"视角"是一个认识论概念。另外，"视角"是一个与文学理论相关的问题，也即小说内部视角的概念。巴赫金是这方面的理论家。因此，你在说"视角"的时候，那是一个复杂的概念。那是一桩非常复杂的事情。你不见得非要把事情弄得很复杂。你可以说："我做过纳粹。从我的视角来看，第三帝国是个好东西。这是从我的视角来说的。"没有人能够接受这一点，因为有某些视角被排除了。倘若你接受"视角"理论的话，你无法真正将任何特定的视角给排除掉。

我想要澄清自己的立场，并且要说，真理不再是一种关系，而是一种判断。当然，我一直在思考叙事主义的历史哲学。

判断是审议性的（deliberative）。我知道这一点，然而近一百五十年以来，人们都在将真理当作一种关系来谈论。我想要论证的是，判断理论与修辞的话语观念——关于人们是如何达成决定的——比之与逻辑的话语观念有更多的相通之处。

是否可以说，《元史学》是在力图离开历史学，还有，通过运用修辞学，你想要回避历史学中的真理问题吗？

真理问题无从回避，这是确定无疑的。因为那是确立起历史写作可能性的约定俗成的东西之一。历史学一方面是与虚构（诗）相对，另一方面是与哲学相对而使自身的特性得以界定的。在许多方面，历史学的实践既是由它做什么，又同样是由它不做什么所规定的。因此，真理问题无从回避。真理与表现的关系问题也同样无可回避。20 世纪的历史哲学教导我们的一点就是，没有以下这么回事：真理就在那里，可以与其表现或者表现形式分离开来。如果真理是以陈述或者言语的形式呈现出来的，言语的形式就与内容具有同等的重要性。你无法将它们分解开来。

24

诸多相互歧异的当代哲学都同意的一点就是，真理赖以得到表现的语言，对于决定陈述在语言表层或明或暗地包涵着的真理所具有的力量，有重要的意义。

你是否认为，从叙事主义理论的角度来看，运用某种隐喻的真理论会是非常有用的呢？

是的，但是你要知道，那正是西方分析哲学家们最终所达到的立场。从笛卡尔开始，隐喻就被认为是错误的。隐喻一直被视作赖尔所谓的"范畴错误"（category mistake）。错在跨过了不同的类别。那真是荒唐。你会想，任何读过诗的人都知道不是这么一回事。人们需要隐喻性的表达来描画对于世界的体验当中最为复杂难解的方面。没有隐喻，就没有任何东西可以在简单陈述句中得到表述。并没有非隐喻性的语言这么一种东西。然而——我们可以说——有某些陈述可以被视作仅有字面意思而不具备隐喻性的语言。可是，人们可以用仅有字面意思的语言所表现的生活中的那些方面，实际上是不成问题的那些方面。于是，在美国，我们就有像戴维森和罗蒂这样一些人最终断言了尼采早就告诉给我们的东西，那就是语言当然全然就是隐喻。

并没有非隐喻性的语言这么一种东西。

康德在他最后一本书、他的逻辑学中开宗明义地说，"一切错误的起源都是隐喻"。真是糟糕。他是错的。隐喻或许是一切错误的源泉，但它也是一切真理的源泉。因此，真理与错误之间的关系并不是这种"或此或彼"的关系。大多数关于生活中重要的东西的真的陈述、内容为真的陈述，都具有此种在真与错、善与恶之间的辩证关系。精神分析给我们的一条教导就是，大多数人类关系都充满了相互冲突的因素，并非一头是爱，一头是恨。

25

将历史文本作为一个整体来看待，这是很有新意的。在过去几十年里，哲学家们分析了历史陈述的真值问题，一句一句地进行审查。在这个方面，倘若我们思考的是一个历史陈述的话，我们就可以应用古典的真理论。但是如果我们要分析的是作为整体的历史文本的话，我们就可以运用隐喻的真理论。

是的，我觉得只能如此。路易斯·明克（Louis O. Mink）写过一篇精彩的论文，他说，如果你考察一部历史书中的每一个句子，追究每一个句子的真值，你得到的结果或许是 15 个真的和 15 个假的。然而，他说，这与追究整本书的真值不是同一回事。我觉得他说得很对。《元史学》并没有提出对于"整体"著作的恰当说明。我曾试图做到这一点，但当然没做到。可那是 20 年前写的。这很有意思。如今的年轻人读这本书，觉得对他们有帮助。他们的表现就仿佛这本书是昨天刚写的一样。他们还给我写信说："你是这么说的。你的意思是什么呢？"我答复说："我不知道。我那时是在不同的情境下写作的，而且，是为着不同的目的来写的，如果我是为了现在、为了不同的读者来写的话，那又是另外一回事了。"我的意思是，我当然不想再重写这本书。因此，当有人对我说"我喜欢《元史学》，我正在将它的原理用于我本人的著作"时，我说："这本书不是想要让人运用的。它是分析性的。它没有告诉你如何来做某件事情。"心理学家们给我写信说，他们用我提出来的比喻理论来治疗病人。他们在谈论隐喻式的心灵或意识，或者转喻式的（metonymic），我说："那就太拘泥于字面了。我只不过是以隐喻的方式来使用比喻概念。那可不是想要被人们照字面意思来理解的。"

你不认为《元史学》就像库兹敏斯基（Kuzminski）在他的评论中所说的那样成了一种"新科学"吗？

不，我不这么看。以此种方式来写作还有另外一个考虑。你永远无法说服你的同代人。许多人说《元史学》有些可取之处，但是更多的人说它是错的。然而下一代年轻人成长起来，他们反抗沿袭下来的权威；他们寻求一种偏移的、替代性的方式。对于他们被教导来思考历史研究的方式深为不满的年轻历史学家们，在我的书中找到了某些有用的东西；这本书仍然卖得很好，印了八次。我并不以为人们真想要读它；它的篇幅长得让人望而生畏。它很枯燥而且又有很多重复之处。许多人读这本书，就是看看导论的某些部分，或许也捎带看看旁的一点内容。可是没有人通读它。顺便说一下，我不认为为了达到某种效果，就一定得炮制出人们想要读的书。它让人们觉得有意思，却不是将它付诸实行的具体方式。我觉得，这个研究的姿态是要革新和改变我们思考历史的方式。我想，在 20 世纪 60 年代这种姿态随处可见，而那就是我的宗旨所在。因此如果说我冒犯了历史学的定规，我可不介意。我想要动摇的就是这些东西。

格特鲁德·希梅尔法布（Gertrude Himmelfarb）教授在 1992 年 10 月 18 日的《泰晤士报文学增刊》上发表的一篇文章中，攻击了我和其他一些人，因为在她看来我代表了一种后现代主义的历史观。

可是你不是吗？

不是！

我一直以为可以将你与后现代主义联系起来。

人们是这么看的。然而研究这个问题的琳达·哈奇昂（Linda Hutcheon）一直认为我是一个现代主义者——我拘泥于现代主义。我同意这个看法。我将自己的研究纲领看作是现代主义的。我全部的思想形成、我自身的发展都是在现代主义内部发生的。对此我指的是某种特定的西方文化运动——如果是在俄罗斯的话，可以等量齐观的东西就是未来主义或象征主义的文化运动了。在西方，乔伊斯、弗吉尼亚·伍尔夫、艾略特、庞德，还有许多写作历史的人，比如斯宾格勒和西奥多·莱辛，进行了伟大的现代主义试验。比之更加时髦的后现代主义，我的历史观与源自浪漫主义的崇高美学有多得多的相通之处。

你怎么看待自己呢？

我是结构主义者。我说过，我是形式主义者和结构主义者。

然而那是二十年前的事了。

眼下情况已经发生了变化。人们走出去了很远，结构主义受到批判。其中的大多数批评意见我也深有同感。对于像德里达尤其是罗兰·巴特这些人我充满敬意，后者在我看来是西方战后近四十年来最伟大而又最具创造性的批评家。

那么，我可以把你称作什么——批评家、哲学家、历史学家、思想史的代表人物？

我也不知道，因为我不是哲学家。哲学家们看到了这一点。罗蒂等人号称喜欢《元史学》，但他们并不把

我将自己的研究纲领看作是现代主义的。

比之后现代主义，我的历史观与源自浪漫主义的崇高美学有多得多的相通之处。

27

我称自己为文
化史家。

它当成哲学来看。当时我认为自己是在做思想史。我称
自己为文化史家。我对文化、对文化哲学有兴趣。但我
受到的训练不是哲学家的，而且我也不像我的朋友阿
瑟·丹托那样从事严格的哲学分析。我没有进入哲学
界，但我会说和维柯、克罗齐这样一些人同样的东西。
克罗齐和尼采确实取得过哲学学位。

你会将你的理论称作什么：历史的诗学，历史的修辞理
论，审美的历史主义，新修辞相对主义，历史写作的诗
学逻辑？

28

　　这很难办，但我确实正想要提出作为逻辑学、辩证
法和诗学的一种连续体的比喻学的观念。而且，我以为
那是比喻学而非修辞学——非常类似于雅各布森那套理
论的比喻学。雅各布森的论点是：诗性语言与非诗性语
言是无法区分开来的。存在着某种诗性的功能，而且在
某些话语中，诗性的功能是主导性的；而在别的话语中
却不是，但它依旧存在着。

　　我的问题是，倘若旧有的 19 世纪那种在事实和虚
构之间所轻易做出的区分不再能够持续下去，并且如果
我们转而将它们视作一种话语连续体的话，那么我就要
追问：在非虚构性的话语中，或者在试图成为非虚构性
的话语中，"虚构的功能"是什么？因为任何写作一个
叙事的人都是在进行虚构。我用了诗性、修辞性这样的
词。这两个词的问题都在于它们的内涵早就与浪漫主义
和智者学派联系在一起，这就使人们丧失了兴趣；它们
没有什么帮助。人们需要一套不同的术语；我越来越觉

任何写作一个
叙事的人都是
在进行虚构。

得我得提出一套比喻理论。那就是我再度回头研究维柯的缘故。

再就是，比喻学适逢其会——在我写作《元史学》的时候，因为我在上一门关于维柯的研讨课。对于如何将论证的各种层次和叙事的不同部分之间的联系——那可不是逻辑性的联系——组合起来，我需要一种思路。我在教关于维柯的课程，而在我看来他提出了对于像是历史这样的复杂话语的不同方面进行思考的新途径。那不是一个逻辑学的问题，而是比喻学的。在《元史学》中这一点表述得非常粗糙，因为我那时一点也不了解修辞学。我受到的教诲说，修辞学是个坏东西。它是不道德的，它所关心的不是真理，它只关心如何去说服别人。我完全是被那些教我说修辞学是个坏东西的老师们给洗脑了。人们教导我说，诗很好。要有诗的韵味不容易，但那很好。科学和逻辑很好，但修辞学永远是坏的。这一切都取决于你所谓的修辞学指的是什么。维柯提出了两种修辞学观念：你可以将修辞学看作说服人的艺术，也可以将修辞学看作话语的科学。我在维柯那里发现的，正是将比喻学作为一门话语科学的基础。

我受到雅各布森很多启发。他对于 20 世纪的各门人文学科都产生了很大的影响，从语言学和人类学到心理学。他对社会学的影响要小一些，但那是因为社会学已经死亡。就话语分析而论，你最好是去研究雅各布森，领会他研究话语的思路。

社会学已经死亡。

所以，是比喻学。这就是我将第二本书（一本论文集）命名为《话语的比喻》(*Tropics of Discourse*) 的原因。出版社不想用这个书名，因为它们说，tropics[1] 涉及的是地理学，如果你用这个书名，这本书就会被放到图书馆的地理类当中去。

我想回到修辞学的问题。我认为，修辞学不再是它在古典时代的那个模样，而是成了某种哲学。你能否谈一谈你对于比如尼尔森等人的那本《人文学科的修辞学》(*The Rhetoric of the Human Sciences*) 的看法，在那本书中，作者们指出，不存在单一的修辞学，而是若干种修辞学，比如说历史的修辞学、经济学的修辞学等等。

我不同意这些人的看法，因为他们持有的是一种非常陈旧的修辞学观念。他们认定，修辞学是关于形式的。他们的修辞学观念更接近于西塞罗和昆体良的。我的修辞学观念来自于维柯，更接近于高尔吉亚和普罗泰哥拉，那是一种哲学。西塞罗的修辞学不是哲学。他说，有哲学在这里，然后有了修辞学。昆体良说："不，哲学在这里，然后你用修辞学来教导学童们。"然而，修辞学的创造者高尔吉亚和普罗泰哥拉以及被柏拉图和亚里士多德攻击的所有人，实际上都是语言哲学家。因此，我认为，你说修辞学是哲学是完全正确的；它是一套唯物主义哲学，并且设定了一套完整的形而上学。智者教导说，形而上学乃是不可能的（我是从鲍罗·瓦雷西奥[Paolo Valesio]那里学到这一点的）：那正是尼采

> 我的修辞学观念来自于维柯，更接近于高尔吉亚和普罗泰哥拉，那是一种哲学。

---

[1] 比喻(tropics)一词的另一个词义是"回归线"。——译者注

在 19 世纪所竭力想要告诉人们的。修辞学被视作一套关于意义如何被创造出来、意义如何被建构出来，而非意义如何被发现的理论。柏拉图相信意义是可以发现的，它就存在于事物之中。

对当代历史写作而言，修辞学可以有多种运用。然而历史学家们并不喜欢它，因为他们认为在他们所做的事情中并没有修辞学的存身之处。他们始终在拒斥。他们拒斥想要告诉他们有关他们所做事情的某些东西的任何人。

从《元史学》到《形式的内容》，你有什么演变吗？可以看到其中有很大的变化。

我积极地应对后结构主义。我觉得其中充满了新颖而睿智的洞见，尤其是针对阅读技巧方面的。罗兰·巴特有着结构主义的一面。但是，巴特绝没有故步自封在同样的立场里。

批评我的人对我说："《元史学》过于形式主义。它对于作者、读者和实践甚少措意。"我说："是的，那就来谈谈作者吧。"于是我开始探究意向性的问题。然而我倾向于追随福柯和巴特这样一些人。因此，我说文本在某种意义上是与作者分离的。文本一经印行，作者就不再是其最佳的阐释者了。这是后结构主义的思路。

除此之外，后结构主义依赖于符号学的符号观念。我认为，仅仅从解构向我们所揭示的话语形成过程的内在动力机制而论，文本、小说、诗、历史就具有某种不稳定性。文本主义是一种饶有趣味的意识形态。它是一

30

文本主义是一种饶有趣味的意识形态。

种意识形态，却产生出了某些在我看来大有裨益的洞见卓识。

后结构主义对于文化生产、意识形态如何运作、意识形态之作为主体性的创造、经由文化生产出来的主体等等有很精彩的看法。我认为，后结构主义对于个体成熟过程有颇多创获。它给精神分析增添了大量东西。因此，我不认为自己得效忠于某一个特定的教义。我不在乎人们把我叫作什么。我不觉得标签有什么要紧的。我的看法是：不要为标签或学派而忧心忡忡。这儿有一本书，去读吧。倘若它对你自己的研究有所裨益，那很好；没有的话，那就忘掉它。

我列了包括若干哲学家在内的一个名单。你能不能告诉我，这些人的理论中最要紧的地方是什么，这些理论中的哪些地方影响到了你的史学理论？第一个是维柯。

诗的逻辑。《新科学》中讨论他所谓的诗的逻辑和诗的形而上学的所有部分。

柯林武德和克罗齐。

柯林武德认为，全部历史都是思想的历史（the whole of history is the history of thought）。这种观点很早就吸引了我。当然，我也很敬仰黑格尔。而克罗齐和柯林武德都是黑格尔主义者。克罗齐改造黑格尔的美学以使其与现代艺术相调和，这也对我产生了影响。

尼采。

《道德的谱系》。尼采说："怎样才可能培育出一个能够做出承诺的动物。怎样才能够在前行时还保持着记忆。"多么漂亮的念头！伦理学就是这样的，道德就是这样的。对我而言，尼采是说了这句话的哲学家："我从美学的角度来研究伦理学。"

弗莱。

他是搞原型批评的。弗莱在很大程度上受到斯宾格勒的影响和启发。斯宾格勒本人在《西方的没落》的导论中说尼采启发了他，他是从审美的角度来写作的。对于弗莱的原型神话理论来说也是如此。他将神话的概念改造为虚构中受到压制的内容，这很像是尼采将美学改造为伦理学中受到压制的内容。

伯克。

伯克（Kenneth Burke）是否定的哲学家。他说人是唯一能够说"不"的动物。否定是人类语言中所独有的。动物也会拒绝东西，但是它们不会说"不"。伯克基于这一点建立了一整套语言理论。在很多方面，可以说伯克是否定之否定的哲学家。黑格尔将肯定视作否定之否定。伯克不仅将此引入了文学研究，而且也引入了哲学。对他来说，哲学、社会科学和文学并非各自自成一体的。它们是一个连续体。他是话语理论家。

福柯。

我认为他所做的是"反历史"（counterhistory）。他的考古学和谱系学观念让我们推翻了历史研究中传统的、约定俗成的各种假设。他在《疯狂史》中教导我们

32

的一点就是，不同时将疯狂概念化，就无法将理智也概念化。弗洛伊德告诉我们，所有的理智当中都有一点疯狂，所有的疯狂当中都有一点理智。因而，这也是一个连续体而非对立。福柯让我觉得不大舒服的一点是他与尼采最接近的地方，也即他总结权力概念的方式。我不大能够领会。权力这个术语包罗万象，在我看来成了又一种形而上学，就像叔本华的意志一样，福柯的求知意志也是一个形而上学观念。

利科。

利科是一个 19 世纪式的、解释学路数的老派哲学家。利科让人钦佩的是他的思想包罗宏富。他能够兼纳各种相去甚远的立场。无论什么时候他挑上了任何一个哲学家或理论家，他都能够以同情的态度来研读他们。他总是试图将值得保留的东西挑拣出来。我喜欢他趣味的宽广。利科对符号也发表了很多重要的看法。他是关于符号形式的哲学家，很大程度上沿袭了卡西尔的传统。然而，我认为那已经过时了。那是极具 19 世纪色彩的、贵族化的、欧洲的传统。

巴特。

罗兰·巴特是他那个时候最具有创造性的批评家。我听到巴特去世的消息时非常悲伤，因为我认识到，我一直在期待着他写的新东西。我总是可以确信，那是原创性的，独辟蹊径。每一次我读他的东西时，都会对于阅读有所领会。他有本谈摄影的书。他并非职业摄影家。我与摄影家们聊过，他们说，对于摄影，他们从巴特那儿比从他们自身的摄影老师那儿学到的东西更多。

德里达。

我曾在一篇文章中提到过德里达，并将他称为"一个荒诞主义的批评家"，人们认为这是在批评他。但我的意思是说，他是一个关于荒诞的哲学家。我并不是说他荒诞。你明白我的意思吗？我是在用一个存在主义的术语，荒诞主义（absurdism）。我把他描述成关于悖论或荒诞的哲学家。可是人们认为我的意思是对他持有敌意，我可不这么看。当然，德里达的东西不大好领会。我将德里达视为这样一位哲学家，他最终向我们表明如何去分析所有我们在将各种关系概念化时认之为当然的二元对立。我觉得他主要的作用就在这里。我喜欢德里达，还因为他有意识地做了法国知识界的局外人。

罗蒂又怎么样呢？

我喜欢罗蒂的地方，在于他决定性地复活了美国式的实用主义。美国所产生的唯一的原创性的哲学，唯一的哲学，就是实用主义：詹姆士、杜威、皮尔士。而罗蒂是真正使得实用主义复活的人，因为它在杜威死后就已经消失了。他机敏过人。我认为他讨论笛卡尔主义的书《哲学与自然之镜》非常出色，在引入反唯心主义的思想方面产生了巨大影响。我觉得罗蒂过分具有人类中心论的色彩。他太关注于美国。而在美国内部他的哲学

33

又有一种阶级偏见，将中上阶层、东部、常青藤联盟的文化理想化了。他将美国学术界的生活投射到社会，并以之作为标准。我当然很乐于过学术生活，也从中得到了报偿。我喜欢美国教育体制的一点，就是它向所有阶级的人们提供了机会；然而另一方面，教授们往往爱学英国理想化的绅士模样儿，非常大男子主义，男性沙文主义。我觉得罗蒂身上有这些东西。

能否告诉我以下这些人和理论中哪些跟你最有关联：巴特、拉卡普拉、福柯、明克？

拉卡普拉的研究路数跟我相似，然而他比我更具有精神分析的色彩。他的转让（transference）概念我一点也不以为然。我不认为在过去和现在之间有什么转让在发生。哲学家中与我最有相通之处的当然是明克，还有福柯。福柯是一个伟大的自大狂。他是一个让人很难把握的人，但我的确认为——在我与他的一次会面中——我们说的是同样的话。人们花很多时间来读某个人的书，在我看来是对他的敬意，即便是批评他的书。我觉得我们都是在致力于重新思考历史，而且我们是在从不同的角度来做这件事。然而，最让我感到亲切的思想家无疑是巴特。

当代历史哲学中最具影响力的哲学家是谁？

我觉得，在美国，阿瑟·丹托是哲学家中最值得尊敬的。在历史哲学家中，坦白地说，利科更是在进行总结而非提出新的洞见。已故的米歇尔·德·塞托（Michel de Certeau）在法国和美国的历史思想方面有深入的影响。文学研究方面，有不少人就历史表现问题写了些很有意思的东西，比如安·里格尼（Ann Rigney）和斯蒂芬·巴恩（Stephen Bann）。历史领域已经具有了与从黑格尔到柯林武德的时代不同的内涵。我不认为有任何历史哲学家对历史学家们产生了多大的影响。最后一位有影响的是马克思，历史学家们试图运用他的历史哲学的原理。在我看来，以最有意思的方式来思考历史的是海德格尔派。海德格尔的《存在与时间》终归是一本讨论时间性与历史、历史性的著作。像巴特那样的人物在写一篇小文章《历史的话语》时，恍然间就揭示了我整本书都没有能够令人信服地表述出来的东西。我觉得，人们不能够再轻率地说，争论是发生在哲学家与历史哲学家、历史学家与史学理论家之间。而今，在20世纪的尾声，我认为问题在于我们如何在从19世纪继承而来的范畴之外重新想象历史。重新想象历史：这是精神分析所指示的东西之一。我们与我们本人的过去是什么样的关系？这不会是纯粹有明确意识的关系，而是一种既涉及想象又涉及理性的关系。

老实说，埃娃，我不相信访谈。你从我这儿得到了什么？你没有得到任何明确的陈述。你得到的是另外一种样式。我会说，和大多数历史学家一样，我所做的源自这样一个事实——过去对我而言始终是一个问题。我是作为工人阶级中的一员而长大的，对传统一无所知，高等文化对我而言非常神秘，我是受了教育之后才对其

在我看来，以最有意思的方式来思考历史的是海德格尔派。

35

有了了解。人群之中有整个整个的阶级和集团是以对于既定传统的记忆来指引自己的，想到这一点，不免让我心驰神往。那对我来说乃是一桩神秘的事情。历史对我而言也一样：那是一个你可以探究个体与过去之间关系的地方。随着我研究得越来越多，在我看来，显而易见的是，历史学家创造的是对于过去的想象性的形象（imaginative images），它有着一种功能，正如同一个人在自身个体的想象中对往事的回想。这就是我有时会强调我那本书的副标题中的"历史想象"的缘故。因为，想象某一个东西，就是要建构它的形象。你并不是只建构过去，然后用某个形象来表陈它。老一派的历史哲学家想要表明，历史哲学要从认识论的角度来研究历史。那当然有其充足的合理性。对我而言更有意思的是构想一套历史存在的心理学。设想你生活在历史中，这意味着什么？弗兰克林·安克斯密特考察了这个问题。经验历史意味着什么？什么是历史经验？在你问这个问题的时候，你能够经验历史，那是一个很奇怪的想法。你并没有经验历史。你经验的是洪水、战斗、战争。南斯拉夫人——你觉得他们是在经验历史吗？不是的！他们是在经验暴政、死亡和恐怖主义。那么，人们所经验的"历史"是什么呢？那只能是一种想象性的创造物。但却是真实不妄的。

在想象和真实之间就没有对立吗？

没有，因为真实所指的总是某种被想象出来的东西。因为真实并非我们所可以直接触及的。只有通过形

(左侧旁注)
历史学家创造的是对于过去的想象性的形象，它有着一种功能，正如同一个人在自身个体的想象中对往事的回想。

什么是历史经验？

真实……是某种被想象出来的东西。

象才能接近它。这就是隐喻理论如此之重要的缘故。

当前美国的学术刊物讨论的主要焦点是什么？

在我感兴趣的那类刊物中，是文化研究和多元文化
论。即便是保守的和反后现代主义的杂志中，也在讨论
这些主题。在他们眼中后现代主义者不负责任，并花费
心力对此大加挞伐。在美国，后现代主义被认为是对历
史的否定，是事实与虚构的混杂，是相对主义，是可以
对任何东西说你想要说的任何话。美国正在产生一个新
的学科，叫作文化研究。文化研究是对于意识、文化生
产的模式的一种后马克思主义的研究，话语是那些模式
中的一种，在那里历史应该不是被视作一门科学性的学
科，而是一种其中可以有多种多样不同声音的话语。顺
便说一句，我觉得兼跨所有这些学科并被左派和右派都
加以运用的一个思想家，就是巴赫金。想一想巴赫金何
以在西方对于马克思主义者、后马克思主义者、新马克
思主义者、反马克思主义者、保守派、自由主义者等等
都有这样的感召力，可真有意思。美国历史学界近来开
了一个会，会上他们提出了一个问题，那就是《美国历
史评论》是否应该对历史电影发表评论，可他们说：
"不行。你不能以电影来表现历史。"历史可以被书写
而不能被展现，这成了一个教条，真是有意思。尤其是
在以叙事形式出现的历史写作力图创造出某种有似于视
觉形象的东西时，更是如此。所以，我觉得关于视觉媒
体与文字媒体之间关系的争论是涉及诸多学科的一个重
要的、很大的话题。

我读你的著作时注意到，你对德国传统很少留心。对伽达默尔、哈贝马斯和解释学，你是怎么看的？

我认为自己是从一种德国传统走下来的。康德、黑格尔、马克思、狄尔泰等人在我形成自己的哲学立场时产生了很大的影响。但你说得也很对。我觉得哈贝马斯的交往理论非常幼稚，因此他的话语理论也是如此。并且，我觉得我能够理解他为什么会有这样的理论，以及他写作时所处的境遇。他在对政治问题和哲学与政治之间的关系发表评论时，倒总是很有意思。我对解释学心存疑虑，因为我认为解释学是形而上学最后的喘息。有人觉得，形而上学仿佛依然可能，但又意识到再搞形而上学其实是不可能了，解释学就是在这样一种情形下弄出来的哲学。这就像在"做作"。它产生了巴特所谓的"形而上学效果"。所以，我发现伽达默尔的论点常常变成是对于 19 世纪狄尔泰和黑格尔的立场的辩护。他干得很漂亮，让我很感兴趣，然而其中却有某些滞重之处，在我看来翻译时没有处理好。

37

我对解释学心存疑虑。

荷兰，格罗宁根

1993 年 2 月 5 日

论著选目

Metahistory: The Historical Imagination in Nineteenth-Century Europe. Baltimore: Johns Hopkins Univ. Press, 1973.

Tropics of Discourse: Essays in Cultural Criticism. Baltimore: Johns Hopkins Univ.

Press, 1978.

The Content of the Form: Narrative Discourse and Historical Representation. Baltimore: Johns Hopkins Univ. Press, 1987.

"Historical Pluralism." *Critical Inquiry* 12, no. 3 (1985): 480-493.

"The Rhetoric of Interpretation." *Poetics Today* 9, no. 2 (1988): 254-274.

"Figuring the Nature of the Times Deceased: Literary Theory and Historical Writing." In *The Future of Literary Theory,* ed. Ralph Cohen, 19-43. New York: Routledge, 1989.

"Historical Emplotment and the Problem of Truth." In *Probing the Limits of Representation: Nazism and the " Final Solution,"* ed. Saul Friedlander, 37-53. Cambridge: Harvard Univ. Press, 1992..

"Rancière's Revisionism." Foreword to Jacques Rancière, *The Names of History: On the Poetics of Knowledge,* vii-xix. Minneapolis: Univ. of Minnesota Press, 1994.

"Bodies and Their Plots." In *Choreographing History,* ed. Susan Leigh Foster, 229-234. Bloomington: Univ. of Indiana Press, 1995.

"Response to Arthur Marwick." *Journal of Contemporary History* 30, no. 2 (April 1995):233-246 [对阿瑟·马威克的一个回应, "Two Approaches to Historical Study: The Metaphysical (Including 'Postmodernism') and the Historical." *Journal of Contemporary History,* 30, no.1 (Jan. 1995):5-35]. 参见对此讨论的继续:Christopher Lloyd, "For Realism and Against the Inadequacies of Common Sense: A Response to Arthur Marwick." *Journal of Contemporary History* 31, no.1 (Jan. 1996): 191-207; Beverley Southgate, "History and Metahistory: Marwick versus White." Ibid. 209-213; Wulf Kansteiner, "Searching for an Audience: The Historical Profession in the Media Age–A Comment on Arthur Marwick and Hayden White." Ibid. 215-219。

"A Rejoinder: A Response to Professor Chartier's Four Questions." *Storia della*

Storiografia 27 (1995): 63-70 ［对罗杰·奥蒂埃的一个回应，"Quatre Questions à Hayden White." *Storia della Storiografia* 24(1993): 133-142］.

"Auberbach's Literary History: Figural Causation and Modernist Historicism." In *Literary History and the Challenge of Philology.* Stanford: Stanford Univ. Press, 1996, 123-143.

"Commentary" to "Identity, Memory, History," a special issue of *History of the Human Sciences* 9, no.4 (Nov. 1996): 123-138.

"The Modernist Event." In *The Persistence of History: Cinema, Television, and the Modern Event,* ed. Vivian Sobchack, 17-38. New York: Routledge, 1996.

"Storytelling: Historical and Ideological." In *Centuries' Ends, Narrative Means,* ed. Robert Newman, 58-78. Stanford: Stanford Univ. Press, 1996.

汉斯·凯尔纳

历史就是人们写作并称之为历史的书籍。

"后现代"哲学对现代文化的基本范畴提出了质疑。真
理范畴是被"动摇"最甚的，它在此之前从来没有被
以这种方式破坏过。你能否谈谈你对真理的看法？你如
何看待历史写作中的真理问题以及对真理的相对性的理
解问题？

对修辞学的高度敏感会表明，真理始终只是对于某
个特定时刻、某个特定受众、某个特定问题和处境而言
的真理。因此，对于论点、证据和事实的某一个特定的
表述，在某个特定的时间和地点在修辞上表现为真。真
理是对于普遍的受众而言合理的或有说服力的东西。对
于在任何人类经验的范围内，是否存在普遍的受众，我
颇为怀疑。普遍的受众是一个理想化的概念，就像真理
观念一样。我们所拥有的是对于一时一地而言为真的故
事。就如我最近在一篇探讨有关大屠杀的历史表现问题
的论文中所指出的，作为生活在历史之中并对过去进行
反思的人，我们的道德责任，就是要创造和维持一个当
代世界，在这个世界中，我们认为是真确而又重要的历
史观须是当下可得而又可信的。这可并不容易。

我觉得，当前对于历史的任何理论思考，都必须高
度关注历史真理在不同时代、不同国家、不同群体和不
同人之间是如何得以确证的这一问题。因为这样的研究
会使我们不大容易被现行的种种标准（福柯所谓的"无

我们所拥有的
是对于一时一
地而言为真的
故事。

当前对于历
史的任何理
论思考，都
必须高度关
注历史真理
在不同时代、
不同国家、
不同群体和
不同人之间
是如何得以
确证的这一
问题。

须明言的东西"）所蒙蔽，而且或许能够更加开放地来
考察，人们所认定的过去的种种谬误是如何产生效果
的。毕竟，创新就是重新发现。让我惊愕不已的是，当

40

前许许多多对于启蒙运动的攻击，竟然出自那样一些人
之手，他们没有花上哪怕一个星期甚至一天的时间，来
阅读 16、17 世纪的材料，来考察对于当时的人们来说
某些东西何以是真实的、哪些东西是"无须明言的"。
倘若说历史研究的目标乃是某种理解的话，这应该是核
心问题所在。我们想要追问的，不是人们是如何相信他
们所相信的东西的，而是对于他们而言相信别的东西何
以是不可能的。对于信仰而言，"何以"总是比"为
何"更容易探知。我想，我能够理解为什么事情被研究
和表述得越充分，对于事情何以发生我们就了解得越来
越少。比方说，我觉得法国革命从来没有比现在更加神
秘，尽管对它的解释从来没有如此丰富和圆熟过。

那些抨击进步
观念的人们似
乎总是对他们
自身的进步深
信不疑。

　　那些抨击进步观念的人们似乎总是对他们自身的
进步深信不疑。或许对于一个真理的有力确证，就是它
作为此前没有被人说出来过的信条而出现在当前。过去
作为想象的对象可以有两种基本的姿态：一种是，我们
掌握了它，能够让它服从我们的意愿，接受我们对它的
裁判。我们是它的主人。这是启蒙运动的观念。过去是
一个巨大的他者，既通过提供了一个糟糕的、迷信的、
非理性的背景而建构了一个"好"的现在，又通过展
现德性、宽容和其他让人向往的东西的典范而贬抑了
"糟糕的"现在。18 世纪的历史学家们似乎觉得，他们

可以让过去为他们效劳。有讽刺意义的是，这又再次成了人们的看法，只不过这一次，启蒙运动、理性和宽容似乎成了靶子。要紧的还是过去和现在之间那种雷同的关系。对于过去的第二种看法，设定了这样一个道德的基准，那就是它有某种独立性，并不需要我们来赋予它以意义，尽管它对于我们所可能具有的任何意义，都必须在此时此地被创造出来。这个过去依旧是他者，然而现身的方式却不同。它有一种神秘感，如同其他人或者甚至是一个人自身所具有的那种神秘。这种看法有其后期启蒙运动的根源，它强调我们认知方式的不完美，并且或许还在硕大无朋的人类经验面前表现出些许谦卑。当然，这两种看法都有用处。总的说来，专业的历史思想并没有给神秘留下多大的余地。不过，比之普通人对于过去的看法——那是一定要得到真理的——而言，专业人士撰写的学术性历史著作似乎更愿意承认历史学家能力的局限性。

你把自己视作一个历史哲学家吗？ *41*

　　我不把自己看作历史哲学家，因为我从来没有幸运地拥有那些我相信是哲学家所特有的敏感性。我自己的思考方式是高度联想性的——基本上是一种转喻式的思维，我的哲学家朋友们是不会去这样思考的。我提出来的联系是他们所没有认识到的，然而那在我看来本质上是历史性的联系。而且比之在欧洲，美国的哲学家们对于历史话语更加缺少兴趣。可以被稳妥地称为历史哲学的东西，越来越不是哲学家们的保留地。

我不把自己看作历史哲学家。

你如何看待当代历史哲学的现状？你是否注意过弗兰克林·安克斯密特所指出的那种双轨式的发展，也即一方面是分析的历史哲学，另一方面是叙事主义历史哲学的发展？

目前许许多多对于历史学的讨论，都是基于后结构主义的假设，那些假设使得人们远离任何具体的历史写作或者对于实际历史文本的考察。

我不认为自己能够为当代历史哲学进行定位。目前许许多多对于历史学的讨论，都是基于后结构主义的假设（那往往又源于海德格尔），那些假设使得人们远离任何具体的历史写作或者对于实际历史文本的考察。另一方面，历史话语自身也在变化、发展和繁荣之中。我们想要认识的第一件事情就是，思想意识和规则是可以分别开来的。历史学家们是在他们很少让自己明确意识到的"缄默的知识"（tacit knowledge）的基础上来工作的，并且他们将这种知识以传递焦虑（transmitted anxieties）的形式传授给他们的学生。

在我看来，专业化就意味着在历史、哲学、化学、社会学或者文学理论这样的领域，将一系列特定的焦虑铭刻在接受专业教育的学生和研究生的心中。在《语言与历史表现》（Language and Historical Representation）一书中，我力图勾勒出这样一些焦虑。培养历史学家意味着什么？两个不同的历史学家甚至都可以没有读过同一本书，或者知道同样一些人名，或者以同样的方式来思考任何事情。他们的共通之处在哪里？我觉得，那不过就是一系列特定的焦虑，在什么事情可以做、什么事情不可以做之间划定了界限。比方说，文学理论就有着迥然不同的一套焦虑。在那里，人们害怕的是被文学性的

元素压倒在地，无法翻身；这与人们在历史学中所恐惧
的东西大相径庭。

我觉得，历史哲学始终被对于在特定情势下起作用
的是何种焦虑模糊不清所烦扰。当今的历史哲学越来越
像作为文学理论的历史学实践，与历史学的常规实践之
间的联系越来越薄弱。

我想说的是，历史哲学没有它自身特殊的话语。
也许安克斯密特不会同意我的看法。历史学已然成为
一门属于每一个人的专业。每一个人都会在其中投射
他自身的需要和焦虑。我发现突然一下子所有人都在
谈论历史；文学理论著作在写的是"这一种历史，那
一种历史"，"总是在历史化"等等诸如此类的东西。
我过去常常这样回应说："为什么，你甚至都没有提
到一个实践的历史学家，也没有写到一本历史著作。"
他们谈论历史，用的是康德或者海德格尔谈论历史的
方式。我们来谈一谈布克哈特或者吕西安·费弗尔或
者什么人，因为对我而言，历史就是人们写作并称之
为历史的书籍。谁会根本不提到具体的诗歌就来谈论
诗？利科认为作为事件的历史与作为话语的历史相互反
观，我曾对此大惑不解。那让我大为不安，觉得很糟
糕。然而，现在回过头来看，我觉得我们不能给有关历
史的探讨设定界限，因为几乎任何处境都可以被消解为
某些历史术语。

卡尔·波普尔曾写道，历史哲学涉及"三个大问题"：
(1)历史的情节是什么？(2)历史的用处是什么？以及

42

当今的历史哲
学越来越像作
为文学理论的
历史学实践。

历史就是人们
写作并称之为
历史的书籍。

（3）我们如何写作历史，或者，历史学的方法是什么？
我想问你一个与波普尔的第一个问题相关的问题：为什
么在当代有关历史写作的争论中，情节如此吸引人呢？

情节产生意
义。

情节产生意义。亨利·詹姆士在他一篇讨论文学的
文章中说过，人物并不制造出小说中发生的事件，相
反，人物是由情节创造出来的。这是对的。因此，当我
们习惯于说，某种特定的态度或品质塑造了一个时代并
成为其特质时（比如，启蒙运动中的理性，或者中世纪
的信仰），我们是在回溯事物。这一切都表明，我们在

43

以回溯描述人类生存时，是出于这样一种方式：需要一
个理性时代和一个信仰时代来确立起一个情节。于是，
理性和信仰（或者无产阶级或者俾斯麦）成了表面上使
得事情得以发生的角色，但实际上却不过是情节的因变
量而已。整件事情本可以按其他很多种方式来编排情节
的，而且被如此众多的不同的（隐喻性的）角色所支配
着。因此，我们不妨在这里追问一下：这个情节好在什
么地方，对于那些丧失了的可能性来说，它付出了什么
样的代价？经济学家的"机会成本"概念非常重要。

我们为了以某
种方式来讲述
一个故事，不
得已放弃了什
么东西？

我们为了以某种方式来讲述一个故事，不得已放弃了什
么东西？这些就是让我入迷的理论问题和历史学问题。
你先入为主的情节概念就告诉了你，什么是要紧的，什
么是无关紧要的，因为角色乃是情节的变量。

1980年代，我们经历了历史哲学的"叙事主义的"或
者"修辞学的"转向。我认为，倡导了此种转向的历
史哲学提出了一种富有成效的、以修辞为导向的对于历

史写作的分析方法。它表明了新的解释的可能性，并且为历史写作还原了其艺术性的维度。另一方面，此种方法崇拜的结果，就是历史哲学忽视了自 1970 年代以来历史学内部自身所发生的某种更重要的东西。它没有能够考虑到历史学自身已经发生了的转向，而此种转向彰显了历史的高贵。历史学开始扮演某种支撑着传统价值观的生活哲学的角色。我赞同弗兰克林·安克斯密特在他的访谈中所提出的观点，也即我们要将关注的焦点置于经验范畴。这就跟上了历史学的步伐，并且在史学理论和历史写作之间架起了一道桥梁。

当我们考察与历史人类学联系在一起的"后现代"历史写作时，就可以观察到一个变化。此种变化我可以描述为从宏观到微观、从外到内、从被视为一个进步过程的历史到人们所经验的历史的转向。这种变迁明显地体现在勒华拉杜里、金兹堡和达恩顿写作的微观史之中。你是否也注意到了这个过程？

有一个从一度作为中心（此种对于"中心"的空间化的谈论方式当然很大程度上是想象性的）的民族国家向外推展的运动。在每一个层面上，这一运动外推到政治、社会，再就是个人、日常生活，然后在其边缘处推展到了人的身体。这是一个外推的运动，因为这一同心圆圆周上的每一个地方都与那个环形上的任何其他东西距离更加遥远，周围更加空旷。也就是说，个人的东西是高度碎片化了的。我的个人生活不同于你的个人生活，我们所有人的生活都是不同的。因此，就此而论，

44

随着个人生活史、日常生活史的进展，我们确实是越走相距越远。我们在《奶酪与蛆虫》(*The Cheese and the Worms*)中看到了此种经验的碎片化，究其实，经验就是高度碎片化的。你现在问何时才有一个限度。不久之前，我因为利科的《时间与叙事》(*Time and Narrative*)而思考这个限度的概念。我留心到了几件在我看来非常怪异的事情，它们原本出现在利科开始讨论研究死亡的历史学家——像阿利埃斯(Ariès)、伏维尔(Vovelle)等人时的脚注中。他认为，对于死亡的意识或许是可能的历史表现的极限。我不大敢肯定他的意思是什么。我现在依旧不大敢断定他的意思是什么，尽管我就他想说的可能是什么写过些东西，然而，可以肯定的是，这是一个绝好的例证：一个重要的思想家对于限度问题感到困惑。我会就他的意思给出一个假设。在我们一直谈论的模式——同心圆的圆环越来越宽，直到私人性的因素——中，人们也许会说，死亡是我们的经验当中最个人化、私密化，最无法与人分享的了。这是一个有关"本人之死"的哲学问题。当然，历史学家们从来不讨论一个人自身的死亡：他们谈论的是公共葬礼、临终仪式、遗嘱等。但是我疑心利科思考的是某种更加个人化的东西：最个人化的东西，并且因此在我们一直谈论的这个朝着外面的圆环拓展的新的运动之中的历史学的限度，也许就在一个人自身死亡的经验之中。从逻辑的观点来看，死亡就是边缘。

您不认为倘若我们"触及"这样具体而又个人化的主

利科认为，对于死亡的意识或许是可能的历史表现的极限。

最个人化的东西，并且因此历史学的限度，也许就在一个人自身死亡的经验之中。

题，我们就该涉及崇高（the sublime）和创伤（trauma）这样的范畴吗？我们是否应该回到精神分析呢？

不管是好是坏，我们从来就没有离开过精神分析。有的精神分析观点对我影响很大。对我来说，《梦的解析》——一本我喜欢教又喜欢读的书——不是讨论梦，而是讨论解释的。在我眼中，这是一部解释学巨著。我对弗洛伊德着迷，是因为我在那里面，在每一页上都看到了我自己。我翻动书页，我说："是了，我就在这里。他的描述证明他了解我。"弗洛伊德在《梦的解析》和其他地方创造的话语吸引了我，是因为他把梦看作——我们可以这么说——基本上是烹饪好了而非半生不熟的东西，不仅看到它明面上的内容，也看到了它那潜藏着的内容。在他想象梦被产生出来的所有步骤之中，我们都看到，他将无意义之物重新描绘为至少是具有虚假意义的各种形式。呈现给我们的东西，无不可以编排进情节之中。梦的素材被无意识之中的某种东西叙事化，以便将它们呈现给前意识，而前意识又以梦的形式呈现给意识，对于考察历史思想而言，这是一种极其精彩而富于启发性的方式。这就是我对于弗洛伊德有着奇怪的矛盾之处的"再度修正"（secondary revision）概念感兴趣的原因所在。

弗洛伊德是那种你无法通过释义、重大论断、复合体和类型等来加以了解的思想家中的一个。他是那种你可以随处翻开书页来寻求启迪的著作家。无意识就像是"后现代"或崇高。它出现在喷发或断裂中，然而，一

我们从来就没有离开过精神分析。

45

现在和时刻都是制造叙事性故事的工具，而不是创造这些故事的素材。

旦我们注意到它，捕捉住它，开始讨论它，我们就把它变成了另外一回事情。这就是我们无法拥有后现代时刻的概念或者是后现代理论的原因所在。现在（the present）和时刻（the moment）都是制造叙事性故事的工具，而不是创造这些故事的素材。

意识-无意识的概念乃是我们过去两百年来在西方文化中看到的一系列重复——崇高与优美话语的重复——中的一个阶段而已。所有这些不稳定的二元结构，都涉及我们无法在形式上把握的事物；新的对子一而再、再而三地出现。现代和后现代也落入了同样的窠臼。我愿意小心翼翼地对这一范式的另外一面，也即崇高的那面保持敬意，因为一旦我们试图描述它，我们其实就将整个事情都美化了，将梦魇也美化了，就像是我想要指出的那样。当前叙事化的时刻总是倾向于将不稳定的二元结构封闭起来和吞噬掉，将其转变为时髦的故事或理论，将崇高变为优美，使其融贯无间，让人们能够理解，使得它不复崇高。

崇高就其定义来说就是无法表现的，因此在某种意义上，我的论证就是极其简单的。这不是文字的表现，而是叙事性的或者逻辑性的理解。在崇高之中我们体验到了当下这一时刻的存在，然而它并不存在。我们必须总是将其优美化，这是创造意义并炮制出某种正在发生的叙事情节的方式。

史学理论新的目标何在？

至少对我而言，一个新的目标就是要说明，历史著

46

作的读者何时、如何以及为何，选择了要将历史文本从一个观察过去的某个方面的视角，转变为一个有着其自身结构和历史特殊性的对象本身。这是眼下最关键的问题。如果对于历史学的理论思考，只将过去作为历史表现的对象来加以处理，当然就会撞上那些谈论实在论的优长之处和弊端的叙事主义者所提出的全部问题。另一方面，主张历史文本只不过是审美对象或者纯然的意志行动，也同样是错误的，而且还是傲慢无礼的，无论可以怎样为这种立场来进行辩护。当今的史学理论必须立足于将这两种考察历史文本的方式都包容在内，即便这样会带来矛盾和不确定性。它会辨认出某种特殊的读者，他们将会在朴素的实在论和反基要主义的怀疑论（antifoundational skepticism）之间徘徊——从将过去视作可以认识和领会的，到无可奈何地承认我们所拥有的一切不过是比喻性的语言表述（figural linguistic accounts）。随着我们感受到需要和向往，并且认识到我们幻象似的表现的重要性和真实性而起伏徘徊——这很有意思。

谁是引起最大争议的历史哲学家？

　　在当今的美国，福柯对于他的后辈而言依然影响很大。他的著作构成了目前对权力、话语、认同、事件进行探讨的基础，而所有这些东西都与历史理解的可能性联系在一起。或许对于他的著作的争论已经非常稀少了……在我看来，眼下是弗兰克林·安克斯密特。我要能够阅读荷兰语就好了。

随着我们感受到需要和向往，并且认识到我们幻象似的表现的重要性和真实性而起伏徘徊——这很有意思。

47

你的著作名为《语言与历史表现：让故事弯曲》(*Language and Historical Representation: Getting the Story Crooked*)。你用"让故事弯曲"这样的说法，意思是什么？

我非常钦佩巴恩的研究，我是从他一次偶然的评论中借用了"让故事弯曲"这个说法的。这句话在德国的一张大会议桌上被说出来，是对一个历史哲学家的回应，那位历史哲学家刚说过："毕竟要紧的是让故事笔直。"巴恩说："不，要紧的是让故事弯曲。"在我看来，"让故事弯曲"这句话说了两桩不同的事情。第一桩是这样的认识：故事是被创造出来的，它们不是从故纸堆或者经验或者任何实在的形式中直接得出来的，并且对于过去的产物的任何自觉的处理，都需要或多或少地意识到，人们的描画总是以某种带有目的性的方式而有所弯曲。事实上，对于历史学家号称在历史的过去中所发现的那种种故事而论，不存在什么单纯的笔直。这是它的一个方面——不过就是历史学家对于历史论著的构造性(configurality)的一种意识，也就是说，人们可以以不同的方式来描画不同的事情。然而，第二个方面，我自己主要感兴趣的那个方面，是在阅读历史的过程中出现的。对于需要以两种不同的视野来阅读，我非常敏感：一方面，穿透文本阅读而达到某种视野，某种对于过去的表现或者不管什么被表现出来的东西。此时我们可以将语言视作可以透过去看的望远镜。然而第二种看法却始终将语言视作一种事物，就像弗兰克林·安克斯密特所表述的。这第二种看法对于我们视野的弯曲性质有所领会——语言不是帮助我们直视事物的望远镜，而更像是拼凑碎片、在不同时间呈现给我们不同事物的万花筒，那是一种总是不断变动的图景，永远也无法将其恰当地变为一个整体，因为你碰一下万花筒，它就又进入新的局面。

我们的交谈集中在史学理论上。我提到过，我觉得史学理论总的来说，似乎距离史学实践太远。我想要知道你对于当代历史学的看法。你对于比如说作为一种新史学的代表的心态史怎么看？

对于心态（mentalité）概念的热情，是某种特定的新史学发展中的某个特定时刻所出现的现象。我觉得这里面所包含的是一种消极的而非积极的立场。各种各样的"新史学"层出不穷。然而"心态史的时刻"的出现，是在年鉴学派的第三代历史学家反抗他们的前辈——那一运动的创立者——那种显而易见的专业庸俗化倾向和团队结构、"系列"和计数之时。我想，年轻一辈认识到，布罗代尔和他的后一辈所设想的"全球"史实际上并不是很有意思，而且越是具有全球性，就越没有什么意思。在某种意义上，要弃绝一个观念的和人类表达的世界，付出的代价太大了。因而，在面对此种烦忧而又要维系他们的焦虑和自我界定的同时，他们就提出了心态的概念，要是在弗洛伊德看来，就是一种反向（reaction-formation）。[1]

---

〔1〕 反向是弗洛伊德心理学中的一个术语，指自我为了控制或防止别人和社会所不能允许的冲动，而有意识地做出相反方向的举动。——译者注

48

语言不是帮助我们直视事物的望远镜，而更像是拼凑碎片、在不同时间呈现给我们不同事物的万花筒——那是一种总是不断变动的图景。

同样的烦忧似乎也驱使着第二代人转向叙事，甚至是轶闻趣事。这种烦忧好像是一步一步地到来的。最初是对那种可以向学生讲授的东西的烦忧；接着，大概是《马丁·盖尔归来》面世了，最后接踵而来的是对于它如何能够被融入整个事业的理论论证。就年鉴学派事业的范围而论，我觉得他们是尽力做到了最好。那毕竟是（或者曾经是）一个太具有削足适履色彩的研究路数，附带着许多根深蒂固的假设，而要对这些假设提出质疑，就会严重地危及整体。它无法回答拉卡普拉提得很漂亮的这么一个问题："每个人都是心态史的一个案例吗？"

对我来说，要想以任何一种精密的理性来论证但丁或者弗洛伊德，或者无论什么人，在一定程度上超脱了芸芸众生所共有的精神世界的边界和样貌所设定的限度，那是毫无可能的。然而，我还是相信，弗洛伊德多于也有别于 19 世纪后期心理学、社会、性、犹太人、医学等各种话语的交汇。我相信没有人能够向我证明我的看法是错的。或许这里的问题在于，人们选择了要成为哪个世界的一部分——换言之，这是一个伦理学问题。于是我问自己，心态史家们选择的是什么样的世界呢？随着这一选择而来的是什么样的将来呢？（这里我想到了康德在他 1795 年的论文《重提一个老问题：人类是在不断进步吗？》中的观点）将来是被精神事件，本质上是被人们决定如何去看待过去所决定的。无论康德

> 我问自己，心态史家们选择的是什么样的世界呢？随着这一选择而来的是什么样的将来呢？

是否正确，与某一种对于过去的看法伴随着的是什么样的将来，这总是值得人们去探究的。

对于作为年鉴学派使命的一个分支的心态史学，我能够明确的一点就是，它是一个可以由众多研究者系统开展的一个项目，他们指望着他们的"发现"，能够经由将来的努力而融入对于事物发展的一个更加广阔而又更加持平的表述之中。简而言之，某种对于各种观点的统合，至少作为一种目标而言乃是可能的。这不是利奥塔意义上的元叙事，而是某种社会方案。没有了这种方案人们还可以有研究和论文，然而，这些研究和论文却无法统合起来。每一项研究和每一篇论文都自有其独立的世界。正是面对这种情境所产生的焦虑，导致人们将但丁们和弗洛伊德们从正儿八经的历史学家所研究的课题中排除出去了。历史学作为一门个别描述的科学（idiographic Wissenschaft），其本质一度被认为在于其不可重复性。这是新康德主义的解决办法——将历史知识与产生规律的知识形式区分开来。这一与李凯尔特和文德尔班联系在一起的德国式解决办法，与法国式的解决办法争斗了一个世纪。这场争斗界定了历史学的现代性。

无法统合的历史学乃是审美对象。承认并探索此种可能性——历史学可能就正是这样的——确定无疑地就是后现代历史学转向的实质所在。从这个角度来看，对于心态的研究，其实与对于个体甚至是单个文本的研究并没有什么不同。

历史思想中存在着危机吗？

与某一种对于过去的看法伴随着的是什么样的将来，这总是值得人们去探究的。 *49*

历史学正处在危机之中。这是它的正常状态。

是的，历史学正处在危机之中。这是它的正常状态。要记住，对于历史的兴趣根本就不是一种自然的情感。一个文化必须具有一种实实在在的且为人们所广泛具有的失落感，才能以我们所可能辨识出来的任何形式建立起"历史学"所要求的从事研究和纪念活动的机构。这样一桩古怪的事业要得以开展，人们的生活经验中是出现了多大的断裂啊！因此，危机乃是它的出发点。没有了危机，历史学就僵化了。我认为这就是尼采思考历史的根本要旨所在。他想要恢复危机感。海德格尔及其追随者跟着他，朝着这一目标前进。

20世纪90年代历史学的任何危机，确定无疑地就是现代历史学的。

50

当前的问题并不是某个文化的问题，而是某一个职业的问题。

这既是，又不是你所说的危机。20世纪90年代历史学的任何危机，确定无疑地就是现代历史学的危机，而且同样确定无疑的是，这场危机所采取的形式，就是一个世纪之前历史主义所遭逢的。当前的问题并不是某个文化的问题（没有历史学家的工作也照样如此，因为这个文化正在陷入一种琐碎浅薄的历史环境之中），而是某一个职业的问题。大学里面的历史学家能够做些什么，让置身于某个文化——其中有关过去的故事无穷无尽——之中的人们来在意历史呢？什么新信息、新话题、新媒介能够捕获人们的内心？可以有什么新的或者旧的论证能够让人们偏好这些表述呢？普遍史（大故事）的梦想难得有被明白表陈的时候，然而正如我在对年鉴史学的评论中所指出的，对于一个理性而健康的历史职业而言，这样一种隐而不宣的看法还是必不可少的，那就是：各个分散独立的历史表述都可以对焦，即便在最低限度上来说它们不过是多样化的视角。长期以来显而易见的是，职业历史学家们在沿着一条走廊的一排办公室里面工作，彼此却少有关联，他们不仅是在做不同的事情，而且是在做不同性质的事情。心态/社会/经济/自然的序列（或者任何此类被升华了的唯物主义的系统），让人们梦想着，能够在将来使这些东西融合无间，然而，这样的梦想在黎明之时就全都消逝无踪了。第二天夜晚，同样的梦想又再度出现。危机在于我们一直在炮制这些表述，却没有具有说服力的论证来让我们这么做。那仿佛是出自本能。至少对我们而言是这样。可是，对我们而言的本能，这种说法是荒诞不经的，因为它不过是我们的处境而非本能。

真正有意思的问题是：某个文化满足于某种对于过去的表述，这意味着什么？或许尼采在谈到牛群的幸福——它们没有历史性的需要，因为它们不知道自己将要死亡——时所描绘的就是这种满足。因此，我揣测，尼采和海德格尔留给我们的"危机修辞学"是相当精准的，既便是有点儿被滥用了。我们知道自己不是牛，我们将会走向死亡。历史学处于常态的永久危机之中。

历史学处于常态的永久危机之中。

你在专业上的发展受到了海登·怀特的影响。你是怀特教授的学生，就怀特的理论写过若干篇论文。我想要问你几个有关海登·怀特的问题。我们刚庆祝过怀特65岁的生日和《元史学》出版20周年。你如何看待人们对于海登·怀特的理论的持久不衰的兴趣？

51

我认为《元史学》是将若干本书放在了一本之中。

首先是一个紧凑的理论，在开篇47页中得到表述的有关历史著作的形式主义的理论，然后是对于从19世纪到20世纪初历史哲学进程的反省，再接着是一系列对于相关历史学家的具体解读。在任何时候你对于《元史学》所做出的反应，都取决于你在谈论的是其中的哪一本。就像怀特本人经常提到的，《元史学》在1970年代面世时乏人问津。这本书是1973年问世的，然而我记得在20世纪70年代后期和80年代早期，他在做完一场讲演后会说（带着他所特有的夸张色彩），"他们要我谈一谈比喻学和这堆东西，可我发现研究生们对此比我了解得更多"。我想，他能够这么说的原因在于，在从一个修辞环境到另一个修辞环境、从一个赛场到另一个赛场的转移过程中，怀特自身所怀有的，是从第一个赛场也即历史学的赛场带来的那种关切。学习文学的学生当然比那些受到历史学家的焦虑熏陶的学生们少许多禁忌。

我这么来说吧：怀特有10年或者15年沉浸于历史学的话语层面，并且很不顺利，然后他出版了《元史学》。那主要是在1960年代我做怀特学生的时候。在他的研讨课上我们研读那类有关历史文本的书，而今人们依然在写作这种以历史学的术语来讨论历史学家们的著作，这些书大都是政治性的，很幼稚。你选定一个历史学家或者一个史学家的学派，然后就要给自己提出这样的问题：他们对法国革命、工人阶级、革命的根源和拿破仑持有什么样的政治立场？——无非就是这一类东西。《元史学》面世时，很难将它置于那样的话语之中；它很激进，往前迈了一大步。它往前迈了一大步，是因为它给历史学从其他领域引入了某些隐喻，并且是以一种高度图式化的方式来这么做的。诺斯罗普·弗莱（Northrop Frye）的四种情节、维柯的比喻、斯蒂芬·佩珀（Stephen Pepper）的世界假设以及卡尔·曼海姆的四种基本的意识形态，在你刚开始将它们视作一个体系时看起来非常平易，甚至有些头脑简单。然而，就其提供了一种可以应用于米什莱、托克维尔、马克思和兰克的文本之上的修辞学概念和修辞学工具而论，整个体系使得人们有可能用另一种眼光来考察这些著作，而此前这些著作除了从意识形态角度着眼之外，就没有被系统地考察过。它使得怀特具有了他在这里所需要的灵活性。

52

因此，我认为《元史学》的第一部分其实刚出生时就死了，因为它显然是为了怀特在那个时候的需要和目标而拼凑在一起的。或许它是怀特用过而又丢弃了的脚手架。接下来我们再看看那些解读本身。怀特的样板和他受益良多的思想资源之一，是艾里希·奥尔巴赫（Erich Auerbach）及其《模仿》（*Mimesis*）。回想他 1966 年和 1967 年教我们的时候，从某个文本中取出一段，并且以这样一种方式来剖析那段文字，以呈现出某种大得多的东西，这种想法真是让他心醉神往。这正是他在《元史学》的解读中企图去做的事情。我认为，就怀特成功地让他引用的文字获得了生命力而论，我们发现（至少我发现）重读《元史学》还是很有意思的。他耗费心力，想要创造出一种人为的结构，使他能够以一种新的方式来处理历史文本，将他自身的原创性和洞识展现出来。从体系上来说，《元史学》在每一处都面临严重的困难，然而从修辞角度来说，就其所针对的时刻、受众、处境和（在怀特眼中的）目标而论，我认为它过去和现在都取得了巨大的成功。

然而，这是不同的问题。问题依然在于：《元史学》是一种关于历史文本的文学理论（也即，它真的是"19世纪历史想象的诗学"）呢，还是一种对于20世纪70年代早期历史学争论的修辞学干预，其目的是要改变历史读者的习惯和思维方式？如果我们持前一种看法，《元史学》就已经过时了，和20年前写就的几乎每一本书一样。如果把它看作要以人们无从想象和估量的方式改变人们的阅读方式——不是说它们要对《元史学》中的方法亦步亦趋——的修辞学干预，我认为它获得了巨大的成功。

在你对《元史学》的评论中，你将怀特置于"语文学改革家"（philologist reformers）的圈子之中。你能否告诉我，还有谁可以被纳入这个群体呢？

《元史学》是一种关于历史文本的文学理论呢，还是一种对于20世纪70年代早期历史学争论的修辞学干预，其目的是要改变历史读者的习惯和思维方式？

53

我考虑的是我所知道的怀特的思想背景和他所研究的人。他本来是一个中世纪专家，但他很快就开始四处游移（有意思的是，这种游移始终处在意大利背景之中——洛伦佐·瓦拉、维柯、克罗齐）。他是这批人之外的又一个"语文学改革家"。比如，艾里希·奥尔巴赫也是一位语文学家–历史学家。有人甚至会说福柯在一定程度上也符合这种身份。这种类型的人文主义相信，人类的处境是被文学的和语言学的可能性所决定了的。至少此种人文主义在现代的首次亮相，是洛伦佐·瓦拉和文艺复兴对于中世纪神学的或神授的权威性的反抗。这里的要旨在于，与仅仅是去摹仿上帝的世界相反，我们可以通过创造一种真正的语言来创造世界。这就是怀特所讨论的东西，也是我想要说的东西。

这样的人文主义者是这样一个人，他以这样一种方式来研究语言：通过表明人事实上是自由的而使人类得到解放。怀特好像受到法国存在主义很大的影响，他后来向我证实过，他一度对萨特发生了浓厚的兴趣。我在《秩序的基石》一文（那最初是 1979 年有关《元史学》的一场大型会议中的演讲词）中就他的著作对这一假设做了很多发挥。尽管对福柯入迷，怀特一点也没有人之死、作者之死、读者之死的调子，这种后现代的主体世界在他而言只有分崩离析的作用。他不想生活在这个世界之中。而这也就是我将他往回与萨特，与存在主义，并且首先是与选择问题联系起来的原因。选择一词总是在关键时刻出现在怀特的著作中。比如：在他求助于修辞一词时，他将修辞处境（rhetorical situation）界定为任何必须在其中做出选择的处境；对于那些选择是如何做出和如何表达的研究，一定是修辞性的。他的人文主义（在我看来有些荒诞，然而其情可悯）坚持认为，我们是有意志的造物，我们进行选择，在做出这些选择时并没有什么实在之中必然而坚固的基础，相反，我们是以

怀特好像受到法国存在主义很大的影响。

尽管对福柯入迷，怀特一点也没有人之死、作者之死、读者之死的调子，这种后现代的主体世界在他而言只有分崩离析的作用。他不想生活在这个世界之中。

留传到我们身上的文化习俗和个体神秘的生理人格来进行选择的。

怀特在《话语的比喻》的导论中说，康德的意志官能是一个被人们忽视了的领域。我想，在《话语的比喻》中已经存在着意志官能，而且他说，他并不耻于被称作康德派，也不耻于强调意志概念之作为某种你无法越出其外的东西的遮盖物。因此，在一篇名为《海登·怀特与康德式话语》的论文中，我强调了意志、此种意义上的选择以及那如何通向了修辞学，还有对契机（moment）和处境的需要的意义。

如今，列昂奈尔·戈斯曼和其他许多人一样，依旧被《元史学》以及他——戈斯曼本人——在 1970 年代完成的那种著作所深深困扰着。尤其是在《历史与文学之间》（*Between History and Literature*）的论文中，他越来越坚持指涉物（the referent）和指涉性（referentiality）的重要性。这是一个最怪异不过的情境。他为他的历史学论文集写了一篇新的论文来否定那些文章！至少我读起来是这样的。我读了那本书稿，感到疑惑不已。我无法想象，他写了 79 页的打印稿，讲的是正要出版的所有这些论文如果说不是错误的话，也是危险的。我从没有与戈斯曼见过面，但我给他打电话，为此书向他道贺，因为我很高兴看到这本书。我敬佩这些文章，从中受益匪浅。他所有的讨论都很好，即便他所表达出来的担忧和关切也是如此。

对历史学的指涉物提出质疑所造成的政治和社会风

险问题，依旧很要紧。在怀特 1980 年代的著作，尤其
是收入《形式的内容》一书的论文中，他谈到了这个问
题，并且强调说，他绝不属于否认证据和历史事实的实
在性的后结构主义者阵营。他似乎从攻击所有层次的表
现后撤了，并且提出有一个特殊的层次——情节化，在
其中纯然被记录在案的事件凝结成了话语的意义。他想
集中强调的就是这一点，他说，正是在这里，社会习俗
起着主导作用，它决定了在某个特定时刻对于某个文化
而言能够采取的是何种情节。也正是在讨论情节化时，
他集中阐发了他的比喻学观念。这个观念支配了事件成
为被记录在案的事实、证据被转化为恰当的叙事的过
程。它既可以用于将部分与整体联系起来的特定话语层
面，又可以用于在各个层面之间的运动，那些层面我们
可以称为从词义到语法到句法再到语义。可以说，比喻
作为形式化的误解，乃是支配着我们理解过程的模式。
在任何一点上，人们都有大量可以实现的可能性和可以
选择的不同方向。

怀特在这里强调的，是他对于形式化结构的用处和
结构主义思路的价值的坚持不懈的信念，而结构主义思
路 20 世纪 70 年代在后结构主义——德里达，怀特对他
没有什么实质性的兴趣；福柯，怀特对他深心眷注；以
及斯坦利·费希（Stanley Fish）——的冲击之下已经分崩
离析了。这一点很耐人寻味，因为在今天的美国，德里
达引起的关注是很有限的，已然是明日黄花，而福柯却
还是处在人们热情的中心地带。怀特似乎很早就觉察到

怀特强调说，
他绝不属于否
认证据和历史
事实的实在性
的后结构主义
者阵营。

55

了这一点。

巴特怎么样呢？

怀特一开始就意识到，巴特总是在与读者游戏。而且在某种意义上，怀特做的也是同样的事情。

自我认识怀特以来，他就一直在关注着巴特。巴特将在修辞学上的原创性是他产生感召力的源泉所在。怀特一开始就意识到，巴特总是在与读者游戏。而且在某种意义上，怀特做的也是同样的事情。巴特的每一本新作展现出来的都是一个不同的作者；从 1950 年代后期开始，从《神话学》（*Mythologies*）到最后一篇论文，他始终在变化着。最初是现代神话学，以及结构主义的全套东西。接着是《符号学原理》（*Elements of Semiology*），各种图式之类的东西再度出现，但却与前面的东西不一样。然后再一本书一本书地看。在每一本书，尤其是《S/Z》（*S/Z*）中，你会发现，他端出这么一个巨大的结构框架，是为了做很小的事情。受到这些文本挑战的读者会想："我看了又看，总算掌握了情节性（proairetic）代码和解释学代码，以及所有这些代码，我可以开始运用它们了。"然而巴特又走到了他的下一本书，并且说："噢，我已经干完了那些事情。我不会再使用那个体系了。"这就是结构的创造：理论不过是事件本身的一个前在的文本（pretext）。它从来没有想要成为一个巨大的方法论的一部分，它是对方法论的滑稽摹仿。巴特将在《恋人的话语》（*A Lover's Discourse*）中讨论情侣看待所爱之人的方式，然后他当然开始反省各种图景、他的母亲和他自己。巴特博学多才，他身上最显著的是他的场景感，对于任何理论都只适合于一个场景的感受，这正

56 任何理论都只适合于一个场景。

是怀特所一直仰慕的。尤其是巴特那种贵族化的对于方法的漠不关心，让他更显特立独行。

在《元史学》中，怀特建立了一个他可以利用的框架，使他成为一个技艺精湛的读者，他本来就有这样的能耐。他对于作为一种方法论的比喻学的长期研究，与我刚才所谈到的东西是有冲突的。我觉得这很有意思。在《元史学》之后，大概有七年的时间，怀特在收入《话语的比喻》的所有论文和其他从没有收入任何一本集子的论文中，精心打造了作为一种可行的主导性话语的比喻学观念。他反复阐述比喻学，将其不断地扩展延伸，对它稍加改造，但一直将它根本上看作一种约束话语的规范。到 20 世纪 80 年代，他基本上将它搁置起来了。我想，在收入他 80 年代以来论文的集子《形式的内容》中，"比喻"只很偶然地出现了一次。他突然就转向了别的东西，而那种别的东西就是叙事。他也许意识到了，他是在为一场比赛制订规则，而这场比赛要么是没有人打，要么是没有人按照和他一样的方式来打。他做了他能够做的事情。叙事是对话的主题所在之处，他对叙事尤其是情节化怀有兴趣。叙事与比喻学紧密相联。事实上，我猜想，叙事是比喻学的一种代码，或者换一种说法，比喻学是叙事性（narrativity）的一种代码。至少对海登·怀特而言是如此。

1979 年，我第一次就《元史学》而有所撰述——我那篇名为"秩序的基石"的论文——的时候，我的感觉是，对他怀特而言，诺思罗普·弗莱的情结结构和维

叙事是比喻学的一种代码，或者换一种说法，比喻学是叙事性的一种代码。至少对海登·怀特而言是如此。

柯的比喻实际上是可以互换的。尤其是在他谈到反讽和讽刺剧时——反讽是比喻，讽刺剧是情节——很难将它们分别开来。在《元史学》中，他甚至有一两次失言，在就他的本意而言本该用这一个才恰当的语境中用了另一个。我认为怀特一直在他的思想中将传奇当作隐喻，将隐喻当作传奇。转喻就是悲剧，悲剧就是转喻，如此这般，不一而足。因此，1980 年代的叙事转向不过是重新命名而已。这种乍看起来与人脱离甚远的"混乱"使得比喻更加深化，更加具有人味了。比如说，他对福柯的第一次解读（《解码福柯》一文）将福柯视作一个比喻学家。到 80 年代，路易斯·明克、保罗·利科等人强调叙事，并且认为人本质上是进行叙事的动物。我想，怀特是相信这一点的。

你能否谈谈海登·怀特对利科的态度。怀特似乎同情利科的理论（我特别想到的是他讨论《时间与叙事》一书的论文）。可是，最近怀特却告诉我利科已经过时。发生了什么事情呢？

我并不认为发生了什么事情。我想，在他需要的时候，怀特还会用得上利科。我觉得，比方说，怀特在《形式的内容》中有关利科的那篇论文，用的是辞藻考究的修辞术，是褒扬的修辞术。它出现在颂扬性的语境之中。

我揣想，在一定程度上，怀特是敬仰利科其人的。对于怀特来说，对人的感觉是非常重要的，尽管他表面上满是讽刺色彩。我想，他感受到了与人们之间非常亲密的友谊。然而，他似乎又对未来怀有一种更高的责任感。因此在这样一个与年轻人在一起的语境下以及在超出利科之外的某一场辩论中，他就会说："利科过时了，德里达过时了，福柯过时了，《元史学》过时了，我过时了。"他讲这一切，是为了给人们讲新的东西开辟空间，在这个空间中你我可以自由地进行批判。然而，在不同的语境下，当一个人不仅从学院派的立场而且还从个人的和道德的立场来写作，对时间和叙事进行思考（在我看来，这就是利科经常在做的事情），怀特在对这样的思考进行反思的时候，就会求助于非常不同的方式，用不同的规则来进行不同的游戏，并且会调整他的话语来适应那个时刻的需要。这就是我说怀特是一个修辞性的人物时想表达的意思。这不是说你一定不要把他说的当真。他说的总是当真的。然而你一定得始终非常谨慎地考察他说话时的语境。

那么，过时这一概念又是什么意思呢？莎士比亚、米什莱、托克维尔是过时了吗？答案是：是又不是。我觉得，就像怀特教导我们的，修辞学的责任是创造出新的语境，让那些个人不致过时，他们在新的语境中能够改变以服务于我们的目的，面对新的受众和新的问题。

怀特不想成为一个纪念碑。他希望始终处于行动之中。因此他会说："我的那部分过时了。它一去不复返。我不记得《元史学》了，因为我总是对当下身边发生的事情充满兴趣。忘掉过去发生的所有事情吧。"在同样的意义上，罗兰·巴特的每一本书都在变。这就是

怀特会说："利科过时了，德里达过时了，福柯过时了，《元史学》过时了，我过时了。"他讲这一切，是为了给人们讲新的东西开辟空间。

怀特是一个修辞性的人物。这不是说你一定不要把他说的当真。他说的总是当真的。然而你一定得始终非常谨慎地考察他说话时的语境。

过时这一概念又是什么意思呢？

58

我对他的个性的印象。

你认为怀特是个什么样的人物呢？

怀特说："我是一个写作者。"

我问过他一次。我问他怎么看待自己，他说："我是一个写作者。"仅仅如此。很久以前我曾努力想弄明白这句话的意思。这话听起来很轻率，我想他那个时候心里面一定想着巴特。我确实认为，有一度他觉得当今知识分子恰当的典范，就是罗兰·巴特那样的人。巴特是某种文化批评家的第一个范例，这是怀特用在自己身上的又一个词，他在《话语的比喻》中把自己称作文化批评家。文化研究在美国变得如此可怕地意识形态化和僵硬之前，他就在做这类事。他始终保持着反讽和灵活性，那是仅仅对修辞感兴趣的写作者的特质，那既是体验世界的一种方式，又是一个生产过程。这就是我想要说的。怀特是一个写作者。

利科、巴特、福柯、明克、拉卡普拉，这些人中谁与怀特的理论关系最紧密？

在美国和欧洲1940年到1947年或1948年间出生的这代人中，出现了很多受到海登·怀特影响的学者，因为这些人正是在《元史学》那个时候开始加入讨论的。拉卡普拉是年纪更长的那批人中的一位；安克斯密特当然也是；在英国是斯蒂芬·巴恩；在美国有阿兰·梅吉尔、菲利普·卡拉德（Philippe Carrard）、林达·沃尔（Linda Orr）、拉里·希纳（Larry Shiner）和怀特的几个学生——像我、桑迪·科恩（Sande Cohen），当然还有其他不少人。

　　还有几个人，年龄与怀特接近，像列昂奈尔·戈斯曼、鲍勃·贝克霍夫（Bob Berkhofer）和南希·斯特鲁弗（Nancy Struever），他们都对这些东西感兴趣，全都表现出对这些问题深切的关注、疑虑和担忧。还有更年轻的一辈在做别的事情，像是乌得勒支的安·里格尼（Ann Rigney）。我看到的情况是，在1942—1948年间出生的人，实际上是或多或少直接受到怀特影响的第一代人，他们做的工作，其模式是由《元史学》所奠定的。

　　你提到的别的人物——巴特和福柯——与怀特并没有紧密的个人关系。他了解他们的著作，但我想他没有跟他们见过面。他觉得，要通过著作而非个人的经验来了解思想家们。然而在不同的时候和年纪，他对于自己的同代人或许会有不同的感觉。我想说的是，他从他们的例证中比从他们的教导中汲取到了更多的东西。就我所知，他并没有就巴特写过多少东西。但他花了很多时间对福柯进行思考和写作。福柯是个不好把握的人，然而怀特很早就察觉到福柯的重要性，并且在他的著作被翻译过来之前，就在那上面花了很多时间。他想要做的是将福柯变成他自己的一个复制品。他并不总是这样来解读人们的，可我觉得在福柯身上比之其他任何人，怀特更关切的是将其强有力的思想利用到自己的思考中来，并且把握其思想，将其嵌入自己当时所需要的范畴之中。于是，福柯早期的著作就给比喻学带来了启迪。怀特后来关于福柯修辞学的论文也表明了他所思考的东

59

怀特觉得，要通过著作而非个人的经验来了解思想家们。

西。他将福柯用作自己的试纸。

你问到了路易斯·明克。并不是说明克受到了怀特的影响，或者怀特受到了明克的影响。我想，他们作为朋友是在一起前行。明克是从关于叙事和叙事在历史学中的作用的一种传统观念出发的。他在伽利和丹托的英美哲学传统中进行思考。他开始提出有些让人不得安宁的结论。他像是在说："你看看，我不知道怎么成了这个样子，但这是我的思考所抵达的地方。"而怀特领会了那些结论。我认为他之所以转向叙事，是因为路易斯·明克。

我认为怀特之所以转向叙事，是因为路易斯·明克。

我还是回到福柯吧。福柯常常被认为是后现代主义的前驱。我们在福柯的著作中能够看到什么后现代的迹象，而福柯和怀特在这个方面有没有什么相似之处呢？

60

就历史学家所关切的而论，福柯的后现代主义在于他的这一断言：话语——体制性权力所采取的语言形式——横亘于我们与过去之间而无法穿透。无论我们要在何处寻觅生活的印迹，我们都会发现堆积如山的被编码了的和自我指涉的文本，规定了什么是生活，什么不是。就我所知，福柯对话语语言并没有多大兴趣——那是我们可以称之为形式化的关切的东西。或许他觉得，既然话语规则支配了任何可能的从内部对它进行的解码，可以说，更重要的就是去探索这些话语的蕴涵而不是其语言。它们是迥然不同的。

作为一个在叙事形式中发现了意识形态底蕴的形式主义者，怀特很少强调话语墙（discursive wall）及其话语体制，尽管对于历史学专业化之作为一个消解崇高的过程，他有很多有意思的东西可说。然而，他似乎认可，人们有充足的理由来反对任何意义上的未经中介的过去或现在。与福柯相反，在怀特身上有更多康德式的色彩，强调我们的经验所无法触及的事物。他关心的是研究我们是如何认识的。他的比喻学就是他的认识论，他持之一贯。在这个意义上，他与后现代主义者的游牧思想或者反基要主义并没有什么关系，虽然他常常对他们的思辨表示同情。或许，他对于历史表现中的创新和试验以及由此不可避免地带来的断裂的一贯鼓励，来自于他深信自己拥有了打开文本秩序的钥匙。理解这一点是很关键的：福柯和怀特都向往秩序，然而也向往产生无序的东西。

怀特的比喻学就是他的认识论。

当然应该把福柯看得比怀特更加"后现代"，然而这样做的时候，必须考虑到他们本人所处的不同的修辞学处境。后现代理论如此之多的能量（在往常它还有能量的时候）来自于它关于危机和灾变的修辞学。法国人大谈夸张法、极端的明喻（"就像埋在沙中的面孔"），并且总是看到这个或那个事物的终结。在这种话语中，寻求解释或定义不是件好事。作为美国的中世纪史家，怀特来自一个相当保守的修辞学处境；他所做出的每一个断言都会一再受到挑战，不断加以澄清，并且他说的东西不是出现在报章杂志上的访谈中，而是在大学讲坛上，面对着的听众是欣喜不已或者心怀敌意的历史学家和困惑不解的研究生。怀特和福柯都在致力于对知识形

后现代理论如此之多的能量（在往常它还有能量的时候）来自于它关于危机和灾变的修辞学。

61

式进行批判——也可以说，那是康德的思路。问题在于，我们的世界的另外一面，我们所无缘得见的那一面是什么样的。福柯追随着尼采，认为除却由话语构成的主体之外，"那里之外"流溢着的是意志和权力。怀特似乎更加信赖席勒所提出的某个崇高而无意义的事件的混沌状态，那些实际发生的事情是由人类叙事的（也即比喻性的）力量赋予其意义的。我觉得，比之当今一般人的见解而论，他在浪漫派那里看到了更多的合理性，尽管理查德·罗蒂也从他们的范例中寻求启迪。

怀特理论中最为重要的是哪个方面？

我觉得，应该是怀特对于不稳定的、变化不已的修辞学处境的关注与他对于使得那一时刻成为可能的结构和形式的一贯强调之间的张力。怀特身上的这一张力，有似于近 20 年来许多美国批评中的张力。一方面，怀特对那些在一个人自身处于某个特定处境时出现的断裂和自由，对不确定的事物高度敏感。我将此称为时间中各个时刻的存在的荒诞性（existential absurdity of moments in time）。不知道我们是怎么到了这里的，你和我坐在这个房间里，不知道我们在这里不得不做什么或者将要做些什么。生活是没有剧本的。然而与此同时，我们还要在这里做点儿什么。怀特想要通过表明存在指引我们履行在这个世界中的任务的社会的和形式化的习俗常规，使得这个时刻产生意义，并且让这个时刻派上用场，然而，它们产生了这样两种情感（开放性的或存在

性的以及被决定的或习俗性的)。我在怀特身上看到的
就是这种张力——你永远也不知道在这个时刻他会走向
何方，他对于结构的强调，会使得他走到一个方向，他
对于开放性、修辞上的选择策略和某个特定处境(说话
人、意志、受众、愿望)的不确定性的感受，又会将他
带到另一个方向。这就是我认为要寻求从一个处境到另
一个处境的一贯性，其结果只能让人沮丧的原因所在，
因为你不知道在每一个时刻，他将会走向何方。我认
为，这种张力是最要紧不过的。

从《元史学》到《形式的内容》，我们可以观察到怀特的
"发展"；也即，从比喻到叙事本身。然而，海登·怀
特告诉我他想要拓展他的比喻理论。

62

我试图找出怀特的模式，其中有很多图式。甚至在
他还不知道这些图式会是什么样子之前，他就走到黑板
前用图表将它们填满。这些图表在他的研讨课上并没有
太大的意思。25 年前我从来没有把它们画下来过；如
今我知道那是将知识空间化的需要，而这是一个形式主
义者的表征。

他那时正力图构想一个持久稳定的结构，以容纳数
量众多的可能处境。在某种意义上，《元史学》有着与
乔姆斯基在 20 世纪 50 年代和 60 年代以句法结构寻求
的同样的目标——历史话语的衍生语法。怀特依然相信
这类东西。我很高兴听到怀特将要拓展比喻理论，因为
我在一定程度上也对那套东西有信心。我觉得这是一个
精彩的事情。宣称结构主义和结构主义的思路已经死亡

和过时——这种否弃也只是时间中一个片刻。结构主义需要再度适合于新的需要和新的处境。我很高兴听说他还想做这件事情。

怀特的比喻理论是他哲学中的一个重要部分。你对比喻学是如何理解的？

比喻学研究的是，当我们使用语言时是如何生活在错误之中。我们在使用字词时，不是在撒谎，然而我们是在错误之中。

比喻学研究的是，当我们使用语言时是如何生活在错误之中。我们在使用字词时，不是在撒谎，然而我们是在错误之中。我们是在以幻象的形式来谈论真实。反讽乃是对比喻学的比喻，而隐喻则是对诸种比喻的比喻，那又是另外一回事了。比喻学是对语言使用的性质的自觉，而我们可以说，语言的使用必定是错误的。反讽是某种视界的一种纯然理论性的模式和理想化的比喻，那种视界像所有其他的视界一样对我们而言是不可能的。

汉斯·布鲁门伯格指出，人类之所以能够幸存下来，是因为他们无法直接面对实在。

汉斯·布鲁门伯格（Hans Blumenberg）指出，人类之所以能够幸存下来，是因为他们无法直接面对实在。我们总是在使用实在的替代物，他将此视作一种修辞性的生存模式。他认为，哲学人类学本质上必定是一种修辞学的研究。我认为，比喻学以及它所培养出来的对于人们之不可避免地要回避实在的敏感性，对这样的研究颇有助益。历史研究显然是一种要紧的形式，让我们回避实在，而转向别的能够给我们提供关于实在的某种视角的东西，那在我看来只能是现在；也就是说，它就在现在之中。可是这个现在是无从把握的。历史写作不仅是现在的替代品，而且也通过提出某种样式的记忆，它导向对于将来的某种意图，从而构成了一个现在。于是，现在似乎就存在于记忆与意图交汇之处。就过去与将来、记忆与意图都避开了现在的凝固不动的实在而论，它们就是比喻和期望。

然而，记忆是历史写作的一个让人高度疑虑的形式，其实它根本就不是历史写作。它可以是历史证据，但它绝对无法作为历史写作而对我们有用。那是因为我们总是经历着一个现在。利科提醒我们说，现在是唯一存在着的东西，有三种现在：记忆中过去的现在；经验中现在的现在；期待或希望中的将来的现在。甚至过去也不过是现在的一种形式。这就是我认为我们处于叙事和叙事理论的大世界之中的缘故。叙事所做的，就是以这样一种方式，勾勒出某种形式的实在的或想象的事件，以最终制造出我们有一个时刻置身于这里、置身于稳定的现在之中的感觉。现在是一个主宰着过去的全部事件并支配着它们的意义的时刻。

你怎么看怀特理论中关于历史真理的问题呢？

我想，怀特至少是以两种不同的方式，来讨论历史真理的问题。首先，在《元史学》的第一部分，他非常简略地谈到了到那时为止英美历史哲学的基本论点。有两种基本的可供选择的理论：符合论，主张陈述以这样或那样的方式与某些确定的指涉对象之实在相符合；融贯论，话语创造出来它们自身意义上的自我指涉的融贯的真理。基本上怀特要说的就是："我不是要断定谁对谁错。我不玩这个游戏。"怀特在《元史学》中往往回避

64

某些性质的论点。怎么看融贯论与符合论的对立呢？他只是说："我对此毫无兴趣。那套语言与我在这里直截了当要做的东西没有关系。看看我别的论著，你大致就会了解我的立场。可是如果我陷入那套话语，玩那个游戏，用那套语言，首先，就是我做不了我想做的事情了；我写的书就会不一样。其次，我就不能够有所进展或者走得很远，因为那套话语已经被人们开掘得太厉害并且太多牵连，其中几乎所有的进展都已经被人们尝试过了。"因此在某种意义上，这位语文学的人文主义者仅仅是清除了旧的语汇：我们不会再捡起经院派的论点了。然而他在《元史学》中所做的另一件事情是说，历史真理和历史学指涉性的问题早已在 18 世纪，在康德那里就出现了危机，他通过考察康德在 18 世纪 90 年代的晚期著作中有关历史思想的三种模式，而描述了这场危机。

顺便说说，怀特所受到的另一个影响来自他在罗切斯特大学的一位名为刘易斯·怀特·贝克（Lewis White Beck）的同事，贝克比他年长很多。贝克是美国顶尖的康德学者，对康德晚期的历史著作极有兴趣，并编辑过这些论著。他们之间的讨论，对怀特在 20 世纪 60 年代中期的转向产生了重要影响。康德谈到了历史的三种模式：人类的状况在不断改善；或者在不断地恶化；又或者是康德所谓的阿布德拉主义式的（怀特称之为闹剧式的或者荒诞的历史），在其中情况刚变得更好，又变得更糟，再变好，又变糟，但最终原地徘徊。它没有一以贯之的方向，没有任何意义可言。[1] 怀特对于历史真理问题的观点，有似于康德对那个问题的解决办法，照我的揣测，那是一种存在论的解决之道。康德说我们必须摈弃阿布德拉主义。上帝绝不会造出一个荒诞的世界。然而，我们的困难是我们没有证据为凭，以在这三种可能性中做出选择。我们何以能够知道？康德的结论是我们无法知道。因此，我们只能选择能够使我们朝向我们视为目标的那种将来前进的可能性，也即乌托邦的图景。于是，康德说，我们必须选择我们所向往的将来，我们所想象的那种历史就会反映这种选择。我想，怀特对这些东西是由衷服膺的。这是怀特的伦理观。你写作的那种历史，使得你能够设想你所向往的那种将来。

在《元史学》中，怀特严厉地批评了布克哈特和克罗齐。在布克哈特的荒诞主义中，正是他那种无方向性的观念，在怀特看来既非对，也非错，既非真，也非假，而是邪恶的。他这是选择了一个荒诞的世界。怀特似乎相信，人们的历史立场乃是一个道德选择。至少他在《元史学》中强调了这一点。而那种道德选择是康德已经为他阐述了的。他接着说，在 18 世纪末历史真理的危机之后，主张历史有某种意义的传统建立起来了。在他看来，黑格尔的历史哲学，不过是试图摆脱康德遗留在身后的对于历史的疑虑和不安全感。

65

你写作的那种历史，使得你能够设想你所向往的那种将来。

---

〔1〕 康德对三种历史模式的阐述，见其《重提这个问题：人类是在不断朝着改善前进吗？》一文，载康德：《历史理性批判文集》，何兆武译，北京，商务印书馆，2005年。——译者注

他看到，这一过程在 19 世纪又重复出现了，一直到尼采。尼采再度陷入历史反讽的处境之中，苦苦地想要摆脱它。怀特将对于历史的形式化反思视作是在一系列的循环中进行的，最终走到怀疑主义、反讽和新一轮的克服。这是一场危机，是人们所要超越的。这是怀特将历史真理问题历史化的第二个方面。我觉得，就这一切所作所为而论，怀特修辞学意义上的时机或者 *kairos*[时机] 完全是传统意义上的历史性的。这样，我们在结束时又回到了真理问题，那正是我们出发的地方。

我们在结束时又回到了真理问题，那正是我们出发的地方。

> 荷兰，格罗宁根
> 1993 年 2 月 26 日

论著选目

Language and Historical Representation: Getting the Story Crooked. Madison: Univ. of Wisconsin Press, 1989.

A New Philosophy of History, coeditor with Frank Ankersmit. Chicago: Univ. of Chicago Press, 1995.

"A Bedrock of Order: Hayden White's Linguistic Humanism." *History and Theory,* Beiheft 19: Metahistory: Six Critiques (1980): 1-29.

"Beautifying the Nightmare: The Aesthetics of Postmodern History." *Strategies: A Journal of Theory, Culture, and Politics* 4/5 (1991): 289-331.

"Hayden White and the Kantian Discourse: Freedom, Narrative, History." In *The Philosophy of Discourse: The Rhetorical Turn in Twentieth-Century Thought,* ed.. Chip Sills and George H. Jensen, vol. 1. Portsmouth NH: Boynton/

Cook, 1992.

"Naïve and Sentimental Realism: From Advent to Event." *Storia della storiagrafia* 22 (1992): 117-123.

"Afterword: Reading Rhetorical Redescriptions." In *Rethinking the History of Rhetorics,* ed. Takis Poulakos, 241-256. Boulder: Westview, 1993.

"Twenty Years After: A Note on Metahistories and Their Horizons." *Storia della storiagrafia* 24 (1993):109-117.

" 'As Real as It Gets': Ricoeur and Historical Narrativity." In *Meanings in Texts and Actions: Questioning Paul Ricoeur,* ed. David E. Klemm and William Schweiker, 49-66. Charlottesville: Univ. Press of Virginia, 1993.

"After the Fall: October Reflections on the Histories of Rhetoric." In *Writing Histories of Rhetoric,* ed. Victor Vitanza. Carbondale: Southern Illinois Univ. Press, 1994.

" 'Never Again' Is Now." *History and Theory* 33, no. 2 (1994): 127-144.

弗兰克林·安克斯密特

我所梦想的是一种关注于历史经验概念的史学理论。

Frank Ankersmit

你能否谈一下你对史学理论的兴趣是如何发端的？ *67*

　　我中学毕业时决定学习物理学和数学。这是我最感兴趣而又成绩最好的学科。而且，你知道，我是在1960年代初期中学毕业的，那个时候我们所说的"实证主义"心态四处弥漫——在我家里也同样是如此，那也促使我选择了精确科学。可是在我学了三年物理学和数学而一无所成之后，显然我是犯了错误。不可避免的结论就是我并不具备适合于那类学科的心智，对我来说历史学显然成了另外的选择。历史学成为如此明显的另外一个选择，是因为我在青少年时代就对18世纪产生了一种强烈而充满乡愁的向往，那最初是被巴赫、莫扎特和所有其他18世纪的作曲家们的音乐激发起来的。作为一个历史学家，人们有时候会问自己希望生活在哪个时代：在我来说这个问题一直都不难回答：18世纪。的确，直到今天，我都模模糊糊地认定，法国革命之前的50年乃是西方文明的最高峰。无论如何，在我误入物理学和数学而又服了两年的兵役之后，我决心最好是把我的爱好变成专业，决心学习历史。

　　然而我一开始学习历史时，在我刚放弃的领域与新的学科之间的巨大差异让我惊诧不已。我真是觉得步入了一个完全不同的世界，而且正是因为这个缘故，我对于任何将历史学和人文学科与科学之间的差异一笔开销

我对18世纪产生了一种强烈而充满乡愁的向往，那最初是被巴赫、莫扎特……的音乐激发起来的。

我希望生活在18世纪。

68

的企图，都有一种本能的反感。也是因为这个缘故，我一直对于 20 世纪 60 年代和 70 年代那种将历史学改造为一门（社会）科学的企图心存疑虑，并且也因此对于理查德·罗蒂关于人文学科与各门科学之间并没有重要差异的观点无法苟同。虽然，我得补充说，要想正确地估价罗蒂的论点，人们应该记住他是想将我们与历史学联系在一起的那种"合理性"投射到各门科学。简单说来就是：在罗蒂眼中，"科学统一性"的时光似乎又奇迹般地重现了，然而这一次是由历史学和人文学科先占枢机。而今是由历史学来对科学世界进行殖民了。我相信，罗蒂在这样做时，就成了库恩和库恩之后将科学合理性历史化的全部氛围的门徒。我相信，只有从某种元科学的视角而不是从物理学、化学或者生物学的日常实践的视角来看，这种对于科学的历史化才说得上有些道理。从那个视角看，各个学科的历史就无关宏旨。

在罗蒂眼中，"科学统一性"的时光似乎又奇迹般地重现了，然而这一次是由历史学和人文学科先占枢机。

回到你的问题上来，在我开始学习历史时真正让我吃惊的是，你仅仅是探讨和发挥霍布斯、康德或萨特这些人物的思想就可以拿到博士学位。物理学在我心中先入为主，我一直以为，在一篇博士论文中，你得做出新的发现——人们在你之前所没有想到过的东西。而重写我刚才提到的那类作者的文本——而且人们应该相信，那些作者有着足够的聪明来将自己的思想清晰明了地写到书面上——似乎并没有给这样的发现留下什么余地。记得 19 世纪末两个保守的德国将军讨论科学时说过这样的俏皮话。一位将军恼怒地问另一位："那么，科学到底是什么呢?"另一位将军回答说:"一个犹太人从另一个犹太人那儿抄来的东西。"当然,这个短短的对话除了其反犹主义的色彩之外,颇能说明我在开始了解历史学家寻常所做的事情时对历史学的想法。

69

你能从这当中看到,我心中还有科学的背景,却深深受到历史学科的吸引。我开始问自己这样的问题:这是什么样的最为特殊的学科?为什么大学里要教授它?人们为什么在思想中要郑重其事地对待它?这些问题当然幼稚而愚蠢,然而我就是这样开始对史学理论感兴趣的,而在史学理论中,人们试图回答诸如此类并非实用性的问题。也正是因为这个缘故,我甚至决心学习哲学,以寻求对于这些问题的正确答案。我想,每个历史学家在他智识生涯的这个或那个阶段,都会给自己提出这类问题。然而大多数时候,他们有着足够的明智,不让这些问题阻挠他们去研究历史学本身。可是对我来说,这些根本问题以庞大的命题的方式出现,妨碍了我"成长"为历史学家。我这样说,不是对史学理论的 Herabsetzung [贬低]:有时候你在成长当中会失去很多东西,但是你得认清事物本来的模样,不要想着将它们弄得更好看。

你更爱用史学理论这个词而非历史哲学?

我发现哲学一词是一个相当做作的术语——也许这是没有道理的,一个词里面能有什么东西?它总是有寻求智慧的含义,这在我听起来还有着某种与神学的关联。理论一词在我看来与这样的含义没有什么关系。再就是,理论更能接纳来自其他学科如文学理论、美学或艺术史和文学史的影响——这些影响在我看来整体而言弥足珍贵，甚至不可或缺。

要去掉做作的色彩，可以考虑洛克对哲学的定义，他说哲学家应该将自己视作清理工，将撒在知识之路上的垃圾清除出去。我觉得这是对于哲学的很高明的看法。我唯一要做的修正就是，即便是在洛克最谦逊不过的意义上，哲学家对于知识的生产也并不能提供实质性的帮助。他更应该反省的是，随着科学研究所带来的后果，传统哲学的关切、设想和确定性应该如何加以修正。比如说，就历史写作而论，理论家要问自己，就语言与实在之间的关系来说，历史写作如何使得向来沿袭的哲学的确定性更加复杂化了。众所周知，物理学引发了很多问题。因此，哲学不应该是对于在科学和人文学科中所发生的事情进行基要主义的和先验论的分析，而应该是后天的，并且满足于在科学家和历史学家做完他们的事情之后提出某些普遍性的问题。

谁给你最多启发？

在我写作有关叙事逻辑一书时是莱布尼茨，我发现他最有帮助，对我启迪最大。事实上，叙事逻辑是一套从莱布尼茨的本体论发展起来的逻辑，我还记得在看到如此之多的史学理论的传统问题，能够借助于莱布尼茨的单子论形而上学，至少以一种并非不合理的方式加以解决时的惊奇感。借助于莱布尼茨的本体论和他有关主词原则的谓项（predicate in subject principle）的论点，诸如隐喻这样的概念、历史写作的视角、历史学家的文本

70

哲学不应该是对于在科学和人文学科中所发生的事情进行基要主义的和先验论的分析，而应该是后天的，并且满足于在科学家和历史学家做完他们的事情之后提出某些普遍性的问题。

及其逻辑特性、互文本性一类的现象以及其他许多这样的问题都可以以一种融贯而圆满的方式得到澄清。莱布尼茨另一个有意思的方面，是从他的《单子论》中有可能推出对于精确科学和历史写作两者都适用的一种形而上学的说明。倘若有人想要阐明历史学和各门科学之间的异同的话，莱布尼茨的单子论可以说是提供了恰当的背景。将这一切发挥出来之后，我真的感觉自己进入了一个理论研究的新颖而饶有趣味的领域。这多少也是我确信我讨论叙事逻辑的书依然是我写过的最好的东西的缘故。

有时同行们告诉我说，在他们看来，我自写作那本书开始变得激进了很多。然而，我本人并不认为我从那本书所阐明的立场走出了多远。那本书让我感到愉快的一点，就是从我在书中对于叙事语言的分析出发，我能够几乎机械地推演出当代史学理论（以及其他地方）中探讨的诸多问题所持的立场。也正因为如此，我从来没有觉得自己在那本书之上又增添了多少东西；自那时以来我写的东西有百分之九十都不过是将那本书中的主要论点用之于新的问题。或许我的文字的调子变得有点激进了。这很大程度上是因为我采取了解构主义和相关的法国理论家们的那种修辞法。《叙事的逻辑》是英美语言哲学（以我那时极其崇敬的斯特劳森为代表）的一个样本；近五年来我写的东西则更有"法国味"，我是这么想的。我有意在语调上做出变化，是希望有更多的人愿意来读我的东西。尽管这本书有时被人看作代表了一种史学理论，《叙事的逻辑》在即便是史学理论家的小圈子中都没有产生最微不足道的影响力。当然，这很大程度上与这本书自身几个显著的缺陷有关：我没找对出版社，这本书印得很糟，英文写作别别扭扭，而且印刷错误很多。最要命的是，麦卡拉（B. C. McCullagh）在《历史与理论》上发表的书评，是那本杂志上发表过的最为心胸狭隘而又饱含敌意的书评。可悲而又具有讽刺意味的是，正是我自己建议《历史与理论》的编辑去找麦卡拉写书评的——我得说，这是一个绝好的例子，说明一个人如何可以割掉自己的喉咙。但是，那本书最糟糕的地方是我用了英美语言哲学常规的语汇和论证方式来证明"大陆的"结论。我指望以这种方式来弥合这两种哲学传统之间的鸿沟，结果却是这本书两头落空：就其得到的关注而论，语言哲学家们不喜欢我的结论，而大陆的结构主义者和后结构主义者们则不喜欢我的论证方式。因此，这本书甚至还没出生其实就已经死亡了。不管怎么说，我从麦卡拉的书评中学会的东西是，与像他那样实证主义倾向的人进行有意义的辩论是不可能的。这不止是一个意见分歧的问题；不如这么说吧：在我看来有关历史学家是如何运用叙事语言来表述过去的那所有最有意思和挑战性的问题，对于麦卡拉这样的实证主义者来说并不是问题。正是因为这样，我决定最好是对这个领域中那些用福柯、巴特和德里达的语言说话和写作的人们发言。未来将会表明我用那种新语言是否比用英美语言哲学的陈套来说话更有意义。尽管我要

72

补充说，这一点对我来说已经没有太大的关系，因为我目前的兴趣更在于政治理论而非史学理论。大约 15 年了，我一直在做史学理论，就这个专业写了 5 本书，到了这个时候厌倦感就会油然而生，开始寻求别的东西，这在我看来再自然不过了。

还是回到主题上来吧。我在哲学风格上的变化导致的一个可以预期的结果，就是我对海登·怀特的景仰与日俱增。我是逐渐才醒悟到，比喻学其实是一个多么强有力的理论工具。比喻学真的使得你能够把握一个文本——就像是我最近写作一篇关于托克维尔的论文时所发现的。在那篇文章中（在本访谈后的第二年发表在《托克维尔评论》上——编者注）我提出在反讽的一旁还应该有吊诡（paradox）的位置。两者之间的区别在于，反讽（就像隐喻一样）是与语言进行的游戏，有着一套联想系统等。比如说，如果你对于博林布鲁克爵士（Lord Boling-broke）让人疑窦丛生的政治生涯毫无了解，对于塞缪尔·约翰逊（Samuel Johnson）说博林布鲁克的那句话——"他是个圣人"，你甚至连其中的反讽都看不出来。吊诡的情形则大不一样。想一想李维在他的《罗马建城以来的历史》的开篇中的吊诡，他写道："于是我们进入了自己的时代，这个时代既无法承受它的罪恶，也无法承受对于这些罪恶的救治。"在这里联想只会让人误入歧途。语言会拒斥这样一种观念：一个民族想要的既不是它的罪恶，也不是对于罪恶所必需的救治。然而——而这是最关键的——倘若你去看看李维时代的罗马人（假如李维是

我目前的兴趣更在于政治理论而非史学理论。

对的），真切的现实就是那样的。在这种情形下，实在就揭穿了语言；而且人们也可以说，吊诡就是实在的比喻——甚至相比于只具字面意义的陈述而言更是如此。我发现，将托克维尔视作一个关于吊诡的理论家，就使得我们能够对他的民主观做出新的分析。

你好像受到理查德·罗蒂很大的启发。

你说得很对。我刚才所谈到的对于哲学的任务和目标的看法，很大程度上来自罗蒂。在我看来，正是罗蒂令人信服地表明，哲学家不应该去寻找科学和科学真理等等的基础，而是更应该将哲学看作对于科学和我们的思维方式的一种精神分析。另一方面，我很遗憾，罗蒂常常在批判了传统认识论所关心的东西之后忽然止步不前，没有弄出什么让哲学家们咀嚼的新东西。他的工作是必要的，也是革命性的，但却基本上是破坏性的，最终无法让人餍足。

我还得补充一句，我在阅读罗蒂的《哲学与自然之镜》时，正要写完刚才提到的我自命不凡地命名为"叙事的逻辑"的那本书。在罗蒂对于认识论的攻击和我在那本书中所做的事情之间有着某些惊人的相似之处，这也有助于解释为什么我在那个时候对于罗蒂的思想尤其投契——现在依然如此。对于这一点我可以这么来说：在《叙事的逻辑》中，我是从传统的然而如今却几乎普遍遭人诟病的历史研究与历史写作之间的分野出发的。在进行历史研究时，历史学家的目标是做出对于过去的真实陈述；那也就是，获取可以或者为真或者为假的，

73

罗蒂表明，哲学家不应该去寻找科学和科学真理等等的基础，而是更应该将哲学看作对于科学和我们的思维方式的一种精神分析。

能够以单称、断言式陈述句来表达的某种知识。我对此还想补充两点评论。首先，我相信，倘若你接受了塔尔斯基那种真理符合论的变种（在塔尔斯基的 T 语句中所表达出来的），历史学家能够做出关于过去的真实陈述就是无可怀疑的。常见的那种认为真理依附于理论的反对意见就此可以得到有效的解决，这是我深信在历史研究和历史写作之间做出区分的必要性的又一个原因。其次，很可能历史学中一切真正的进步都是历史研究的进步。倘若比较一下我们如今对于那些已经被人遗忘了上千年的文明所拥有的知识，或者是对于已经有许多个世纪没有人说过的语言的知识，要想否认历史研究领域所取得的进步，就太荒诞不经了。因此，人们不应该看低了历史研究；那确实是一切历史的认知性的支柱。然而，这并不是历史学家所做的全部。在获得了能够以真实陈述来表达的有关过去的知识之后——而在历史学的实践之中，就如我在自己的经验中所了解到的，这个之后既是时间上的又是逻辑上的"之后"——历史学家还得对历史研究的结果进行综合，而这有赖于提出我们借以观察所研究的过去的某一个部分的视角。

　　针对这一背景，有人会提出，历史研究产生出来的总是认识论专家们所分析的那类问题，而历史写作则多少超出了认识论之外。这是我在《叙事的逻辑》中为之辩护的重要论题之一。因为我试图表明，我所谓的"叙事实体"（narrative substances）——体现了对于过去的此种综合性视角的语言实体——并不指涉过去本身，尽管

很可能历史学中一切真正的进步都是历史研究的进步。

74

一项叙事内所包含的单个陈述中的确指涉了过去。因此，历史写作因其本性就不会发生认识论问题；当然，我在这里假定了认识论与指涉之间的对应关系，然而自从克里普克以来，人们就常常在责怪哲学家的时候指望指涉概念能够做到认识论从没有做到过的事情，因而这或许并不是一种不必要的结合。

不管怎么说，既然我全神贯注于历史写作，并且因此——这么来说吧——就将史学理论家们要追问的（历史研究的）所有认识论问题搁置起来了，我的立场刚好就与罗蒂的相当接近了。于是，罗蒂的《哲学与自然之镜》就成了天赐之物。我坚信，我斩断了历史学家文本与过去的实在之间的所有认识论链条，这么做是对的，而且史学理论家们一直在寻找的是某种从来没有存在过，也绝不会存在的东西。后来，借助于贡布里希在他那篇关于木马的名文和丹托在他精彩纷呈的《平庸之物的转化》（*The Transfiguration of the Commonplace*）一书中所提出的相关思想，我进一步强调了这种叙事实体的非指涉性。我开始将这些叙事实体视作过去实在的替身或替代品，就像是贡布里希和丹托将艺术作品视作实在之中某物的替代品一样。而且，既然替身或替代品真的占据了实在中某物本身的位置，因而它具有了在实在中的同样的存在论地位，认识论问题就没有了存在的余地。认识论问题而今就成了美学问题。正是在这个地方我从尼尔森·古德曼（Nelson Goodman）那儿受益良多（还有弗林特·谢尔［Flint Schier］的《画面深处》［*Deeper into*

75

我坚信，我斩断了历史学家文本与过去的实在之间的所有认识论链条，这么做是对的，而且史学理论家们一直在寻找的是某种从来没有存在过，也绝不会存在的东西。

既然替身或替代品真的占据了实在中某物本身的位置，因而它具有了在实在中的同样的存在论地位，认识论问题就没有了存在的余地。

Pictures]，在这个方面也给了我巨大的帮助）。这也是我无法同意罗蒂的地方。罗蒂沿袭戴维森，认为语言并不存在，我们应该避免那种将语言实体化的诱惑。将历史语言视作替代品的观点与对于语言实体化的责难自然是格格不入的。然而，我认为此种对于语言的实体化乃是承认历史学家的工作还有些意义的需要。这么说吧：每一个学科都需要特定的研究对象——没有了这样一个研究对象，人们就没有了可以对其具有知识的东西。可是，既然历史写作层面上的历史学语言并不指涉一个过去的实在，在那个层面上展开的历史学的争议，就只有在人们准备好了将历史学家的语言本身实体化的情形下才可能具有意义；只有在这个时候，你才有了一个主题。当历史学家们在探讨过去时，他们实际上是在探讨他们的叙事性建构——要我说的话，就是他们的叙事实体。这种观点乍看起来悖谬不堪，然而一旦以贡布里希和丹托的方式来解释此种实体化的话，它就不再成其为问题了。只要我们在处理叙事实体时采取的是美学的而非认识论的路数，对历史学家语言的实体化就并不会将历史写作变为懒惰的自我反观。这就是美学优于认识论的地方。

　　这也是海登·怀特的入手处。怀特与罗蒂同是我灵感的主要源泉。这两个作者有很大的不同，这一点不成问题。罗蒂总是给你提出论证——尽管他对论证满腹犹疑，并且他总给人留下这样的印象，就是他清楚地知道自己在做什么。阅读怀特时，你既要注意他明确说出

这就是美学优于认识论的地方。
怀特与罗蒂同是我灵感的主要源泉。

76

来的东西，也同样要留心他在字里行间所蕴含的东西。你必须一遍又一遍地来读怀特。你每一次重新看他的文本，都会发现从前忽略了的某些东西，或许那是因为彼时你还不大能够领会那种特殊的洞见卓识。另一方面，罗蒂把自己的牌都放到了桌面上，他的书和论文的意旨在你读第一遍时便一览无遗了。但怀特更具天才；罗蒂有着安格尔那种清晰透明，怀特则更像透纳。[1]

怀特通过引入语言学的转向而使得史学理论革命化了。

还是回到怀特给我的教益上来。你想得到，那主要与他通过在史学理论中引入语言学的转向而将这个领域革命化了的方式有关。怀特的这番作为，将史学理论从当代智识世界中一个相对无趣而又落后的地带，变成了理论反思的一个新颖而又充满挑战性的领域。主要归功于他，原来所有那些有关陈述与实在之间关系的问题，变成了文本与实在之间关系的问题。并且，通过以文学理论来实现史学理论中的语言学转向，他与此同时就给史学理论家提供了处理这些新颖而困难的问题的一套成熟而发达的理论工具。《元史学》是近来史学理论领域最重大的事件，我相信，没有它的话，史学理论在20世纪70年代或80年代的某个时候可能就已经从智识舞台上消逝了，而且，比此更甚的是，还不会有人想起它。

你不觉得被德里达解构了吗？

---

〔1〕 安格尔(J. A. D. Ingres，1780—1867)，法国画家，古典主义画派后期代表。透纳(J. M. W. Turner，1775—1851)，英国风景画家，画作追求光与色的效果。——译者注

　　我觉得德里达最有成就之处，是他如何复活了表面看起来无足轻重的细节（主要是在他早期的论著中）。他证明了，一项论证中的枢纽，保罗·德·曼（Paul De Man）所谓的文本的"未决之点"（point of undecidability），往往是一个细小而表面看来无足轻重的细节——这个细节在作者本人和大多数读者的眼中都微不足道，而且肯定不是某项论证或某个文本的要害所在。在我一段时间之前被金兹堡的微观史和它们所呈现出来的对于传统历史写作——我在关于叙事逻辑的书中所探讨的那种历史写作——的挑战迷住了的时候，我发现解构主义非常有用。

　　但是我得承认，除了像是《绘画中的真理》（*La vérité en peinture*）这样极少的例外，自《丧钟》（*Glas*）以来我就跟不上德里达了。我真心实意地想要看看他后来的几本书，但却完全不得要领。从那时起，他的著述变得深奥难解，拒人于千里之外，让我没有勇气和动力到那里面去找寻有用的信息。他的文字变成了一种私人语言。也许罗蒂的说法是对的，这是一种新颖而诱人的搞哲学或文学理论的方式——或许是某种我们还没有来得及命名的全新的东西。也许是那样吧。但我得坦言，我宁愿让行家里手（cognoscenti）来弄明白那些东西，然后再向我这样的庸人说明那是怎么一回事。最近我在《泰晤士报文学增刊》中看到一个让人吃惊的故事，讲的是德里达在写作他的著作和论文时是怎么做的。似乎在处理某一特定主题时，他把心中所想到的一切径直写下

77

德里达的文字变成了一种私人语言。

来。用精神分析学家的话来说，他完全依赖于他的初级过程(primary process)，而不让内在的、理智的审查者来打扰他。我想，这就说明了他的文集惊人的扩展速度和读他文本的读者所常常感受到的困难。对于大多数学者来说，这样的方式会带来灾难性的后果，而多亏了他的博学多识、他的原创性和他无与伦比的解读文本的能力，德里达依旧能够在当代哲学家中占有显赫的一席之地。不过，我更喜欢一个写得少一些并且更愿意审查自己的论著，而不是让自己的读者难受的德里达。

你对叙事很有兴趣。你是否也认为叙事是一种文化现象，就像巴特教导我们的——那是某种统一性的规划，我们可以通过它将文化视作一个整体？

是的，我相信叙事是一种极其重要的文化现象。想一下，比如，奥尔巴赫(Erich Auerbach)在他的《模仿》(*Memesis*)中——我认为那是本世纪最有价值的著作之一，描述了叙事性模仿或者对于实在的叙事性表现如何渗透了全部的西方文明史。

叙事是一种使得我们所生活的世界具有意义的工具。

叙事有一个特征尤其地让我觉得有意思。叙事是一种工具——就此而论是一个相当有效的工具，能够使我们所生活的世界具有意义。或许没有人比弗洛伊德对此更有认识，他表明，我们的心理机制在我们如何给自己讲述我们生活的故事之中得到了最好的体现。而且，你趋向于某种类型的故事，甚至可以决定你过去所碰上的事情是否会将你变成神经质或者精神病的人格。叙事让你把握实在——尽管那并不见得能够确保你幸福，它使

得你可以将作为你生活故事中种种要素的诸多细节组织
起来。

或许这就是对叙事而言最本质性的东西，也是它
一直主要追索的目标：把握过去；这么来说吧，将实在
"驯化"——怀特一度就是这么说的，将实在"本身"
改变为适应我们的目标和宗旨的实在。从这样的视角来
看，它与各门科学中公式所扮演的角色并没有本质区
别，后者如牛顿的"$F = ma$"（力等于质量乘以加速
度），也是让我们能够以一种融贯的方式将力学和物理
学所要处理的自然现象组织起来。叙事之于历史学家，
就如公式之于科学家。

也有人会对叙事产生疑虑。讲述过去，即便是一个
人自身的过去，为了形成这样一个对于过去的叙事性组
织——这种叙事组织并非过去本身所固有的——就会无
可避免地对那一过去造成损害。就如叙事与公式之间的
相似性所表明的，这丝毫也不意味着叙事有无法抹煞的
主观性。我们甚至还赞扬科学家的公式那种对于实在的
组织，以其作为客观性的理想——我们没有明显的理由
来怀疑，就叙事而论情形会有很大的不同。公式与叙事
之间的相似性表明，无论是科学语言还是叙事语言，都
很可能有"对于实在的客观性损害"这么一回事情。
主观与客观之间的对立，并不对应于理智化的组织（无
论是以公式还是以叙事）与实在本身之间的对立。无论
如何，只要我们认识到叙事化正如怀特在《形式的内
容》中所说，是"对过去的驯化"，在这中间实在会受

78

叙事之于历
史学家，就
如公式之于
科学家。

79

到叙事语言的损害，我们就会对摆脱此种叙事性驯化的对于过去的意识的可能性这一问题发生兴趣。这正是我关心历史经验这一概念，以及（如果我可以冒昧地代他说话的话）怀特在最近两篇论文中让我们注意希腊语中的中性语态的原因所在；那指的是，希腊语中既非主动语态又非被动语态的动词形式。在历史经验以及以中性语态对过去的讲述这两者之中，过去的"本真性"都得到了尊重。因而真正有意思的对立并非主客观之间的对立，而是一方是"本真性"，另一方是被叙事文字的语言学符码处理过了的实在之间的对立。

> 真正有意思的对立并非主客观之间的对立，而是一方是"本真性"，另一方是被叙事文字的语言学符码处理过了的实在之间的对立。

你是否认为，自从史学理论家们对叙事发生兴趣，并且开始将叙事看作一个文本整体（textual whole）以来，历史写作与历史学家的受众和读者变得比过去要亲近得多。人们更容易——更顺其自然地——思考从故事的棱镜来观察的历史实在，因为我们也主要是通过故事的形式来了解自己的生活的。人们好像不是通过规律和法则而是从某些类型的故事（我的生活像是一出戏剧；我拥有的像是一出传奇，等等）出发来体验和建构他们的生活视界的。并且之后，人们往往将这些经验投射到历史中。

可是你想到历史叙事的读者了吗？

想到了。

这是一个非常有意思的假设。我从来没有从这个角度来考虑过问题。最寻常的情形是，人们在讨论叙事时，考察的是过去与其叙事性表现之间的关系。历史著作的读者通常被排除在考虑之外，尽管或许斯坦福的《历史知识的性质》(*The Nature of Historical Knowledge*)，当然还有吕森在他的三部曲中所倡言的历史学模板(historiographical matrix)是例外。斯坦福提出，历史叙事总是被历史学家与其受众之间进行成功沟通的要求建构起来的。然而，当他真的开始发挥这一洞见时，斯坦福很快就回到了更加传统的叙事观念上来。因此，总的说来，我认为，一种历史叙事的语用学尚未出现。而且我认为你的假设因此值得人们更多的注意。

80

读者可能会意识到，他在读的是有关过去的某种故事。然而，这个故事不再是历史学家写出来的；它成了读者的故事。读者给它赋予了新的内涵，就像文学中经常发生的那样。怀特告诉我：书一旦出版，作者就不再是其最佳的阐释者了。这下轮到读者做主了。

　　我很赞同你的看法。认为人们应当全神贯注于文本作者的意图，那会堕入意图论谬误(intentionalist fallacy)的陷阱。即使每个人都真诚地相信对于文本的某种解释告诉了我们作者的意图，你所拥有的也不过是每个人都恰好认为是正确的一种解释。然而，无论此种解释如何广泛地被认为是正确的，就其本性而论，它注定永远也不过是另一种解释而已。就像维特根斯坦所说的被驱动而本身不驱动任何东西的机器中的轮子一样，作者意图的概念从认识论的角度来说毫无用处。这个概念不能澄清任何东西，无论是在解释的理论上还是在解释的实践上。

然而，在历史学家与其受众的关系当中，还有另一个在理论上也许没那么有意思却非常重要的方面。我指的是这样一个问题：历史学家是应该满足于只为他的历史学家同行们写作，还是也应该以广大普通公众的阅读为自己的目标。我认为，历史学家应该始终认识到，就像小说家一样，他们也有一份文化上的责任，并且因此他们所使用的语言对于有兴趣的广大普通公众而言就应该是可以理解、具有可读性的。这就意味着，历史学家不仅是过去实在的发现者，还更是过去与现在之间的某种沟通者（用古希腊人的话来说，就是一个阐释者［hermeneutes］）。我们可以将历史学家比作画廊里面向看画的人们解释每一幅画作的解说员。而这里所说的解释并没有要穿透"画面的实在"的涵义，而是"让人们得以接近画作"。它与展示更有关系——让人们意识到他们有可能忽略掉的某些细节。也许你可以说，历史学家作为沟通者这样一种立场，也指向了怀特所说的中性语态的方向。

> 历史学家不仅是过去实在的发现者，还更是过去与现在之间的某种沟通者。

多亏了历史哲学中的"语言学转向"——它使得史学理论与文学理论比之自 18 世纪以来的时期更加亲密了，历史开始不再是只为了科学精英，而是以更加通俗的方式为了更广大的公众而写作了。

我觉得你说得很有道理。史学理论中的语言学转向的的确确始终伴随着这样一个信念：最好是从文学理论的视角来考察历史叙事，并且这当然就意味着历史写作与小说之间的趋近（*rapprochement*），而这在其读者圈外看来显然是没有理由的。

　　另一方面，人们对于将文学理论运用于历史写作可能心存疑虑。我这里指的不是通常针对怀特所提出来的反对意见，认为历史学是一门科学而非文学。那真是一种最愚蠢不过的反对意见，最终的依据是一种最幼稚不过的对于文学的观念；也即，认为文学只是虚构，因此给予我们的只是谎言，并且因而与真理和历史写作就不会发生任何关联。我想到的是另外两个问题。我要说的第一点是，史学理论往往太急于从别的地方挪借东西；从巴克尔到计量史学家们的那种将历史学改造为一门科学的全部努力，当然就是最彰明较著的例证。可是，类似的事情也同样可能发生在使得自己过于依赖文学理论的史学理论身上。正是因为这个缘故，我始终满怀信心地提倡兰克和洪堡所发展出来的历史主义；他们的历史主义实际上是历史学家自己为了阐明历史写作而提出的唯一一种史学理论。这里面没有挪借的东西，这也正是对我而言，历史主义始终作为一种"现实性原则"而发生作用的原因所在：对于历史写作你可以什么都说，可以往你乐意的任何方向行进，然而一旦与历史主义发生直接的冲突，你就可以确认，一定在某个地方有某个东西出了差错。

对我而言，历史主义始终作为一种"现实性原则"而发生作用。

　　这就与我要谈的第二点有密切的关联了。尽管可能会把不同的层面弄混淆了，我还是认为，人们可以用怀特的"驯化"过去的概念来描述将历史视为一门科学或

82

者一种文学所导致的结果。因为你可以说，在这两种情形下，就过去被强行纳入某种预先存在的或者是科学符码或者是文学符码的模板而言，它是被驯化了。当怀特用"驯化"过去这一概念来批判此种挪用（appropriation）的努力时，我会很强烈地想到福柯那篇讨论谱系学方法的名文。福柯在那儿说，历史学家不应以解释过去为目标；也就是说，他不应该试图将不可领会的东西变得可以领会，而恰恰要去做相反的事情；他应该表明，我们认为我们可以在过去当中辨识出自己的地方，那常常是投射的作用，而过去比之我们所想到的要更为陌生。历史学家必须要将恰恰对我们而言似乎非常熟悉而不成问题的过去那些方面中陌生而异己的东西展示出来。这就是弗洛伊德的"离奇"（uncanny）概念的现身之处。

我以为，文学常常可以是实现这么一种陌生化（alienation）的好工具——我这里想到的尤其是现代主义小说。但是我不大敢肯定文学理论是否总体上也能有这么大的助益。对此的解释或许就是，文学理论因其本性就是以解释为宗旨的；它想要澄清文学中发生的事情，并且因此它天然地就与福柯所提倡的陌生化相对立。一个绝好的例证当然就是怀特在《元史学》中给出的对于历史写作的结构主义表述。康德的知性范畴——对于驯化实在而论它们乃是典范性的哲学工具——与怀特的比喻之间的相似性太明显了，不可能被人忽视。此外，怀特自己也清楚地意识到了这种相似性。因此，我认为，写作《元史学》的海登·怀特是服膺于康德式的、现代主义的语言观和知识观的，而且，从这个角度来说，我相信，近二十年来大多数对于怀特的批评在本质上都完全偏离了这一点。写作《元史学》的怀特与他那些科学主义的批评者们之间的距离，其实比之这些批评者们所意识到的要近得多。真正的、有意思的对立不是在一方为《元史学》，另一方为历史学是科学的提倡者或者这种那种形式的柯林武德式的解释学的追随者之间的对立——它们全都是现代主义，而是在历史写作的现代主义研究路数和后期海登·怀特——这个怀特给我们展示了被崇高所支配着的过去（在《形式的内容》中），并对中性语态的概念进行了探索——中间的对立。我毫不怀疑，在打击这些更加幼稚的现代主义形式方面，《元史学》起到了关键性的作用——这也是《元史学》成为史学理论方面自柯林武德《历史的观念》以来迄今最重要的著作的原因。然而，倘若我们从史学理论的近况前瞻而不是回顾的话，从怀特关于崇高和形式的观点，以及他在提出以中性语态撰写历史时是如何企图尽可能缩小过去与历史语言之间的距离来看，我认为可以对他有更多的期待。人们在这里应当首先注意到，怀特之转向崇高和中性语态，与他在《元史学》中的论点正好截然相反。正如他的反对者们一下子就指出的，《元史学》中的比喻学加大了历史学家的语言与历史实在之间的距离。你可以在这里回想一下怀特的论点：对过去的同一个部分可以进行不同的比喻学解释。实际上，这正是怀特对于崇高和中性语态发生兴趣的原因。因为他的批评者们反

83

怀特给我们展示了被崇高所支配着的过去。

《元史学》是史学理论方面自柯林武德《历史的观念》以来迄今最重要的著作。

对说——那是很有正当理由的——比如，大屠杀就不允许人们进行反讽的或讽刺性的解释。至少在这样的情形下，过去与历史学家的语言之间的链条，就不像怀特所设想的那么薄弱和不确定。而这正是怀特试图以中性语态来加以补救的地方。就像巴特曾经提出过的一样，他将中性语态与写作的一种不及物的形式联系起来——那种写作不知道"主动的"作者和"被动的"过去或者历史学家所描绘和撰写的"被动的"文本之间的分别。以中性语态来表现过去，不再是寻常意义上的"表现"，而是让过去为它自身说话。这就是中性语态所最好不过地体现了的反思性（reflexivity）的因素。这也是怀特沉迷于中性语态和崇高的原因，后者有着同样的效果，指出了与《元史学》大为不同的一个方向。我得再说一句，那不意味着我们就应该忘掉比喻学。就像怀特对于历史学家和历史哲学家著作的分析所表明的，比喻学能够给予我们对于这些论著性质的最令人惊异的洞见。因此，我愿意将崇高和中性语态视作对于怀特理论武器库的弥足珍贵的补充，而不是对于他在《元史学》和《话语比喻学》中所说的东西的否弃。这里有后现代主义的折中论的容身之处：有的时候你用这套理论工具，别的时候用不同的一套。应该是你的主题决定你的理论工具，如果你让你的理论工具来决定你的主题的话，那你就是走上了错误的、现代主义的轨道。

某些思想史家、哲学家和批判理论家相信，历史学目前正在经历一场危机。然而，或许更好的办法不是说历史

以中性语态来表现过去不再是寻常意义上的"表现"，而是让过去为它自身说话。

84

应该是你的主题决定你的理论工具。

学处于危机之中，而是说人们看得越来越清楚：历史学作为一门独立的学科，不适应于"后现代状况"，需要在一个人们称之为"文化研究"的更加庞大的单元中与所有其他的人文领域联合起来。

你说历史学并不是处在危机之中，至少不是处在20世纪60年代和70年代的以及由年鉴学派和计量史学家所共同引发的那种危机之中，我想你说的是对的。尽管即便是那一种"危机"，也仅仅是影响到了历史学家中的一小部分而已。而且，我也同意你的看法，历史学家可以考虑在一个包罗万象的、跨学科的模式当中将他们的学科统一起来。由于他们研究主题的巨大的多样性，历史学家应当对于跨学科研究有天然的偏向。历史学家经常是在研究哲学史、文学史、艺术史、经济思想史等等，如果他们想要避免在这些主题上讲蠢话，他们最好是与这些学科保持接触。

但我并不觉得历史学家们自身对于跨学科研究有多么热切。我想，这很大程度上与历史学家们对于"理论"的出自本能的厌恶有关。这是历史学与在人文艺术学部教授的其他学科的差异所在。所有这些其他学科都在从20世纪60年代到现在的某个时候经历了一个过程，使得这些学科变得彻底理论化了。你可以想到乔姆斯基、结构主义、解构主义、心理语言学等等。历史学是唯一一门成功地抵制了所有引入理论的企图的学科。它是唯一一个依然更加是一门"技艺"而非一门学科的学科。

85

历史学是唯一一门成功地抵制了所有引入理论的企图的学科。它是唯一一个依然更加是一门"技艺"而非一门学科的学科。

　　当然，问题在于，为什么是这样的情形？我猜想，答案一定程度上在于，历史学家们无法满足于只为他们的历史学家同行们写作。正如我刚才所说，历史学家对于广大的普通公众承担着某种文化责任。另一方面，在选择他们的主题和撰写他们的著作和论文时，在我看来，历史学家们对于这种责任似乎并没有太多的意识。他们甚至会说，太多的责任感会妨碍他们的独立性。因此这肯定只是答案的一部分。而我们可以确信，这是一个让人困惑难解的问题。

我觉得我们可以在这里观察到一个奇特的过程。一方面，历史写作趋向于距离社会科学越来越近，然而，另一方面，史学理论却在朝着相反方向移动，趋向于文学批评。我想到的是年鉴学派——关注于小群体和个人的微观史——的风靡一时；比如，卡洛·金兹堡和伊曼纽埃尔·勒华拉杜里的著作。可是，当历史学家们一直在试图逃离文学时——通常文学就被等同于虚构，史学理论却被文学批评深深吸引。我想到了多克托罗（Doctorow）的话："不再有什么虚构和非虚构这样的东西，有的只是叙事。"

　　也许是的。然而人们应当避免被理论蒙住眼睛。当代史学理论家们会赞同多克托罗的看法。可是，这样一个不可否认的事实依然摆在我们的面前：即便是一个小孩子也能够在一部当代小说和一部当代史学著作之间做出分别——或许只有西蒙·沙玛（Simon Schama）的新作《死亡的确定性》（*Dead Certainties*）会让人有些为难。我们有一种准确无误的能力，能在小说和历史著作之间做出正确的区分，然而对于此种能力，还没有人能够找到一种理论上的解释，或许可以说这乃是史学理论和文学理论中的一个污点。要我说的话，我觉得使得历史学区别于小说的，是前者缺乏聚焦（absence of focalization）。

使得历史学区别于小说的，是前者缺乏聚焦。

86

然而，这或许也涉及人们写作时候的目标。如果我们要找一个能够给我们提供有关过去的可信图景的学科，历史学和文学都能做到这一点，当然，它们各自以不同的方式，然而，两者都能做到。这么来说吧：历史学提供事实；史学理论使我们意识到事实的意义始终是历史学家的建构，并且表明此种建构是通过历史学家的叙事而出现的；然而虚构给予了我们有关（历史）实在的隐喻性的真理（metaphorical truth），并且也激发起了这样的幻觉，那就是我们能够真正理解那些生活于过去的人以及他们的世界。

历史与小说之间的区别，在很大程度上与它们各自作者的意图和目的有关，你这样的说法当然很对。不过，如果这就是人们就这种区别所能够说的全部东西的话，我就太失望了。因为那就意味着，对于此种区别而言，你得到文本本身背后去考察，而文本本身无法就此给我们提供最终的线索。再有就是，那似乎也与这一事实相龃龉：我们显然能够将小说与历史著作区分开来，即便我们对其作者的意图一无所知。情形似乎正好相反：你是从文本的性质而推知作者的意图，而不是走另一条路。然而，问题依然存在：历史与小说彼此之间可

以非常接近，而且就历史小说而论，它给我们提供的是
有关过去的同样的信息。我本人的看法是，应该将历史
学视作就如何看待过去提出了建议，而小说，尤其是历
史小说则是将这些建议运用于特定的历史情境。历史小
说是一种应用历史学，历史小说与历史学之间的关系，
大致上等同于工程师所做的事情与物理学家所做的事情
之间的关系。有关历史与小说之间关系的这种看法，也
可以说明历史学中为什么绝不会有聚焦（如我刚才所
说），而即便是最稀奇古怪的后现代主义小说也是有
聚焦的。聚焦给了你历史知识得以应用的"焦点"。

能否告诉我，在你看来，当代史学家中谁是对于过去的
最好的阐释者。

　　20世纪的历史著作中，我最敬佩的是福柯的《词与
物》。那是一本精彩纷呈的书：它极富原创性，视野开
阔，出人意料而又变化多端，我想不出本世纪还有别的
什么书能够对福柯的这部杰作踵事增华。比如说，福柯
在开篇对委拉斯开兹（Velázquez）的《宫女们》（*Las Meni-
nas*）的分析；那真是精彩绝伦，让人目不暇接。这本书
让我们看得很清楚，福柯具有无与伦比的才能，将过去
与我们疏离开来，那在我看来，乃是历史写作和史学理
论中一切智慧的开端，尽管我相信福柯会被我这种说法
吓一跳，我还是要毫不犹豫地说，20世纪的历史学家
中我最敬佩的是福柯，因为他是所有人中最优秀而又最
前后一贯的历史主义者。

87

20世纪的历史
学家中我最敬
佩的是福柯。

我同意你的意见，我也很敬佩福柯；可他不是一个"寻常的"历史学家，可以将他与布克哈特或者赫伊津哈这样的文化史家联系起来。对于更传统意义上的历史学家你是如何看的呢？

我对约翰·波考克（John Pocock）满怀敬意，他对政治语汇的分析与福柯关于话语概念的论著以及赖因哈特·科泽勒克（Reinhardt Koselleck）在他的《概念史》（Begriffsgeschichte）当中所想做的事情在很多方面有相似之处。因为其中所体现出来的对于西方政治论辩的考古学，我对波考克的《大西洋传统中马基雅维里的时刻》（Machiavellian Moment in the Atlantic Tradition）[1]一书的敬佩之情，不亚于福柯的《词与物》。出于大致类似的原因，科泽勒克早年的《批判与危机》（Kritik und Krise）也是一部精彩绝伦的著作。再就是，金兹堡的微观史也让我着迷，尽管我不能说，在我看来将来历史就应该这样来书写。而金兹堡和勒华拉杜里的微观史的有趣之处，就在于它们对于那种全景式的历史写作的观念——试图以最有效的方式说明尽可能多的有关过去的细节——构成了挑战。这的确是整个历史著作史中非常新颖而前所未闻的东西，它要求以解构主义的全部圆熟机巧，来表明在这些微观史中发生了什么。而且既然我本人一直就是一个老派的历史主义者，我还可以说我对

88

[1] 此书准确书名应为"马基雅维里的时刻：佛罗伦萨政治思想与大西洋共和传统"（J. G. A. Pocock, The Machiavellian Moment, Florentine Political Thought and the Atlantic Republican Tradition, Princeton. Princeton University Press, 1975）。——译者注

梅尼克的著作——尤其是《历史主义的形成》（*Die En-
tstehung des Historismus*）和《国家理性》（*Die Idee der
Staatsräson*）——极为崇敬。这些书真是美好，不仅在于
它们提供的信息，而且还因为它们是用丰盈而流畅的德
语写就的。

你如何看待翁贝托·艾柯（Umberto Eco）的著作，比如
说《玫瑰之名》（*The Name of the Rose*）？

艾柯很擅长写出让人读来很愉快同时又包含了大量
信息的书——就这本书而论是有关一所中世纪修道院的
日常规程的。此外，他的著作所带来的乐趣中，有一部
分来自于他让你对他的真实意图茫然无知。这本书是一
部嘲弄性的模仿之作吗？——模仿历史学，模仿科学，
或者他只不过是想要嘲讽人们那种将这本书归于这种或
者那种文体的努力呢？

如果让我来总结这些评论的话，是不是可以说，目前已
经到了史学理论家来写作历史而历史学家应该更加关注
史学理论的时候了？我这样问，是因为你提到了史学理
论家们撰写的著作，将它们视作本世纪最好的历史写作
的样本；比如说，福柯；然而，即便勒华拉杜里或者金
兹堡也不是"寻常的"、传统的历史学家。

**不，我不认为
历史学家应该
高度关注史学
理论。**

不，我不认为历史学家应该高度关注史学理论。对
于传统上史学理论家们所讨论的那类事情具有某些背景
知识，这就足够了。然而有时候会出现这样的情况：历
史学领域的讨论，尤其是在这个学科经历重要转型的时

期，会带上一个哲学性的或者理论性的维度，而讨论的
参与者们并不总是能够认识到这一点。于是，这样的讨
论很容易蜕变成为一场无可救药的聋子之间的对话（*di-
alogue des sourds*），只要那个哲学性的维度没有得到适
当的认定的话。这种时候，人们就会对于在史学实践中
融入理论持欢迎态度了。

怀特在《元史学》的导言中表达了一个梦想，梦想重构
作为智识活动的一种形式的历史学，它的关切同时既是
诗性的，又是科学的和哲学的——就像是历史学在其
19 世纪的黄金时代中那样，你对此怎么看？

　　这当然是一个让人们心神向往的前景，对于历史学
朝着怀特所指示的方向演化，我会欢欣鼓舞。然而，还
得再说，作为一个理论家，我绝不会想要为这样一种演
化效力。对于历史学应该听其自便。我的态度多少类似
于埃德蒙·伯克针对法国革命者们所持的立场。伯克
说，你们不应该建构一个理想的国家，并且企图与过去
一刀两断，因为在现有的体制中累积的智慧和大量的政
治经验，是你依靠纯然抽象的、理论性的推理所永远也
别指望去超过的。或许在政治上我比伯克更倾向革命，
然而我相信，像历史学这么一门本质上理性的学科，始
终要以一种有时候人们在政治领域中会悲哀地错过的方
式，对在某些环境下可能是势在必行的变化保持开放。
政治实践要求由政治理论家所阐发的那种批判，而在历
史学的领域，伯克的策略却是最好不过的。我的确总是
被历史学作为一门学科所具有的"美"（尽管这是一个

89

对于历史学应
该听其自便。

相当伤感的词，我在这里还是要用它），被历史学家们作为一个学术共同体所展现出来的实践智慧，被这门学科总是成功地使自身适应于新的要求和新的挑战的机巧百变所深深打动。除了某些罕见的例外，史学理论应该始终是事后诸葛亮。

历史学是一门最具有包容性的学科。汉斯·凯尔纳告诉我说，有时候某一种理论只适合于一种处境。这样，理论似乎就成了人们可以根据处境的需要而变换的可有可无的工具。这是否意味着当前人们搞历史和史学理论的方式乃是"后现代状况"的体现呢？你是否认为自己真的"体验"了当今时代的后现代主义？

我觉得你把你的问题表达得很好。这就是说，我无法在你可以是一个社会主义者或者素食主义者这样的意义上，来说自己是一个后现代主义者。在我看来，后现代主义不是你可以或者采纳或者拒斥的某种理论或观点；我觉得它更是我们用来描述当代思想气候的一个术语。后现代主义是一个类似于"启蒙运动"或者"浪漫主义"的术语。在一个将自身界定为"后现代主义的"或"启蒙的"时代中人们提出的关键性问题，不是你是否服膺于后现代主义、启蒙运动等等的宗旨，而是你是否相信这样一个术语——以及它所代表的东西——很好地概括了在你这个时代所发生的事情。而且，如你所提示的，这更是一个和体验而非和理性论证相关的事情。

还是说说你的问题本身。我的确认为，后现代主义

后现代主义更是一个和体验而非和理性论证相关的事情。

90

对于当代哲学、艺术和文学给出了一个比之任何其他观点都更好的看法。在我看来，后现代主义首要地是表达了这样一种认识：今天的一切东西都在走向碎片化、解体和丧失中心的方向。你在所有地方都可以看到这样的趋向：在国际政治领域，以及在旧有的稳固的政府的无效中——这种政府无法发展出可以恰当地应对当代社会中一系列常常相互冲突而又彼此龃龉的变化的制度模式。我们当代世界已经成为一个种种悖论的纽结点——这对于负责任的政治家来说无疑是一场噩梦。而所有这一切在历史写作中都有其对应物；只需想一想利奥塔所宣告的元叙事的死亡，当代史学家对于前一代史学家会指责为无足轻重的细节的关注，以及还有这样一个事实——对于西方文明的线性发展的传统信念，已经让位于把过去视作有似于各个自足的历史或思想的互不相干的岛屿群的观念。正是在这里，近来历史写作的发展——情况往往就是如此——很好地反映了严格意义上的历史写作领域之外的发展。睿智的老黑格尔已经说过，"哲学是思想所把握的时代"（Die Philosophie ist ihre Zeit in Gedanken erfasst），而历史写作与此并无不同。

> 我们当代世界已经成为一个种种悖论的纽结点。

能否谈一下你对史学理论的将来有何预言？

哈，这是所有人都乐于回答的问题：对此反复思考，让你对将来有所梦想，那总归是一件让人高兴的事情。可我该怎样来回答这个问题呢？或许梦想未来的最好的方式，是想一想它在什么地方有别于过去和现在。从这个角度我的确还有些想要说一说的东西。任何人在

91

考察20世纪的历史哲学时，都不可能不注意到，它在多大的程度上是从语言哲学那儿汲取灵感的。一个人对于自己的学科要保持诚实，就史学理论而言，诚实就意味着要承认，史学理论大多数时候往往不过是将其他领域——比如科学哲学、文学、美学等等——内的发展转换到史学理论的领域。就像我刚才所说的，在史学思想史中，历史主义是唯一一种摆脱了外来因素，也即并不植根于历史学本身的因素的理论取向。我要说，我们有太多的理由，去比现在更加严肃得多地看待历史主义。另一方面，有人或许会反对说，历史主义乃是浪漫主义的衍生物。可是，你可以回答说，浪漫主义本身在很大程度上，乃是历史主义以及历史主义所倡言的对于过去的新态度的产物。

无论如何，大部分的当代史学理论，是将在别的地方提出的见解应用于史学理论。我愿意强调，这本身并没有错。相反的，只有我们认识到，我们对于历史文本的理解多么的倚重于文学理论，我们才不会怀疑，对于其他领域所发生的事情的敏锐意识，对于史学理论家而言绝对是必不可少的。我们也可以这样来评价海登·怀特在当代史学理论中所扮演的角色——我认为，我们可以有把握地说，如果没有怀特的《元史学》和他在此之后所撰写的论文和著作，史学理论就已经早夭了。而且，在当今学界人们还不会察觉到它的夭折。如果说史学理论目前是一个充满生机和挑战性的学术论辩的领域的话，这主要得归功于海登·怀特和少数几个像是列昂

92 如果没有怀特……史学理论就已经早夭了。而且，在当今学界还不会察觉到它的夭折。

奈尔·戈斯曼那样的志趣相投者(后者的《在历史与文学之间》是该领域自 1945 年来最优秀的著作之一)。这些最有影响力的理论家——尤其是怀特——使得史学理论最终(虽然是姗姗来迟地)经历了其"语言学的"(或者"文学的")转向,并且因此摆脱了那种有可能让它堕入无人问津的境况的思想上的孤立状态。感谢怀特和戈斯曼,史学理论不再是学术上的一潭死水,而再度成为一桩具有挑战性的学术事业。就像在兰克和德罗伊森的时代一样,我们再次拥有了旗鼓相当(à *la hauteur des choses*)的史学理论,也就是说,它就其成熟性而论,大体上不输于其他哲学研究的领域。

或许这就让人有了最好的理由,来对史学理论的将来有所梦想。倘若今天的史学理论主要是当代语言哲学和文学的响应者的话,人们不免会想一想,史学理论是否有开启当代思想论争的一个新阶段的潜能。也就是说,人们可以问自己,史学理论的主题是否包含了某些东西,能够容许我们以这样那样的方式开启语言哲学的一个新阶段,甚至于发展出超出语言哲学界域之外的某种立场来。

我认为,如果人们将焦点置于历史经验这一概念上,就可以对这个问题给出肯定的回答。我指的是某种对于过去本身的经验,它们被歌德、米什莱、赫尔德、梅尼克、赫伊津哈和汤因比这样的诗人和史学家描述过,给他们所有人留下了极其深刻的印迹,并且很大程度上塑造了他们关于过去的看法。历史经验是最吊诡的

93

一种经验，因为一方面，似乎只有对于过去有深刻认知的历史学家才能得到这种经验——它不会出现在新手（*rudis tyro*）身上。不管怎样，从这个角度来看，人们会说，就语言哲学总是强调智识范畴（就像语言，康德的纯粹知性的范畴、语言结构等等，以及尤其是我们所已经拥有了的知识）就决定了我们经验的内容而论，历史经验与语言哲学的相关部分是和谐一致的。然而，另一方面，从这些历史学家对于他们的历史经验的陈述可以看得很清楚的，是这些经验的彻头彻尾的本真性（authenticity）；那也就是历史学家的这样一种信念：自己经验到了如其所是的、"*an und für sich*"〔自在而又自为的〕、没有被现有的历史或史学知识中介过的过去。在历史经验中，人们经验到了过去的极端陌生性；过去在这里不是知性的建构，而是以通常被归之于崇高的那同一种当下性和直接性所经验到的实在。这正是历史经验这一概念有意思的地方。如果哲学家们目前对崇高概念感兴趣的话，那也是因为在崇高当中，我们以这样一种方式经验了实在，那是关于语言、理论、叙事主义、知性范畴或者无论什么东西是如何决定了我们对于实在的经验和关于实在的知识的各种现成观念所无法解说的。康德本人就是这样来界定崇高的。

这还不是全部。盖伦·斯特劳森（Galen Strawson）最近在《泰晤士报文学增刊》上写了一篇文章，说他期待着当代哲学发生一场变化，从英美和欧陆哲学家自从弗雷格和尼采以来都在做的那种语言哲学，转变为一种

旁注： 在历史经验中，人们经验到了过去的极端陌生性；过去在这里不是知性的建构，而是以通常被归之于崇高的那同一种当下性和直接性所经验到的实在。

关注于我们如何经验世界并且因而对其产生意识的意识
哲学。如果考虑到近十年来英美国家所撰写的有关意识
的著作的数量，这似乎是一个合情合理的期待。当代历
史写作可以给史学理论家们提供一个绝好的起点，来提
出这种取语言哲学而代之的有关经验的理论。我可以用
霍夫曼斯塔尔（Hugo von Hofmannsthal）始于 1902 年的
文章《钱多斯爵士的书信》来再好不过地说明这一主张。
钱多斯写道，他处于一种奇怪的心理状态或思想状态，
使得自己再也无法从我们用来在世界中辨识出统一性和
融贯性的抽象的和普遍的概念中找到意义。在他眼中，
所有东西都分崩离析、成为碎片，他发现自己再也无法
写出像是亨利八世的统治史或古典神话史那样通贯的历
史了。然而，综合能力的丧失，却因为他获得了另外一
种能力——对于简单而看似无足轻重的事物（一个罐
子，一个耙，太阳底下无人在意的一条狗，等等）的亲
密无间的经验——而得到了补偿。钱多斯就这样发现了
存在于语言与经验之间的对立关系。语言总是要将经验
理智化，并且就以此种方式将其减损为毫无趣味的范
畴——纯然成为语言和知识的依附品。这就是经验在三
个世纪以来的哲学史中成为从属性的角色的缘故——甚
至于洛克在用经验概念攻击了笛卡尔主义之后，也马上
就将其理智化了。换言之，人们实际上只能在或者是语
言或者是经验之间做出选择，而且如果仅仅从这一点出
发的话，我确信我们正在以近来这种对于经验和意识的
兴趣而步入一个崭新的世界。更具体一点，人们经常

94

我确信我们正
在以近来这种
对于经验和意
识的兴趣而步
入一个崭新的
世界。

说，哲学目前正面临着一场"表现的危机"，而我的确认为，这一概念很好地概括了当代哲学必须触及的诸多问题。经验将被表明是一个能够使我们克服这场"表现的危机"的概念。

还很有意思的是，历史写作或许有助于我们表明，在从语言转向经验的努力中，什么东西最为关键。只要有人看了霍夫曼斯塔尔的《书信》，就一定会注意到钱多斯的变化与当代历史写作的进展之间的相似性。在这两种情形下，人们都碰到了碎片化的过程、普遍性和通贯性概念的瘫痪、对于看似无足轻重的细节的入迷以及这一切的结果——经验概念的重新复活，尽管必须强调这一概念与我们从培根、笛卡尔或洛克以来所习惯了的那种经验概念大相径庭。简而言之，历史学大概就是最好不过地展现了从语言到经验的转换中的关键东西的学科。回到你的问题上来，我所梦想的是这样一种史学理论，它关注于历史经验的概念，不仅在史学理论史上，而且也在哲学史上书写了新的篇章。照这样的话，柯林武德那句著名的断语——20世纪哲学的主要任务是对20世纪的历史写作做出解释——也许会不期然地变成现实。

我所梦想的是一种关注于历史经验概念的史学理论。

95

我们仍然处在一个审美试验的时代——

你联系到美感，这很对。我最近写了一篇讨论理查德·罗蒂的文章。其中有一个论点是，他那种基于唐纳德·戴维森（Donald Davidson）的著作的语言互动模式，根本就没有给历史经验这一类的经验留下任何余地。或许没有一个哲学体系会像罗蒂和戴维森的语言哲学那样，对于这种经验抱着如此彻底的敌意。如果一种哲学如此极端地排斥了某个哲学范畴——在这里是经验，会让你百思不得其解，并且马上要去找到对于这种极端排斥的解释。或许在这个方面我们全都是辩证家（或者是福柯派），我们相信，倘若你确认了一个哲学体系毫不容情地排斥在外的东西，你就发现了它的本质所在。如果我说得不错的话，对于戴维森和罗蒂拒绝崇高经验的概念的解释，很大程度上与他们对一切将语言实体化的努力进行激烈的批判有关。然而，一方面是未经中介的经验，另一方面是将语言实体化的意愿，这两者之间的关系本身是一个问题。因此我在这里仅限于对罗蒂的思想英雄约翰·杜威做一个观察：在其《作为经验的艺术》(*Art as Experience*) 中，杜威对审美经验进行了分析，非常接近于我刚才所谈到的历史经验的概念。因而，实用主义本身在约翰·杜威的身上，是有能力创造出一个要解释未经中介的对于过去的经验所必需的"逻辑空间"的。

可是当我们开始谈论经验时，不就给主观主义甚至是相对主义打开了大门吗？你对此不害怕吗？

  首先，我得说，我从来没有郑重其事地担心过相对主义或者主观主义。在我看来，正如伯恩斯坦在他的《超越客观主义和相对主义》(*Beyond Objectivism and Relativism*) 中令人信服地论证了的，相对主义乃是实证主义的诸多变种中的一个衍生物。这样的话，如果你没

如果你没有实证主义的念头，相对主义对你而言就不成其为问题。

96

有实证主义的念头，相对主义对你而言就不成其为问题。然而在这个语境下更重要的是以下的问题：如果你将历史经验视作一种未经中介的对于过去的经验，视作过去与历史学家的接近，正如同我们的手指与我们握着的花瓶或者贝壳的接近，那么，由此假设出发，主观性和相对主义就已经被排除了。只是在经验按照西方哲学自培根和笛卡尔起所学会的那种方式被理智化之后，主观性和相对主义才真正成其为问题了——而主体与客体的接近阻止了此种理智化。

如果你关于从语言到经验的兴趣转移的观点是对的，那是不是意味着将来最重要的问题就是我们如何经验实在，而不是我们如何成功地来表现它？

你说得很对。的确，从语言学化的史学理论（linguistic theory of history）的"范式"来看，所有这些关于经验的言谈都必定不得要领。你可以说，历史著作的读者所期待的，是对于过去的描述或表现，并且从这个角度出发，历史学家本人对过去的经验，对于他的描述和表现而言就不过仅仅是一个要件、一个契机而已。然而，我要说，这是回避了问题。我想，对于很多当代的心态史著作，可以说它们让你知道的是，身为18世纪英格兰的一名乡绅或者蒙塔尤的一个农民等等"是怎么回事"，而不是相关的历史著作是如何来描述或表现那个世界的。我觉得，你可以维护这个论点：许多当代史学著作（就像心态史所体现出来的）关注的是经验而非描述和表现。

在我们开始将焦点置于经验时，是否就等于回到了存在主义？

一定程度上我同意你的话。如果有人想要对历史经验有所把握，肯定可以从梅洛-庞蒂的《可见的与不可见的》(*Le visible et l' invisible*) 中大有收获。说到我自己，我觉得亚里士多德的《动物志》(*De Anima*) 和《论感觉》(*De Sensu*) 对我帮助很大。亚里士多德在那里谈到触觉，并且认为触觉比之其他感觉更加优越，我觉得他说的这些东西极具启发性，为我分析历史经验提供了"支柱"。

我们很容易就能找到称手的工具和理论框架来分析语言，我们到哪儿能找到这样的工具来对经验进行研究呢？

无论如何不会是在语言中。在这里经验先于语言。而且真是非常奇怪，我们会对经验先于语言的看法如此反感。在这个问题上我非常赞同理查德·舒斯特曼 (Richard Shusterman) 在其去年出版的《实用主义美学》(*Pragmatist Aesthetics*) 中所说的，哲学家们看不到这一点，因为对于我们这些脱离躯壳而夸夸其谈的头脑来说，被我们承认为唯一合法的经验的形式就是语言的：思想、言谈、写作。然而，不管是我们，还是号称帮助塑造了我们的语言，失去了那种说不清道不明的、先于反思的、非语言性的经验和理解的背景，就都无法存在下去。而这理所当然是我们全都知道的真理：你首先是去经验（比方说，经验过去），然后再写下你所经验到

97

的东西。我们对于这一不言而喻的真理的本能的反感，证明了我们仍然多么忠诚于康德，即便我们认为自己已经很好地汲取了罗蒂对于康德认识论的批判。而且罗蒂本人也是这样。想一想他在《实用主义的后果》(*Consequences of Pragmatism*) 的序言中，与托马斯·内格尔 (Thomas Nagel) 就后者关于做一只蝙蝠会是什么样子的论文所进行的讨论。罗蒂不喜欢这个问题，并以这样一种无可置疑的断语来作结论："语言包办了一切。"康德或许会出于类似的理由说，"知性范畴包办一切"。因此，尽管有其反基要主义的倾向，罗蒂却在这里止步不前，而向康德满怀崇敬地深深致意——德里达和解构主义者们也同样如此。最伟大的反康德派往往也是最伟大的康德派。

是否可以从这一切推知，心理学是对类似历史经验这样的东西进行研究的最合适的学科呢？

是的，心理学对此可以大有裨益。也许你这会儿想

98 创伤

到的是创伤。某个东西让你受到创伤，它极其可怕，让人生畏，你无法以某种方式将它纳入你的人格之中。创伤代表着以一种"化石"的形式继续在你身上保存着的你过去的一部分。这常常发生在大屠杀中幸存下来的集中营受难者身上，与弗洛伊德在他的《悲伤与忧郁》(*Trauer und Melancholie*) [1] 中所描述的"忧郁"的机

---

〔1〕 原文如此，本访谈中所提到的书名常常不准确，此书究竟具体指的是弗洛伊德的哪一本著作，尚不得而知。——译者注

制联系在一起。很可能在精神分析的过程中，或者当大屠杀的受难者——比如说策兰（Celan）——在一本书或一首诗中将自己的集中营记忆写下来的时候，他在书写或者讲述的时候又再度经验了集中营的恐怖。已经成为"化石"的过去，在他的内心之中继续"照样"存在着，而今又被再度经验，而且就其被重新经验而论，被整合到了他的人格之中。这里还有与怀特的中性语态的关联：因为此种言谈和写作乃是一种不及物的言谈和写作，这么说吧，人们在其中谈的和写的只是自己。而且既然人们不会怀疑，这里所涉及的是对于过去的经验，至少是存在了数十年之久的成为化石的过去，我就会毫不迟疑地主张，在中性语态和历史经验之间有着密切的关联。或许对于表达我所说的历史经验的内涵而言，中性语态乃是最佳的语法形式，而现代派小说则是最好的文本形式。

可是，实实在在地经验过去又是怎么回事呢？我们如何能够经验过去？比方说，海登·怀特就认为我们无法经验过去。

倘若你将过去看作是放在你对面的一个对象，就像是椅子、桌子那样，你就无法经验过去。然而亚里士多德（和中性语态）传达的信息是，主体/客体的模式在这里是失效的。就像亚里士多德在他的《动物志》中所论证的，和经验有关的所有东西都会涉及连续性，涉及我们自身与外在世界之间的一个浮动的标尺。实证主义者们认为，存在某种先验的图式可以将自我与非我分割开来，那是以传统认识论来界定的图式；我同意亚里士多德(以及戴维森)的看法，我们对于那一分界线所拥有的直觉永远都是后天的。而且，你能够说在什么地方你

99 你能够说在什么地方你的过去终止了，在什么地方你的自身开始了么？

的过去终止了，在什么地方你的自身开始了么？你与你的过去的关系，就像亚里士多德所设想的以触觉作为例证的经验。

荷兰，安鲁

1993 年 5 月 26 日

论著选目

Narrative Logic: A Semantic Analysis of the Historian' s Language. The Hague: Nijhoff, 1983.

Knowing and Telling History: The Anglo-Saxon Debate, editor. Middletown: Wesleyan Univ. Press, 1986. (*History and Theory,* Beiheft 25.)

History and Tropology: The Rise and Fall of Metaphor. Berkeley: Univ. of California Press, 1994.

A New Philosophy of History, co-editor with Hans Kellner. London: Reaktion Books; and Chicago: Univ. of Chicago Press, 1995.

Aesthetic Politics: Political Philosophy Beyond Fact and Value. Stanford: Stanford Univ. Press, 1996.

"Historiography and Postmodernism." *History and Theory* 28, no.2 (1989): 137-153. Discussion: Perez Zagorin, "Historiography and Postmodernism: Reconsiderations," *History and Theory* 29, no.3 (1990): 263-274, and Frank Ankersmit, "Reply to Professor Zagorin," 275-296.

"Kantian Narrativism and Beyond." In *The Point of Theory: Practices of Cultural A-*

nalysis, ed. Mieke Bal and Inge Boer, 155-198. Amsterdam: Amsterdam Univ. Press, 1994.

"The Origins of Postmodernist Historiography." In *Historiography Between Modernism and Postmodernism: Contributions to the Methodology of Historical Research,* ed. Jerzy Topolski, 87-119. Amsterdam: Rodopi, 1994.

"Historicism: An Attempt at Synthesis." *History and Theory* 34 (1995): 143-162, 168-174.

"Historism and Postmodernism." In *Postmodernism and Anthropology: Theory and Practice,* ed. Karin Geuijen, Diederick Raven, and Jan de Wolf, 21-52. Assen: Van Gorcum, 1995.

"Metaphor and Paradox in Tocqueville's Analysis of Democracy." In *The Question of Style in Philosophy and the Arts,* ed. Caroline van Eck, James McAllister, and Renee van de Vall 141-157. New York: Cambridge Univ. Press, 1995.

格奥尔格·伊格尔斯

身为历史学家，我们要为反对将历史工具化而战斗。

你是如何对历史发生兴趣的？

100

　　这不大好说清楚。我从幼年时期就对历史有兴趣。也许这与我身为犹太孩子而在纳粹德国长大的那段动荡岁月有关。要让我单挑出一个给了我特殊启迪的历史学家，也不大容易。我很早就对从《旧约》到20世纪的广阔范围内的历史著作发生了兴趣。历史对我而言绝不仅仅是学术，而是多种多样的历史记忆和历史表现。

能否谈一下你对当代历史哲学的立场？

　　我其实不是一个历史哲学家。我的主要兴趣在于历史编纂。我想，我的立场大概介于后现代主义的立场与某种更保守的立场之间。

　　我非常认真地看待后现代主义对于历史编纂的批判。我认识到，每一个历史文本都有其问题。我认识到，每一个文本都必须在某个历史语境内来加以理解。我还进一步认识到，没有任何文本是彻头彻尾融贯的，它包含着不同的相互矛盾的蕴涵。我又认识到，没有一个作者是完全前后一致的。我想，或许你从我对马克思的讨论中已经得知了这一点。我指出马克思的立场多么地相互矛盾，并且它们可以导向大相径庭的阐释，这不仅是因为别人以不同的方式来解读他，还因为他并非前后一贯。

101

历史对我而言绝不仅仅是学术，而是多种多样的历史记忆和历史表现。

我的主要兴趣在于历史编纂。

我非常认真地看待后现代主义对于历史编纂的批判。

另一方面，我在坚持处理文本的合理性标准方面，比之安克斯密特或者怀特都会走得更远。我不相信一切历史都可以被化约为纯粹的隐喻，像是安克斯密特所走到的那个地步，尽管我也同意，隐喻在历史理解中扮演了重要的角色。我在某种程度上赞同怀特。怀特的贡献在于，他表明了在多大程度上历史作为叙事必须要被理解为文学文本。在这个意义上，怀特的立场没有安克斯密特那么极端。

怀特在某些方面其实相当保守。他研究的几乎都是经典的历史思想家，拉卡普拉也是如此。他和拉卡普拉一样，基本上将思想史等同于经典。怀特有一本书，我非常喜欢而如今几乎已经被人遗忘，不再印行了，那就是他的《自由人文主义的磨难》(*The Ordeal of Liberal Humanism*)。你知道这本书吗？

我知道，那是 1960 年代出来的吧？

是那时候出来的。我在自己的思想史课程中仍然在用这本书。我认为那是对现代思想非常睿智的考察和分析，然而，就其将思想史等同于大思想家而论，它在一定程度上也是非常传统的。《元史学》也是同样的情形，这本书从四个史学大师(兰克、米什莱、布克哈特、托克维尔)和四个主要的历史哲学家(黑格尔、马克思、尼采、克罗齐)的著作入手，考察了 19 世纪的历史思想。我赞同怀特对于任何一种史学著作的文学性质的强调。可是，倘若你要将它等同于纯粹的文学文本的话，我就多少有些怀疑了，因为我觉得它不止于此。

就他相信历史与诗歌和虚构相反，是要试图处理实在而论，怀特在历史与诗、历史与历史哲学之间做出了区分。他很正确地理解到，实在绝对是无法以此种形式来获得的。你所拥有的是事实，然而问题在于如何从事实得出解释来。

有好几种对于解释的研究路数，是我颇为怀疑的。一种是德罗伊森的古典路数，他相信一旦你将史料搜罗无遗，史料自身就会将其内涵显露出来。可是他其实并没有任何进行解释的方法，其结果就是解释变得高度地意识形态化。我们看到，无论 19 世纪的历史学家们如何钻档案馆，运用历史批判的方法，他们的结论照样极具党派色彩。我不接受兰克或者德罗伊森这样的立场：浸淫于史料之中，就会对历史上的过去获得不偏不倚的理解。

另一方面，我也不完全接受怀特的路数。我认为，怀特很正确地指出每一种叙事都包含了意识形态的因素，然而是否所有的解释都是同等地武断，这个问题依旧存在。这是一个哲学意味十足的问题，而我并不是哲学家。安克斯密特和怀特认为，归根结底，并不存在什么实在，或者，实在如康德所说的，乃是我们无从捕捉的"物自体"（*Ding an sich*）。

意识形态因素进入了每一种历史知觉之中这一事实，并没有将我们可以在证据的基础上最好地来重构实在的可能性排除在外。在对于过去的重构中，不可避免地有着想象的因素，然而此种想象的因素并非纯粹就是

102

我不是哲学家。

武断的。娜塔莉·戴维斯（Natalie Davis）在她的《马丁·盖尔归来》（*The Return of Martin Guerre*）的前言中写道，她以自己的想象来将她的故事串连起来，然而此种想象并非武断的，而是由过去通过史料发出的声音所指引的。所以，我认为，在兰克对于客观性的信念与怀特的相对主义之间的一条中间道路乃是可能的。

我认为，对于过去的每一重构都反映了一个不同的视角，从而没有最终的历史，也没有最终的解释。但我还是认为，可以有并非纯粹武断的对于过去的逼近。

因此，我对兰克的客观主义和怀特的相对主义这二者都持批评态度。我看到了怀特的某些前后不一之处。我这里说的是《元史学》，不是他后来的著作。一个不一致之处出现在他的科学观当中，他的科学观相对而言，依旧毫无批判性地反映了一种已经过时了的19 世纪的观念。他仍然在历史学与科学之间做出了截然区分，那是 19 世纪历史主义思想的共同之处；在他看来，科学与历史学相反，是被严格的理性所指引着的。因此，他实际上距离亨佩尔和波普尔并不遥远。他并没有质疑科学客观性的可能性，并且就此而论，比之库恩要保守得多，比之我也要保守得多。另一方面，他像卡尔·波普尔一样坚持认为，历史学不会是一门科学，因为它不服从于亨佩尔和波普尔所谓的概括律（covering law）。

在这里，我认为自己应该再度采取一种不同的立场。我认为，历史学当然不是物理学那种意义上的科

> 我认为，在兰克对于客观性的信念与怀特的相对主义之间的一条中间道路乃是可能的。

103

> 历史学不是物理学那种意义上的科学，可是物理学并非科学的唯一样板。

学，可是物理学并非科学的唯一样板。在这个方面，海
登·怀特过分忠实于英美的科学观。在大陆传统中有对
于文化和历史研究更为开放的别样的科学观。从那样一
些观点出发，历史学可以是一门科学——确实是比之各
门经典的自然科学更加难以捉摸的一门科学。就在这个
地方，我认为海登·怀特的科学观比之我的要保守得
多，而他的历史观比我又要激进得多。

就像怀特所承认的，《元史学》因其高度形式化的
研究路数，更是一部体现了结构主义思想而非后现代主
义思想的著作。他指出历史表现需要叙事，我认为这是
对的。如阿瑟·丹托所说，叙事可以是一种以因果观念
来发挥作用的解释形式。这种因果可以是心理学上的因
果关系。怀特将所有叙事都化约为若干比喻，并且在这
么做时对4这个数字入了迷。

我不满意于他的研究，比如说，把兰克作为喜剧、
马克思作为讽刺剧。即便认可了怀特意义上的喜剧或者
讽刺剧因素的存在，这样一些东西也并没有把马克思或
者兰克所做的事情囊括无遗了，而且并没有涉及在他们
的著作中找到某种合理性的内核的问题。我想，我的立
场是，既认识到理性的积极方面，又认识到其局限性。
我意识到在多大的程度上一切历史写作都牵涉意识形
态，然而我认为这也牵涉诚实地对待过去的努力。我没
有读过安克斯密特的书。他的东西中我唯一读过的，是
他关于历史编纂与后现代主义的文章，以及他与佩雷
兹·扎格林（Perez Zagorin）的论战和他对扎格林的回

应，这些文章全都发表在《历史与理论》上。我同意他所说的，一切历史思想中都有某种隐喻性的成分，然而我不认为历史学纯然就是隐喻。

104

怀特一方面拒绝了历史学是一门科学的观点，另一方面，他又以一种带有浓厚科学主义色彩的图式来对历史话语进行分析。

我这里对安克斯密特提出了和对怀特同样的批评，除了有一点，那就是安克斯密特回避了怀特的矛盾之处。怀特一方面拒绝了历史学是一门科学的观点，另一方面，他又以一种带有浓厚科学主义色彩的图式来对历史话语进行分析。

你是否也认为，科学在其并不具备自身的语汇时还能被视为一门科学？历史学一直是从别的学科借用语汇的——有时从心理学，有时从人类学，而今又轮到了文学。我的意思是，历史学与文学似乎是在用同样的语言说话。

我认为，历史学的强项之一，就是它没有一套人造的语言。当然，有些历史学家试图将人造的术语引入历史学；心理史家这么做了，马克思主义者们这么做了，新经济史这么做了，海登·怀特也这么做了。然而，历史学家们大多数时候还是在使用日常语言。

假如你说科学就得有一套科学语言，这有点失之于武断。我想，在物理学或者化学中，一定程度上是这样，因为你在处理的是抽象的概念。然而，在历史学中，你更少处理抽象的概念，而是出之以千变万化的形式的活生生的实在。

史学的专业化并没有确保在科学研究的品质上能有所收获。专业化牵涉要设定某一套习惯[habitus]，一种进行科学研究的方式，这包括常规化、体制化、对于言谈和写作方式的一致意见等，这都是从其他更加成熟的学科那儿模仿来的。所有这些东西使得专业的科学家或学者能够以一种非同寻常的权威的口气来说话。专业语言的使用强化了这一权威。

在这方面，所谓的社会科学比历史学起了更不好的作用。我觉得，有相当多的社会学用语、心理学用语等，基本上是无稽之谈。若干年前，我读了一份充塞着大量术语的心理学文本。我碰到了作者。我们最终将它转译成了普通的语言，这只能让我相信，基本上社会科学中的每个文本都可以转译为普通的、日常的语言，而不会丧失掉任何东西。经济学可能多少有些例外。

我觉得，这种引入一种专业语言的企图，是想要模仿自然科学家的方法。而这中间就有着矛盾冲突之处。海登·怀特一方面明确指出他不是一个自然科学家，而历史学也不是一门科学。另一方面，他却模仿科学的用语。当然，问题在于你用科学一词指的是什么？如果你的科学指的就是物理学，那么他所搞的就不是科学，因为历史学所处理的是由价值概念所引导着的高度复杂的人类行为。然而，如果你试图重建历史的过去、重建人类的所作所为，我认为你可以更加诚实地来做这件事情，犯不着声称自己是在搞科学。

历史学不使用科学语汇这一简单的事实，并不意味着它不能处理历史的过去。归根结底，历史学要与意义和对意义的解释打交道。然而，对意义的解释可以是一

相当多的社会学用语、心理学用语等，基本上是无稽之谈。

105

如果你试图重建历史的过去、重建人类的所作所为，我认为你可以更加诚实地来做这件事情，犯不着声称自己是在搞科学。

种回到实在的努力。在我看来，将后现代主义历史思想与现代主义历史思想区分开来——像是安克斯密特对这二者所做的区分——的一个东西，就是福柯和德里达所代表的，还有罗兰·巴特也代表了的后现代主义，提出了根本就不存在真理的这样一种可能性。这三个人全都认为，作者不是一个能够表达清晰的观念并具有明确的意图的、有明晰人格的主体。作者的意图是相互矛盾、多个层面的，无法加以阐释。于是对于他们而言，剩下的只有文本，而文本可以用很多种方式来阐释。这并不是怀特的立场，在怀特看来，文本依然具有一种特定的结构，能够按形式主义的模子来加以分析。但是，德里达的立场是指向这个方向的。

这基本上就意味着我们无法重建过去。但我认为，存在着一个过去，这个过去异常复杂暧昧，充满矛盾冲突。人们确实是在行动，尽管要重建他们的所作所为和所思所想很困难，我觉得我们不妨还是尽力而为。

近来人们对于传统的历史编纂和历史认识的观念所提出的批判中，我认为有价值的，是认识到了在多大程度上意识形态在所有的历史著作中都发生了作用，在多大程度上每一种历史解释都涉及了操纵（manipulation）并反映了权力关系。然而，与此同时，我仍然相信，存在着一个过去。我承认要重建它所具有的困难性和复杂性。我承认意识形态因素进入了其中。我承认在一定程度上知识与权力纠缠在一起，可是我还是看到了客观性的成分。我们永远也无法按其本来面目重建真实，但我们可以趋近它。

你对于运用隐喻性的真理有何看法？我的看法与当前的这种观念有关，那就是，当我们考察的是一个特定的句子时，可以想着逻辑的真理，可是，当我们像怀特所要做的那样，将叙事作为一个整体来加以阐释时，我们就无法用得上逻辑的真理了。我们只能运用隐喻性的真理，因为它并不复杂。

是的，然而问题在于隐喻究竟是纯粹的虚构，还是一种把握实在的努力。我认为，它并非仅仅纯然就是虚构，它是在试图对实在做出解释，并找寻恰当的概念。我看到，事实与虚构之间的界限模糊不清。我们可以有主要基于事实材料或者事件自身——通过对史料的批判性分析确立起来的各种单个的事件——的记述。然而，一旦作为一个叙事凑在一起，它们就会具有浓厚的意识形态色彩，并且会向我们提供对于一个社会或者一个文化的一幅高度选择性的扭曲了的图画。伟大的小说往往会比历史文本更加贴近一个社会或者一个文化的现实。我认为在某种程度上，历史文本置身于事实与虚构之间。隐喻在历史叙事中当然无法回避，然而它们可以作为启发性的手段，来帮助我们理解和解释某一情境。

你是否也相信，我们正在经历着一场历史学的危机？

问题在于你所说的危机指的是什么，你所说的历史学指的又是什么？我猜想，你所说的历史学指的是历史思想、历史写作、历史观。

是的。

在最近二三十年我们看到的不是历史学的危机，而是历史学的极大丰富。

我不知道，因为人们对历史学有着巨大的兴趣。我是乐观的。在最近二三十年我们看到的不是历史学的危机，而是历史学的极大丰富。

我刚出了一本德文小书，讲的是所谓后现代主义史学理论与当代历史写作之间的关系。我认为，后现代主义理论对于过去差不多两百年来历史写作的方式，提出了各种各样合情合理的问题。

在社会科学中我们有着各种不同的取向，包括马克思主义、马克斯·韦伯、新经济史和年鉴学派中的很大一部分。我认为他们的共同之处——也许年鉴学派的程度有所不同——在于他们都相信，存在着单一的历史。自 18 世纪以来，我们所谈论的更其是一种历史，而非各种历史。历史概念当然与现代化概念有着很大的关联，而现代化概念反过来，又与西方文明的优越性和现代世界的优越性的观念紧密相关。我想，这种线型的历史进步概念，甚至在马克斯·韦伯的身上都看得到，而他对于现代世界的诸多方面心存疑虑，却又认为存在着一个给历史赋予了方向的、他称之为理性化的进程。

历史是一个一体化的进程，而欧洲处于这一进程的中心，这一观念目前显然已经处于危机之中。但这并不意味着历史学就处于危机之中。

历史是一个一体化的进程，而欧洲处于这一进程的中心，这一观念目前显然已经处于危机之中。但这并不意味着历史学就处于危机之中。我觉得在过去 25 年中有一个对于历史学的兴趣的大爆炸。在 20 世纪 70 年代早期的时候，老有人在说，人们对于历史学的兴趣正在衰落，它正在被各门社会科学所取代。在美国大学里面，各个层次的学习历史的学生的数量，从 1970 年到 1980 年减少了差不多一半。联邦德国的情况也类似。顺便说一说，法国的情况就不一样，那里人们对于历史学有着强烈的兴趣。当然，学历史的学生人数减少，这与工作机会减少有关，然而正因为对于历史的兴趣减少了，工作机会才少了。但是，自 80 年代以来人们对于历史又萌生了新的兴趣。

20 世纪 60 年代，民权运动和反越战运动所带来的扰攘不安，导致了历史思想中的转向。对于国家史的兴趣衰减了。这种兴趣并没有消失而是衰减了。同样的事情也发生在法国。历史学从对一个中心的全神贯注抽身而去。在法国，年鉴学派关注区域史，并且像费尔南·布罗代尔这样一些历史学家表现出一种对于全球史的新的兴趣。他最后的著作《法兰西的特性》(*L' Identité de la France*)饶有趣味，因为它其实并不是一部民族国家的历史，而是赋予法兰西以特性的诸多区域和省份的历史。

108

20 世纪 60 年代以来，出现了对于小群体历史的巨大兴趣。在美国，这是随着民权运动而发轫的。民权运动带来了对于族群特性的意识。我们开始有了黑人史，而后又是别的种族群体的历史。

妇女史和性别史在后来变得非常重要。我们耳闻目睹的与其说是历史学的危机，不如说是传统历史观的危机。实际上，人们对于历史的兴趣有了巨大的增长，并

我们耳闻目睹的与其说是历史学的危机，不如说是传统历史观的危机。

且关注于历史中从前被人忽视的那些层面。

　　大约四年以前鲁茨·尼塔海默（Lutz Niethammer）出了一本很有趣的篇幅不大的德文书，这本书刚出了英文版，名为《后历史：历史终结了吗?》(*Posthistoire: Has History Ended?*)。此书考察了自 19 世纪以来人们日渐增强的这样一种信念：历史不再有意义或目标，因此我们生活在一个后历史的时代。书中指出，这是无稽之谈，因为对于历史的关切生气十足，然而那是一种不同的历史。我们生活在一个不再认定历史是沿着一个明晰的规程前行的时代。为什么非得有一个单一的历史呢？为什么就不能有多种多样的历史呢？为什么就不能有微观史、小群体的多种多样的历史呢？当然，此种微观史出现在一个更加广阔的背景之中，因而小群体的历史和小民族的历史依旧是更大的历史的一个部分。在一定程度上，我们开始认识到普通的男男女女也有历史。我认为这是一个很好的进展。对于普通人的兴趣，对于生活中生存性的层面的兴趣，对于儿童、死亡或者性的兴趣，在我看来是件好事。但是，另一方面，它也常常令人们创造出新的历史神话。1989 年以来民族主义的迅猛扩展，让我感到不寒而栗，它也影响到了历史写作。历史兴趣的幸存本身不是坏事，然而它也带来了危险，导致这一兴趣的那些原因将会创造出新的历史神话，来服务于种族的或者其他特殊主义的目的。

然而，人们可以说自《元史学》出版以来史学理论中没有出现什么新的东西。

对于生活中生存性的层面的兴趣，在我看来是件好事。但是，另一方面，它也常常令人们创造出新的历史神话。

109

我不这么看。当然，我应该强调自己不是一个历史哲学家。我甚至不是通常意义上的历史学家。我感兴趣的是历史编纂，是思想史框架内的历史编纂。我认为，海登·怀特对于自《元史学》以来所发生的事情有着明确的意识。《元史学》面世已有 20 年了。过去 20 年里，后现代的讨论远远超出了《元史学》，而且，在某种意义上，它们已经解构了怀特。前面我已经说过我是如何看待怀特的。怀特在很多方面还是非常保守的。他的科学观是保守的，就他对经典的强调而论，他也很传统，就像多米尼克·拉卡普拉一样。我还认为，要研究 19 世纪的历史想象，只关注像黑格尔、布克哈特和托克维尔这样为数不多的几个精心挑选出来的思想家，是不行的。

自《元史学》以来，像是巴特、利奥塔、福柯和德里达所进行的对于历史学的批判越来越激进。在最近一次和我在电话中交谈时，怀特将他自己与后现代主义撇开，并将《元史学》说成是结构主义的最后喘息。

> 自《元史学》以来，像是巴特、利奥塔、福柯和德里达所进行的对于历史学的批判越来越激进。

你告诉我说，这种说法并不是真的：自《元史学》以来没有出现过什么新东西，没有任何可以让历史学家大吃一惊的东西面世。你能否给我一些例子，说明有的著作具有和《元史学》同样大的影响。

没有这样的单本著作。我说过，我认为有很多历史学文献超出了这个范围。

德里达是在 20 世纪 60 年代开始写作的，然而，80 年代和 90 年代他继续在写作。拉卡普拉是到了 70 年代

110

后期才开始正儿八经地写作的，和安克斯密特一样。哈贝马斯对后现代主义的批判出现在 1987 年。还有一本书我也觉得非常有趣，尽管并不是历史哲学的，是琼·斯科特（Joan Scott）的《性别与历史学的政治》（*Gender and the Politics of History*, 1988）。所以说，讨论并没有停止，我也不认为它会止步不前。当然不光是这些著作，还有与这些著作相伴而来的诸多争议，就像彼得·诺维克的《那高尚的梦想》所引发的那样。

当然，有些东西实际上不是历史哲学，然而它们却有着历史哲学方面的内涵。我想到的是伽雷斯·琼斯（Gareth Stedman Jones）80 年代问世的关于阶级和语言的著作。我还想到了威廉·瑟维尔（William Sewell）关于语言与革命的著作，还有林恩·亨特关于法国革命的著作。这些东西全是在《元史学》之后的 80 年代出现的。它们强调了文化和语言所扮演的角色。

你是否认为这些文化研究为一种新史学提供了背景？

许多史学著作是在新文化史的取向内写成的，然而并非全部史学著作都是如此。政治史比之过去也更加广泛地涉及象征、见解和心态。然而，新文化史并没有构成为一个新范式。我不认为在历史学中存在着范式，因为在方法方面人们不可能达成共识，在解释上更是如此，而在自然科学中共识却广泛存在着。新文化史在妇女史、性的历史、休闲时间史等方面做了很多事情。然而，人们还会有类型大为不同的历史和不同的研究路数。历史学并没有危机，而今它比之既往有着更大的多

我不认为在历史学中存在着范式。

样性。走到终点的，是认为历史有一个明确方向的信念，而此种信念的丧失往往被人们等同于危机。我们有理由怀疑风靡 19 世纪的那种认为历史走向救赎的信念。我们刚在东欧这里目睹了一个伟大的乌托邦梦想的崩塌。20 世纪是一个系统化的非人道达到了无与伦比的巅峰的时期。另一方面，我依然相信——无论有多么矛盾——启蒙运动的传统对更加伟大的意义上的人类尊严做出了贡献。霍克海默和阿多诺论证说，启蒙运动经由其对于合理性的信仰，实际上导向了新形式的歧视和非人道。然而，启蒙运动事实上挑战了在犹太教－基督教－伊斯兰教的传统中，同时也在柏拉图和亚里士多德的古典哲学中被合理化了的由来已久的支配和不平等的各种形式。不平等和从属，包括妇女的不平等和从属乃是自然秩序或神圣秩序的一部分的观念，深深蕴藏在不仅是西方而且还有非西方世界的各种文化之中。这些假设不再不经质疑就大行其道，而伟大的改革和革命运动，无论其结果与它们所号称的目标如何可悲地大相径庭，自美国革命和法国革命以来都成其为现代世界历史的标志。尤其在过去的几十年中，这种对于旧有的合法性权威的概念的挑战，于从前被人忽视的部分人口和生活中的某些层面的历史编纂大有裨益。其结果就是对于人类过去的远为多元化的理解。

眼下你已经表现出对于意识形态的特殊兴趣。这种兴趣似乎有所复苏。怀特告诉我说，他目前的主要论题是从意识形态操纵的问题出发的。安克斯密特对我说了同样

走到终点的，是认为历史有一个明确方向的信念，而此种信念的丧失往往被人们等同于危机。

111

一番话。你如何来解释这种特殊的兴趣呢？

历史学被滥用了，而且往往被用来将权力关系合法化。历史学之转型为一门学术性的学科并没有改变这一点。19世纪的职业历史学家们用学术性的方法，来支撑他们的政治和社会纲领，包括他们的民族主义。

当今时代，我们看到历史神话在纳粹主义、法西斯主义之下，被用于具有极大破坏性的政治目的，但历史神话在公认的民主社会中也被利用。我与弗兰克林·安克斯密特没有个人交往，我在一次会议上与他见过短短的一面；但我认识海登·怀特，而且我知道他与我有非常相似的社会关怀，我想安克斯密特也是如此，而这当然就使得我们对于历史学在意识形态上被误用有着敏锐的意识。

112

历史可以被人利用，这是它主要面临的危险吗？

身为历史学家，我们要为反对将历史工具化而战斗。

我认为，身为历史学家，我们要为反对将历史工具化而战斗。然而，倘若你要为反对将历史工具化而战斗，你就必须对何谓对历史的诚实具有某种看法。说到这里，我对怀特的立场有点担忧，对安克斯密特的更是如此，因为我相信，对于过去的研究非常非常地复杂，然而我依然以为历史的真理是能够逼近的。当然，历史研究不可能达到在将来的世代也无须修正的确定无疑的发现。用很基本的方式来说：倘若我们拆除了事实与虚构之间的界限，将历史等同于虚构，面对大屠杀从未发生的断言，我们还如何能够为自己

辩护呢？作为一个从大屠杀中侥幸逃生的犹太人，我
对这种内涵极为敏感。

波兰，奥布里茨科
1993 年 5 月 29 日

论著选目

The German Conception of History: The National Tradition of Historical Thought from Herder to the Present. Middletown CT: Wesleyan Univ. Press, 1968; rev. ed. 1983.

Leopold von Ranke: The Theory and Practice of History, with Konrad von Moltke. Indianapolis: Bobbs-Merrill, 1973; 2d ed., New York: Irvington Press, 1983.

New Directions in European Historiography. Middletown CT: Wesleyan Univ. Press, 1975.

Aufklärung und Geschichte: Studien zur deutschen Geschichtswissenschaft im 18. Jahrhundert, coeditor, with Hans-Erich Bödeker, Jonathan B.Knudsen, and Peter H. Reill, Göttingen: Vandenhoeck & Ruprecht, 1986.

Leopold von Ranke and the Shaping of the Historical Discipline, coeditor, with James M. Powell. Syracuse: Syracuse Univ. Press, 1990.

Intellektuelle in der Weimarer Republik, coeditor, with Wolfgang Bialas, New York: P. Lang, 1996.

Historiography in the Twentieth Century: From Scientific Objectivity to the Postmodern Challenge. Hanover NH: Wesleyan Univ. Press, 1997.

"New Directions in Historical Studies in the German Democratic Republic." *History and Theory* 28 (1989): 59-77.

"Rationality and History." In *Developments in Modern Historiography,* ed. Henry Kozicki, 19-39. New York: St. Martin's, 1993.

Comments on Frank R. Ankersmit's paper, "Historicism: An Attempt at Synthesis."
History and Theory 21 (1995): 162-167.

"Historicism: The History and Meaning of the Term." *Journal of the History of Ideas* 56 (1995): 129-152.

"Zur linguistischen Wende in Geschichtsdenken und schreibung." *Geschichte und Gesellschaft* 21 (1995): 545-558.

"Historiography and Politics in the Twentieth Century." In *Societies Made Up of History,* ed. Ragnar Björk and Karl Molin, 3-16. Edsbruk, Sweden: Akademitryck AB, 1996.

杰尔泽·托波尔斯基

后现代主义给了我们改变自己心态的机会。

你最初是如何对历史发生兴趣的？ *114*

　　我是在第二次世界大战之后，在格涅兹诺接受中学教育的。格涅兹诺曾经是波兰最早的首都，因此它似乎负载了很多历史。那个时候，我就已经常常到格涅兹诺大主教辖区的档案馆中，四处搜寻材料，那些档案当时还没被整理归类。因此我最初的冲动，来自于我中学时生活和学习的地方。在这个时期，我对于一般性的和理论性的社会问题也产生了兴趣。这就是我进入波兹南大学法律与经济学院的缘故。扬·鲁特柯夫斯基（Jan Rutkowski）教授在那里讲经济史。我几乎是自发地去参加他的研讨课，因为我觉得他是这个领域的大权威。

最初的冲动来自于我生活和学习的地方。

所以你很早就转向了理论和方法论问题。

　　是的。鲁特柯夫斯基所阐释的经济史不是描述性的，而是以问题为导向的。在他的研讨课中，经验性的讨论总是具有一个更为广阔的理论背景。并且，那些普遍性的兴趣促使我对社会学关心起来。这就是我开始学习这门学科的缘由。我还参加了塔德斯·斯祖科维茨（Tadeusz Szczurkiewicz）教授关于马克斯·韦伯的研讨课。但我并没有完成关于社会学方面的硕士论文，尽管我已经有了一个指派的课题，因为那时候我已经获得了经济史领域的哲学博士学位。

115

正是在那时，我与安德泽吉·马留斯基（Andrzej
Malewski）交上了朋友，他也在研究社会学和经济学。
他正在撰写关于解释的博士论文。我觉得在历史学的领
域内更加自得，因此为他的分析提供了一些例证。我们
之间的合作就此开始。我们的研讨在《历史学方法论研
究》（*Studies in the Methodology of History*，用波兰文写
的）一书中开花结果，这本书是在 1956 年哥穆尔卡重返
之后写作的。起初在出版方面有些问题，但它终于在
1960 年问世了——可是却少了对历史唯物主义进行批
判性分析的两章。这两章很久以后作为单篇论文发表在
专业期刊上。《历史学方法论研究》是向波兰传递分析
的历史哲学的成就的最早尝试。你也许还记得，1957
年西方出现了威廉·德雷（William Dray）的《历史中的
规律和解释》（*Laws and Explanations in History*），而对于
亨佩尔的解释模式的讨论才刚刚展开。我们的这本书被
视作马克思主义理论与意识形态搅在一起的一潭浑水
中，重新焕发出生机的一股潮流。这使得我们有了从事
所谓的历史学经验性的方法论研究的念头，意思是要研
究历史学家们的真实实践，这首先是由马留斯基提出来
的。这就是要将方法论与分析的历史哲学之间的分别标
示出来，后者主要是哲学家的工作，他们将历史学家的
实践主要用来作为证明自身论题的例证。实证主义的和
分析的基础，当然是这两种路数都共有的。我们的研究
计划的第一步，就是将历史唯物主义置于严格的逻辑证
明之下。这就是当时马留斯基关于经验意义上的历史唯

物主义那篇著名论文（波兰文）的源起。对于科学哲学和方法论的反思，在波兹南引起了越来越多的兴趣。在这里值得提到的名字就有杰尔泽·吉迪敏（Jerzy Giedymin）、齐格蒙特·泽姆宾斯基（Zygmunt Ziembiński）、杰尔泽·克米塔（Jerzy Kmita）、克里斯蒂纳·扎米亚拉（Krystyna Zamiara）和雷塞克·诺瓦克（Leszek Nowak，他比其他人都更年轻）。

在进行自己的历史研究的同时，我也开始研究马克思《资本论》的逻辑结构和方法论结构。波兹南众多投稿者撰写的《马克思〈资本论〉的方法论假设》（*Methodological Assumptions of Marx's Capital*，波兰文）一书，是我启动这一研究的准备工作的背景。它成了后来批判性地分析马克思理论的诸多著作的起点。走向对历史唯物主义进行实证主义分析第二步的，是《马克思主义人文学科方法论原理》（*Elements of the Marxist Methodology of the Humanities*，波兰文），杰尔泽·克米塔是此书的编者。那个时候，雷塞克·诺瓦克创办了在国外出版而躲过了波兰检查制度的方法论期刊《波兹南科学与人文学科的哲学研究》（*Poznań Studies in the Philosophy of Sciences and the Humanities*），这份期刊今天还存在着。它的第三辑是我编的，题为《现代主义与后现代主义之间的历史学》（*Historiography between Modernism and Postmodernism*），马上就会出版。

正在寻找其进入波兰的通道的分析的历史哲学，将其注意力主要集中在历史解释的问题上。然而，在波兰，它

在进行自己的历史研究的同时，我也开始研究马克思《资本论》的逻辑 结构和方法论结构。

116

主要是通过对历史唯物主义在历史研究中的运用进行分析来展示自身的。你从来没有被看作一个正统的马克思主义者，而更其是在特定的政治局势下，努力阐明从那一理论中得出的可以运用于历史研究的最具成效的指导原则；因此你关于历史进程的能动主义的理论，强调人类行动对于那一过程的作用的影响。你如今如何评价这样的研究？它们是否纯然受制于政治局势？

在 1945 年之后的波兰，对马克思主义的兴趣是由衷的，然而一到历史学的领域，那就变得肤浅不堪了。

在 1945 年之后的波兰，对马克思主义的兴趣是由衷的，然而一到历史学的领域，那就变得肤浅不堪了。它首先是以处理历史唯物主义理论所激发的问题来展现自身的，比如说物质文化史、大众的历史和阶级斗争的历史等。因此它不过是偏向于研究从那一理论的角度看来重要的问题。然而对于马克思主义理论更为深入的透视，从它那里得到启示或者使之更为丰富的情形，却是极其少见的。在那个方面值得一提的是维托尔德·库拉（Witold Kula）的《论历史》（*Reflections on History*，波兰文），此书出版于 1958 年。它是对于教条主义的马克思主义的批判，然而与此同时又是对于马克思主义作为启示的源泉的捍卫。库拉反对庸俗决定论，但并没有否定马克思主义。

我也对马克思主义有兴趣，然而我对历史进程有着自己的能动主义的看法。

117

我也对马克思主义有兴趣，然而我对历史进程有着自己的能动主义的看法。我想要强调，它并没有受到马克思的理论的启发。它的核心在于区分历史进程的两个方面：动机的（人类行动）和客观的（那些行动所导致的结果）。我用这个思路来解释马克思的理论。我依然主张，历史进程开始于以达到某些目标和满足某些需要为导向的人类行动。这是历史进程的主观的方面。可是这些行动还产生了人类所未曾计划过并且并非总是被他们察觉到的客观的后果。那一进程受到客观规律性的支配，在其行进之中无视人类的意志。而这就是历史进程客观的方面。因而，对于历史整体的把握，就需要将对于这两个方面的解释整合起来。在我的著作《历史创造中的自由与强制》(*Freedom and Coercion in the Making of History*, 波兰文)里，我企图通过援引历史中的例证，将那种看法更加包罗宏富地表达出来。当然，我也在我的《历史知识的理论》(*Theory of Historical Knowledge*, 波兰文)中对此进行了发挥，而这本书主要关心的是，对于影响到历史叙事形式的理论的和意识形态上的多元论的强调。

在马克思主义对社会科学的统治之下，我试图将那种观点"软化"；也就是说，让它更少具有意识形态的色彩，并且同时又让历史学家们更好消化吸收。那在波兰得到了人们的理解，在其他的社会主义国家却并非如此。比如说，我的《历史学方法论》在苏联被翻译了，却只有很少的经过挑选的人能够接触到它。在保加利亚和捷克斯洛伐克，对我讨论史学方法论的论著的翻译停了下来。《历史学方法论》只在罗马尼亚问世了，而据我所知，那是为了用来强调它在外交政策上的独立性。

我继续维护自己对于历史进程的能动主义解释的看法，要想通过引证马克思主义来证明它，乃是徒劳的。

在马克思主义对社会科学的统治之下，我试图将那种观点"软化"。

马克思在《路易·波拿巴的雾月十八日》中写道，人们自己创造自身的历史，然而不是凭空地来创造——不是在他们自己选定的环境中，而是在他们所接受的并且传承到他们身上的环境中来创造的。我依然认为他这样说是对的。顺便说一下，这不是什么新的论点，是被许多人都认可了的。比如说，约翰·古斯塔夫·德罗伊森（Johann Gustav Droysen）和其他许多人就都提出过类似的论点。并且，在我看来，不考虑到马克思主义，就无法理解 19 世纪或者 20 世纪的科学哲学，因为科学哲学要么是以对于马克思主义的批判，要么是以引证马克思主义而发展起来的。许多源自马克思主义的观念，甚至于往往并没有带上这个标签的，都被人文学科的总体成就囊括在内了。比方说，社会史的研究者，包括历史学家在内，都会考察经济因素所起的作用，而没有为究竟是马克思还是别的什么人让人们注意到了它的重要性而烦扰。这里面主要的教训，就是要避免解释中的教条主义。

不言而喻，在那样一个所有人几乎到了最后都还在相信那个体制会存在下去、而且没有任何发生变化的前景（也就是说，变化只可能在那个体制内部发生）的时期写作，与在人们认识到那个体制正在变化之中的时候来写作，情形可是大为不同。迟至 1986 年，切斯罗·密罗斯（Czeslaw Milosz）还提出，没有合理的根据来期望，国际体制以及波兰在其中的处境，在可以预见的将来会有什么改变。在西方大多数声誉卓著的研究者和政

在我看来，不考虑到马克思主义，就无法理解 19 世纪或者 20 世纪的科学哲学。

118

治家中，这种意见也占据了主导地位。这就是为什么在苏联集团里主导型的态度乃是调整的缘故，包括体制内的批评和"修正主义"在内。我认为，这也是人们对待我的著作的方式。一个研究者可以成为这个体制的辩护士，或者将现有的事态视作是永恒不变的，并且试图为他自身在其中找到一个位置，使得他不会与科学的价值产生歧异，或者倘若局面成熟了的话，就在无法确定这样的行动是否会取得成功的情形下，积极地反对这个体制。当然，一个人所采取的态度会在他的学术生产中反映出来。就我本人而论，我不认为自己需要否定我在历史学方法论和史学理论方面所写过的任何东西。在方法论上，我受到了分析哲学，尤其是波普尔的假设论的影响，再者，我是在我所解释的历史唯物主义的框架内来提出自己的能动主义观念的。

我受到了分析哲学，尤其是波普尔的假设论的影响。

在波兰，我们刚知道了历史哲学中叙事主义的转向和海登·怀特的《元史学》，而在西方，他的理论已经被人们纤毫必辨地分析过了。你是否认为，后共产主义国家的知识分子能够对历史思想和科学思想被教条化的那些已逝的岁月有所弥补？我想说的是，要改变研究心态，改变习惯于主要局限在广义的历史唯物主义理论范畴的范围内的思维方式，有没有这样的可能？

119

不能够将后共产主义国家整齐划一地来看待。在波兰，1956年之后，马克思主义实际上就不再被当局作为唯一值得维护的科学理论来强加于人。在这个方面，我们见证了一场理论与哲学上的多元主义的回归。马克思主义依旧是哲学家们关切的一个对象（在波兰带来了对于马克思主义的许多非正统的解释），而历史学家们则抛弃了那种将其肤浅地加以改造的做法。当局不再将马克思主义作为科学中唯一理论性的和意识形态性的路数强加于人的同时，却继续着甚至于还强化了对科学的政治控制，对历史学更是如此。这里面的想法是不要损害波兰和苏联的关系。所有和波苏来往有关的东西都要经受严格的审查；于是，涉及 20 世纪的历史学中，就有了如此众多的所谓的空白点。然而，那种控制并没有侵入历史哲学的领域，它得以有所发展。我在《历史学方法论》（1968 年初版）中就历史叙事写了很多，尤其是谈到了叙事的时间性结构。我在《历史知识的理论》中还更加关注于历史叙事。我在那里还谈到了怀特《元史学》的论点，并且指出了他的构想之中的新元素。其他许多学者也在观察着世界范围内历史哲学中正在发生的事情。1976 年，米歇尔·福柯《知识考古学》的波兰文版面世了（那是我敦促的结果，我还给它写了篇导言）。它在波兰引起了人们很大的兴趣。福柯的其他著作也在这个国家出版了。实证主义的思维方式，在科学和历史学中仍然占据着主导地位。《元史学》在西方最初也受到冷遇。然而，在波兰，在哲学反思的领域内确实有很多事情需要去做。波兰的相对落后，是因为 1980 年代（在波兰强制实行戒严法之后）波兰与西方在学术交流方面受到了很大的削弱。大量书籍和期刊的涌入，正是在你提到的叙事主义的转向正在发生的那个时候中断了。在西欧和美国，更多的人们关心历史方法论这一事实，有利于不同的思想流派和学者群体的出现。在这样的条件下，各种见解更加极端化，这对于富于成果的对话而言是件好事。比如，在荷兰，一方面是弗兰克林·安克斯密特，他倾向于接受后现代主义的解决办法；而另一方面则是克里斯·洛伦茨（Chris Lorenz），他并不否定实在论，还有弗莱斯（P. H. H. Vries），《作品的漂移》（*Vertellers op drift*）的作者，他对叙事主义持怀疑态度。在波兰，我们目前正处在将新见解引入这个国家并且吸收它们的阶段。在很多情形下，这并不意味着在处女地上搞移植，这块土地早已在哲学上做好了准备，有着高度发达的现象学哲学，有着在逻辑和哲学反思方面有良好训练并且秉承了享有盛誉的波兰学派的传统的专家。然而，我们是否能够在历史哲学方面保持齐头并进的发展，很大程度上取决于我们培养更年轻的对于史学理论和历史哲学感兴趣的研究者的机会。

至于历史学家的态度，他们大都还是很传统，这意味着他们承继了分析哲学也具有的那些假设。其间最要紧的就是这样一些信条：研究者独立于他所研究的实在；有关过去的报道中只有一个真理；真理可以借助于语言而达到；史料是通往过去的最可信赖的路径。当然，传统历史学家心态占支配地位的并不限于波兰。

历史学家们大都还是很传统。

目前在波兰的年轻哲学家、文学理论家和艺术史家的圈子中所发生的事情，可以描述成后现代主义的胜利进入，而这是与宽容、去中心化、传统价值观的废弃、古典真理观的削弱等等联系在一起的。我们是否对悖于常情的后现代主义与一个习惯于传统价值观的传统社会之间的剧烈冲突做好了准备？后现代主义观念的广受欢迎，是否只是对于教条主义和奴役的一种肤浅的反动呢？

这里面确实有某种特定的反动，然而那也只适用于人文学科的某些圈子，你在这一点上是对的。但是历史学家们迄今为止对于吸纳后现代主义并不热切。后现代主义只是与他们擦肩而过。需要强调指出的是，即便他们开始熟悉了那些符合后现代主义某些要求的论著，在数量上也一直是并非后现代主义的文献、按照传统的规则来写作的著作占上风。它们往往不过是表现了人们对于新奇东西的探求，即便它们激发了人们的思考。似乎与人文学科相关的学术圈（我在这里只限于谈论他们）要以特定的防御机制来抵抗后现代主义的种种极端。历史学家们大概意识到了，采纳后现代主义最激进的主张，结果就会是多少世纪以来占据了主导地位的那种历史学的毁灭。可是，我并不想要让你认为，我低估了后现代主义所带来的种种灵感所具有的重新点燃生机的作用。我只想要说，在我看来，历史学家们不会接受他们的历史写作的终结、历史学中时间轴的取消、历史叙事与文学叙事之间边界的消除。

你能更详细地谈一谈你对于历史学中的后现代主义的态度吗？

我认为，不应该把后现代主义看作一种完备的学说（顺便说一句，这种说法是后现代主义者所不会接受的），而是要看作某种趋向，或者说某种哲学的、艺术的和思想的连续体，它的一端可以是不那么激进的对于现代主义的质疑（比如说，人们所认为的历史著作主题所发生的变化，排除了一切形式的中心论和利奥塔的元叙事），在另一端，则是更加激进的主张，认为真理范畴要被自由范畴所取代，或者意义的分布要被对于它们的解构所取代（就像在德里达那里一样），并且不同类型的智力活动之间（像是历史叙事与文学叙事之间）的边界变得模糊不清了。照后现代主义者的看法，我们不应该在（古典真理观意义上的）可能最真的知识的基础上，而是要在人类共同体的实践经验的基础上来行动。后现代主义的挑战可以用激进程度不同的各种方式来加以解释。比如说，希拉里·普特南（Hilary Putnam）的真理观就认为，真理、共同体和社会实践是一起发生作用的。无论如何，后现代主义所带来的挑战是我们所面临的主要的挑战，这个世界对它很难冷漠相待。就像我说过的，我不认为，历史学家作为一个职业群体，会接受极端形式之下的后现代主义，因为那就意味着从一种教条主义（只有一个唯一的真理）转到了另一种教条主义（相对主义和完全没有了支撑点的教条主义，尽管它在历史上不过是过眼烟云）。

我想要说明的是，源自于后现代主义的启示，有助于我们抛弃掉某些根深蒂固的看法。它当然是一场思想

122

震荡，让我们重新考虑很多东西。后现代主义的很多观念，将会成为人类思想成就的组成部分，然而这一潮流中那些激进的代表人物们，或许只能取得心理史家所取得的地位，那是一种特殊派别的地位，其中的成员都深信他们的教诲是绝对正确的。今天，心理史学完全被推到了边缘，在历史学家当中几乎没有得到什么支持，而在不久之前它的代表人物们还在相信，他们拥有解释历史的唯一良方。在我看来，激进的后现代主义者们能否成功地从哲学中取消本体论、认识论（还有理性时代留下的遗产）和逻辑学，及其真理范畴、集合论等，并以对于文本——没有作者的制造品——的解构分析来取代所有这一切，是大有疑问的。

眼下我们可以看到很多饶有趣味的变化，让我们重新思考很多东西。迄今为止，他们在历史哲学领域比之在历史学领域本身走得更远。（亨佩尔和其他人所赋予它的）经典形式下的分析的历史哲学实际上已经不复存在。一种新的历史哲学（叙事主义的以及或许还有后叙事主义的）正当其时。

经典形式下的分析的历史哲学实际上已经不复存在。一种新的历史哲学正当其时。

123

你觉得这种新的历史哲学中最富成效的东西是什么呢？

就我对这个问题的看法而论，在历史叙事中我们可以分别出三个主要的层面：提供知识的（informative）和逻辑的；修辞的（在劝导和论题意义上的）；以及深一层的，理论的和意识形态的，它支配着其他两个层面的形成。

在某种程度上，分析的历史哲学是到了阿瑟·丹托奠基性的著作《分析的历史哲学》(*Analytical Philosophy of History*)之后才开始研究叙事的，它只关注上述层面中的第一个，主要涉及的是解释模式。由于历史学家们没有加入历史哲学家们揭示历史学的解释模式的工作中（在大多数情形下，他们没有做好干这件事情的准备），这项工作就脱离了历史学家的实践。这就是它在很大程度上，是用从他们各自的历史语境下抽取的例证来捣鼓一番的缘故。这就意味着片面的视角，它常常因为对于历史学家的实践缺乏深入的了解而产生歪曲。然而，那些研究并非徒劳。人们并没有失去什么东西。相反的，对于我们建立起一种新的历史哲学而论，它是一项可观的成就。

　　主要从解释的角度来考察历史学家的工作，未免有些夸张。然而，历史学家不会抛弃解释，这一点却是毫无疑问的；那也就是要回答"为什么？"这一问题。在解释问题上，分析的历史哲学的弱项在于，相信其中所发现的模式的解释能力。在我看来，新的叙事主义历史哲学的重要成就在于，对于那些模式在认知方面的价值提出了疑问。因为它们中的每一个背后都有同一个神话，也即，相信实在可以通过借助于那些模型而得以描述和解释。亨佩尔径直提出，倘若我们成功地将假定的原因与普遍规律连接起来，就达到了历史学中完备的解释。那种方法似乎不可动摇。然而，新的历史哲学让我们认识到，对于那些因素的寻求乃是约定俗成的，是一种武断随意的活动。其进行过程的特点是预先就假定了

124

的乐观主义看法。可是，实际上在解释的程序中，由于事情的性质使然，比之在描述事实的程序中有更多修辞性的东西，后者与其经验性的基础有更加密切的关联。

分析哲学给人留下的印象，是它在解释上有更大的"科学性"。然而，人们必须了解，对于一个历史学家要放到比如法则-演绎模型中的事实的寻求，事先就被他对于人和世界的看法，他那社会中盛行的习俗（包括语言习俗）所引导着。因此，在这里我们并没有什么"客观的"程序可言。

在我看来，与历史学相关的后现代主义转向的重要性，首先就在于怀疑主义的加强，对那种天真的认知的确定性提出了质疑。在某种意义上，那就意味着解构。

你对真理问题又是怎么看的呢——那或许是目前最棘手的问题？

我想强调的是，与比如说安克斯密特在他的《叙事的逻辑》和怀特在他不同的论著中所倡导的观点相反，我认为，真理概念不仅适用于对于单个历史事实的陈述，而且也适用于叙事实体；也即，作为整体的历史叙事。尽管对我来说，已经不可能再回到古典的真理观，也即数世纪以来建构起来的科学观——那指的是围绕着笛卡尔的理性主义和休谟的经验主义所界定的轴心的科学，我还是这么看的。我们也不可能再回到古典的分析的历史哲学。然而，将真理范畴限制在只适用于单个陈述，反对将其用于更加整全的叙事性整体之上，这样的做法会碰上无法逾越的障碍。在历史叙事中，并不存在

不可能再回到古典的真理观。也不可能再回到古典的分析的历史哲学。

什么孤立的陈述。所有陈述都以多种多样的方式相互关联，而且它们中的每一个都包含着更加普遍的成分。人们当然可以考察单个的历史陈述的真实性。然而一旦它们成为一个叙事的要素，此种可能性就消失了。因此，根本就不要将真理范畴运用于某个历史叙事，要么就得出结论说，它从属于这样的整体。当然，在后一种情形下，我们就得对这么一个极端复杂而迄今尚未解决的问题进行分析，那就是，要对适用于一个完整的叙事而非单个陈述或者单个陈述所构成的片断的真理的性质进行界定。这意味着要对可以称之为叙事性的真理的性质进行界定。这样的真理，并不是人们在建构其叙事时所追求的唯一的真理，并且人们借助它来对其有限的各种形式做出评判。在我看来，那会是一个有许多张面孔的真理；也即，一种要不断经受验证程序考验的多元的真理。达到此种真理的标志，是要寻求尽可能广泛的共识。这就是说，对此种（作为多元真理而发生作用的）真理进行比较的标准，在于对不同叙事的经验基础以及它们的方法的有效性进行比较。换句话说，那种叙事性的真理（在很大程度上我们对其特性依旧不了解）同时既是融贯的又是实用的。它假定了特定共同体的成员们会对它做出理性的决定。它也假定人们之间要不断地交流各种见解。即便这样的真理也不会拒绝与实在发生关联，而那一实在（或者在历史学家而言，那就是过去的实在）不能被视为某种"客观地"存在着的东西，对它而言，历史学家始终是"外在"的；也不能将其视为

125

某种已经完成的，等着人们去研究的东西。它不过就是历史学家们共同建构出来的某种东西。共同建构（co-construction）的意思并不是建构（construction）。在前者那里，经验性的基础总是在场的：我们关切的是与"实在"的一场游戏。在后者那里，超越句子层面的建构物的形成却不是这样一回事，因为实在在这里并不在场。当然，指涉并非总是对着实在本身，而是我们（历史学家）对它的知识，包括对于史料的知识。

指涉并非总是对着实在本身，而是我们对它的知识。

因此，即便我并不相信那种将真理标准对于历史叙事的适用性进行限制的企图，我还是认可新历史哲学针对古典真理观提出的批评，而那种真理观正是分析的历史哲学基础性的认识论假定。

你认为，此种"重新评估"的结果是要对历史哲学的目标和任务进行修正吗？

我不这么认为，尽管看起来在今天，在一个对于我们理解过去的可能性越来越保持怀疑态度的时期，再加上人们对于历史学家研究和写作过去的过程有了更加深入的洞察，历史哲学的任务更加重大了，但它的目标保持未变。

历史哲学的任务始终是让历史学家认识到他们在做的事情是什么。

历史哲学的任务始终是（尽管人们以不同的方式来阐释）让历史学家认识到他们在做的事情是什么。这是历史学家的视角。对于历史哲学家而论，历史学家的实践和他们的历史叙事不过就是研究和反思的对象，恰如别的任何对象一样。

126

可是，你为什么认为历史哲学的任务比之在分析的历史哲学当道的时候要更加重大呢？

首先，我们必须认识到这其中的差异。指引着分析路向的历史哲学家的工作的基本假设，与历史学家自发地接受的那些假设或多或少是一样的。它们基于这样的信念：历史学家外在于他所研究的实在，从属于那一实在的只有一个单一的或独一无二的真理，真理的获取是通过语言的中介而达成的，语言是我们的理解的良好中介。于是，就基本预设而论，在历史哲学与历史学之间就没有什么分歧。历史哲学对历史学家们自身（多少明确地）所认为的历史学家的实践进行反思；因此，指引着分析路向的历史哲学家的研究的古典的真理观和关于语言的镜像论，继续指引着大多数职业历史学家的活动。尽管后者整体上并没有表现出对于一般性方法论和理论反思的任何重大兴趣，他们的陈述和文本（比如说评论）表明，他们依然相信，他们是在追求真理和对于过去的客观表现。

如今事情要更加复杂得多。新的历史哲学要履行一个和历史学相关的特殊使命。要害不仅是要让历史学家注意到他们所做的事情，而且还要重构他们的意识，那意味着要指引他们的自动反思走上新的路径。那将有助于历史学家们从一个更远的距离来考察他们自身的研究及其成果，培养起一种反讽的态度（在那个词的修辞学意义上），对他人所宣称的真理更加开放，并且付出更大的努力来达成学界的共识。这种新的意识的标志，应

127

该是赞同不同真理之间的流通，相信它们在其出发点上是彼此平等的，不要有先入为主的信条，认定某个人乃是唯一能够认识真理的人。

进而言之，历史学家们还应该摒弃那种史料给我们展示了真理的信条。我从事历史研究越多，就越发相信，那是一种对我们有害的神话。那种假定既充满了乌托邦色彩，又是谬误的。然而，历史学家自身是不会抛弃那种假定的。因此，就必须向他证明，史料和历史叙事二者都承载着主观性的因素。可以打个比方说，在传统哲学中，史料是一条将历史学家与过去连结起来的道路。可是在我看来，这样的道路并不存在。存在着的只是四处游走的历史学家们所依循的许许多多艰巨难行的路径。他们彼此之间交流着相互冲突甚至是有意误导人何去何从的信息，而在地平线上他们看到的只是迷雾笼罩中的些微亮光。

因此，所有东西都需要人们不间断地进行批判。让我再重复一遍，此种依然没有名号的新的历史哲学（我本人称其为既非叙事主义的，亦非后现代主义的，因为它应该让不同的趋向融合在一起），要和历史学家一道，抛弃古典的真理观和语言观。哲学应当全神贯注地让历史学家们认识到，前面所谈到的那些假定是谬误的，它们绝非坚如磐石。

但是，我们看到，理论家们越是企图证明历史学家们传统上所接受的那些假定——比如说古典的真理观——的错误性质，历史学家们就越发执着于他们的信条。并没有多少严格按照后现代主义的精神来写作的例子。少有的几个例外就是人们时常引证的福柯和人类学化的历史学（anthropological history）的代表人物：勒华拉杜里、卡洛·金兹堡、娜塔莉·泽蒙·戴维斯、西蒙·沙玛。

128

正如我所说过的，激进的后现代主义标准的运用，实际上就意味着历史学的终结。只需设想一个历史学家，亦步亦趋地依循着伊丽莎白·迪兹·厄马特（Elizabeth Deeds Ermarth）在她的近作《历史的余波》（*Sequel to History*）中所写的内容。那将是一个丧失了编年轴的叙事，更其是哲学性的而非历史性的，更多地关涉普遍性问题而非过去，接近于后现代主义小说。然而，那不是我们所追求的东西。我个人不认为历史学中有什么发生巨大变化的必要性。就让历史学家照他们往常那样去做吧，可是，也得让他们认识到他们所做的事情和他们所写的东西的价值。

有人将福柯视作后现代主义者，在某种意义上他们是对的。不管怎么说，他当然是后现代主义的一个前驱。可是我们得考虑到他的作品中的两种趋向。一种是他提出了考古学的方法（《词与物》），后来又更加集中在话语上（《知识考古学》）。另一种则是以严格的历史学抱负来撰写的著作（比如说，《疯狂史》）。后者就其与后现代主义的重要标志——比如摆脱了焦点性的主题，研究从前被视为边缘性的问题；比如研究疾病、囚徒等等——相吻合而言，乃是后现代主义的。它在导向后现代主义的趋向中当然有其一席之地。然而对那些边

就让历史学家照他们往常那样去做吧，可是，也得让他们认识到他们所做的事情和他们所写的东西的价值。

缘性问题进行历史写作的方法本身依旧是传统的。顺便说一句，福柯是想要得到历史学家的身份的。

或许这出于后现代主义首先是某种思想氛围的反映这一事实；它是一个涉及理论思考和哲学思考的精神性范畴。然而，历史学家们的实践似乎谨守传统而没有屈服于它的影响。

是的，就是这个样子。即便伊丽莎白·迪兹·厄马特，也是用传统语言来写作她的后现代著作的。再来看一看海登·怀特的经典性著作，他的《元史学》。我会把这本书归入后现代主义的，然而是在非常宽泛的意义上。它也确定无疑地是结构主义的。其作者揭示了在他看来指导着历史学家们工作的意识的某些结构。这些结构显然就是文学模式，它们表明，同样的历史学内容可以被纳入不同种类的概念化之中；也就是说，可以被解释为喜剧或悲剧。这样的研究路数当然很新颖。它让人想起了福柯的认识型，然而，怀特走得更远，他指出了历史编纂中概念化的相对性，而那在福柯写作其《词与物》时还是没有的。

怀特的著作进一步激发了人们，去探索能够解释历史学家们的叙事何以出之于这一种而非那一种建构的机制。结果让人振奋。我只提一下安·里格尼（Ann Rigney）的极有意思的著作《历史表现的修辞》（*The Rhetoric of Historical Representation*），这本书分析了三个历史学家的文本及他们对法国革命的不同解释。比如说，他们中的一位从发动攻击的人群的视角出发来考察巴黎的叛乱，并且表现了这些人群的英雄气魄，另一位则从那些保卫国王和王室的人们的角度出发，展现了他们的受难。这就向历史学家们表明，同一个事实可以以不同的方式来加以解释，并且与它有关的真理乃是相对的。于是，对某一个事件就可以像里格尼所做的那样，从不同的视角来加以描述。人们只能够选择恰当的修辞来传达历史信息。就此而论，在被描述的事实仿佛保持不变的同时，向读者告知这一事实的方式却是变化不定的。

可以说，一个特定的历史叙事越是远离利奥塔所谓的"元叙事"，它就越是后现代主义的。因此，解构了诸如民族、国家、爱国主义和民族主义这样的理论概念的著作就是后现代主义的。它们追求的是没有一个中轴的分散的描述。比方说，詹姆斯·斯科特（James C. Scott）在他的《弱者的武器》（*Weapons of the Weak*）中，就试图将农民的反抗化约为个体的和地方性的行动，并借此取消了由一个共同的意识形态指引着的集体行动的概念。这类研究中所呈现出来的历史（还可以引证有关爱尔兰争取独立的斗争的类似著作），就变成了由其自身动力所支配着的各个单独事件的集合。倘若一个历史学家要从此种看法——真理范畴的适用性限制在对于单个事件的陈述——推出一个逻辑上的结论，也就是说，倘若他想要立足于坚固的事实基础之上，同时又要切断对于凌驾于这些事实之上的虚构性的——借助于那些看法——上层结构的创造的话，这就是他应该做的事情。

一个特定的历史叙事越是远离利奥塔所谓的"元叙事"，它就越是后现代主义的。

这类研究中所呈现出来的历史就变成了由其自身动力所支配着的各个单独事件的集合。

130

那么，你是否认为勒华拉杜里和金兹堡的著作可以与后现代主义联系起来呢？

他们是否可以与后现代主义联系起来并不要紧。然而，确定无疑的是，勒华拉杜里和金兹堡的微观史（蒙塔尤的生活和磨坊主梅诺丘的故事）让我们更好地理解过去，而这最好不过地说明了公众对它们的欢迎。因为，如果一位历史学家写作一部综合性的著作的话，他就会在更具一般性的层面上来使用历史素材，并且因而丧失掉与个体的接触。但如果他降到一个更低的层面，比如说，微观的层面，读者就会经由他的文本的中介而强烈地感受到历史。历史学家会发现，这样更容易使自己认同在生活在他所描述的那个时代的人们。历史就以这样的方式更加直接地到达读者那里，而没有受到历史学家各种意识形态的干预。在这样的情形下，读者的自由就更大了。

可是，回到你的问题上，《蒙塔尤》和《奶酪与蛆虫》并没有打算成为后现代主义的著作，即便它们表现出了人文学科中某些新的趋向。它们是新的研究路数的与众不同的先行者。那就是即便它们是以后现代的精神来写作，也没有抛弃掉元叙事的缘故，那正是它们为后现代主义者们所诟病的地方。勒华拉杜里和金兹堡让人类个体距离我们更近了。因为有了他们，我们在其当下的行动和日常的忧虑中看到了那些人。这样一来，那些人对我们来说就非常亲近了。

毫无疑问的是，后现代主义必定在一定程度上要回到存在主义，复原这样一些观念：感受历史，将自身认同于生活在过去的人们，以及历史学家和他所写作的人们之间的情感纽带。这是否意味着回到狄尔泰式的理解呢？

在一定程度上是这样，可是问题要更加复杂。实证主义通过将历史学与自然科学置于同样的立足点上，就使其非人化了。然而，结构主义如出一辙。福柯驱逐了作者。德里达做的事情也大同小异。这透露了后现代主义中的两种趋向——其中的一种与此种非人化联系在一起，另外一种则转向了个体。在实证主义中，有规律性、过程、用大写字母 H 拼写历史（History），人类仅仅作为其要素而存在。结构主义也一样。然而，仿佛如果历史学家们屈从于后现代主义思想氛围的影响，他们就愿意追随那种存在主义的趋向。

131

你如何看待历史学与文学之间的联姻呢？许多研究者乐于撤除将这些学科彼此隔离开来的樊篱。尽管它们之间的分别似乎一目了然，却很难找到有关那一分别究竟何在的明确见解。

我认为，在历史叙事与文学叙事之间存在着一个本质区别，以及在特性上相对而言的若干不同。当前对于历史哲学和后现代主义的反思促使我们认识到，这两种类型的叙事之间的区别在许多方面都变得模糊不清。历史叙事和文学叙事之间的本质区别在于，历史学家不能够虚构单个的事实。他不能够有意在他的叙事中，纳入由经验基础而来的虚构。相反，一个文学家则可以在他

历史叙事和文学叙事之间的本质区别在于，历史学家不能够虚构单个的事实。

的文本中，纳入对于此种事实的描述。历史叙事和文学
叙事就其解释和超越事实的层面而论是相似的。这里并
没有本质区别。另一方面，倘若我们注意的是真理范
畴，在历史叙事中经验性的基础应该是"真的"，而在
文学叙事中，作者只要追求可以称为（与情境、事件、
人物相关的）类型学上的真就可以了。这与对于事实上
的真理的要求没有关系。这一分野看似清楚明晰，实际
上却并非如此。因此，就有了历史学家以某种类似于文
学家所作所为的方式，在经验基础上建构出来的东西。

132　　　在历史叙事与文学之间也有着程度上的差别。我要
说到的是最重要的两个。一个关系到叙事观念本身，另
一个则与它们的时间内涵有关。历史的"生成"（be-
coming）在大得多的程度上是在文学叙事中得到展现的。
它展现了人们做出决定的机制，它包含了对话，深入了
人的意识。历史学家没有这样的机会，尤其是因为缺少
适当的史料。德罗伊森抱怨过这一点，他强调说，历史
学家永远也不能像莎士比亚那样透视人物的内心。这不
是内在地与历史叙事联系在一起的东西，而是历史研究
的经验基础的特性所带来的结果。历史学家或许很乐
于，比如说用对话来使自己的叙事更加生动，然而他却
不被允许这么去做，因为他不被允许去虚构东西。倘若
史料提供了可能性的话，历史叙事中也会出现对话。勒
华拉杜里在《蒙塔尤》中引用了很多对话，因为他在宗
教裁判所的档案中发现了它们。或许《蒙塔尤》正是因
为与文学更加接近，才成了畅销书的。

第二种区别与对待时间的方式有关。在后现代主义的小说中，作者用不着考虑编年轴。他自由地在时间中穿梭往来。相反地，历史学家即便是在同时性的叙事中，也必须考虑到确定的时间。他被时间所束缚，尽管他可能会以不同于编年纪事者的方式来提及时间，因为他是在一个时间性的视角中来观察他所研究的事实的。阿瑟·丹托在这里看到了历史叙事所独具的主要特征。情况的确就是如此，可是历史小说的作者也可以以回溯的方式来观察他所描述的时间。正是因为这个缘故，在我看来，历史叙事与文学叙事之间的本质区别，同时也是前者的主要特征，不在于它们是在时间视角中来书写，而是在于它们的事实性基础并非虚构的。

你不认为，文学与历史学之间边界的废弛，是由于重心从认识实在的方法转移到了认识的目标吗？我们是否应该得出结论说，目标在于获取对于实在的知识，对它的感受——那么，历史学与文学(小说、诗歌)都能够达到这个目标呢？

133

我赞同，但那是一个非常不同的问题，关系到我们考察实在的不同方式在认知方面的价值。比如说，巴尔扎克的小说比之枯燥的历史著作，更能给读者以对于某个时代的感同身受的知识，这在我看来是不言而喻的。我不觉得在这里存在什么文学与历史学在认知价值方面的差异。对我来说，历史小说是最危险不过的。这种小说的作者，无法将自己与他们对于比之小说所设定的时间更晚时候发生的事情的了解疏离开来。这就是他们让

我不觉得在这里存在什么文学与历史学在认知价值方面的差异。

自己小说中的人物带上他们自己所具有的意识的缘故。历史学家当然也知道他所描述的事实所产生的后果，因为历史叙事总是在特定的时间视角下写作的。然而，他却不能将这样的意识赋予历史人物。如我所说过的，历史学家报道历史，而文学家则展现历史的生成。因此，历史叙事的强项（其作者对于后来发生的事情的知识）对于描述过去的文学叙事而言却是弱项。

能否告诉我，你最近读的书中哪些最让你着迷？

我的工作要求我对各种各样的书都要熟悉。这些书中的大多数甚至绝大多数都是我出于职业原因才读的，但其中只有很少几本让我看得很快活。我正在读翁贝托·艾柯的《福柯摆》（*Foucault's Pendulum*），但我发现它不如同一个作者的《玫瑰之名》那么引人入胜。我最推崇的是勒华拉杜里的《蒙塔尤》。我觉得这本书真是让人惊异不已。安·里格尼的《历史表现的修辞》和马赛罗·弗罗雷斯（Marcello Flores）的《想象苏联》（*L'Immagine dell'USSR*）也非常有趣，后者描述了西方知识分子对于列宁和斯大林时代俄国的态度。我还在读伊尔兹比塔·科维卡（Elzbieta Kowecka）的精彩纷呈的著作《波兰最节俭的权贵的宅邸》（*The Court of the Most Frugal Magnate in Poland*），此书讲的是生活在18世纪的波兰权贵扬·克莱门斯·布拉尼基（Jan Klemens Branicki）。

你对美国历史学家的研究又怎么看呢？

美国的历史学分化得很厉害。优秀的现代主义历史编纂，精确而量化的，仍旧很成功。例如，好些天之前，我收到了罗伯特·W. 福格尔（Robert W. Fogel）一部由计量史学方法出发的精彩之作，这本书也给人以历史感。书名是《研究营养状况、健康、死亡率和老龄化进程的长期趋势的新史料和新技巧》（*New Sources and New Techniques for the Study of Secular Trends in Nutritional Status, Health, Mortality, and the Process of Aging*）。

在我看来，沙玛的《富人的窘境》（*The Embarrassment of Riches*）是后现代主义史学的一个样本。书中对某些肖像的使用和对艺术的运用，让我觉得饶有兴味而又颇具启发性。娜塔莉·泽蒙·戴维斯的《马丁·盖尔归来》也同样吸引了我。这些书让我们从情感方面触及了过去。

近来经常出现这样的情形：我们眼中与后现代主义联系在一起的作者们，他们在研究中利用艺术，尤其是绘画。你是否留意到从现代主义的文字主义（modernist verbalism）到后现代主义的视觉主义（postmodernist visualism）的一场特殊的过渡？或许在将来，我们不再将自己的生活比作一部小说，而是比作一部电影。我指的是各种时间的交错、对真理的感性思考，以及对于实在的具体的、画面似的把握。

我想，未来也许如此。在我正在思考的历史学方法论中，我非常强调这一事实：我们必须考虑到叙事的视觉性的层面。历史学家不仅写作他的叙事，还唤起了某些图景。而且，人们还可以唤起听觉的甚至是嗅觉的印象。

再就是，尽管在历史哲学和历史学本身中可以看到这么

多有趣的东西，还是有人宣称历史学中存在着一场

危机。

我不认为历史学处于危机状态。我甚至不认为传统

史学处于危机之中。只不过是当代历史哲学让我们认识

到，在历史学的基本假设和新历史哲学的基本假设之间

存在着冲突。这一断裂是否意味着危机，端赖于我们怎

么界定危机。我觉得，我们将会看到各种各样写作历史

的方式并存共处，包括后现代主义的。那是件好事。

你发表在《现代主义与后现代主义之间的历史学》(*Histori-
ography between Modernism and Postmodernism*)上的论文的

题目"对历史叙事的非后现代主义的分析"（"A Non-
Postmodernist Analysis of Historical Narratives"），表明你

继续关注着历史写作。可是，你不认为近来人们对于语

言、话语和叙事的兴趣变小了吗？

你说得对。但我的看法不是要达到某种片面的叙事

主义的方法论，而是一种能够容纳分析的历史哲学的成

就的方法论。我将自己对于叙事的分析称为非后现代主

义的，是要强调我没有抛弃真理范畴(尽管它不是那种

天真幼稚的古典的真理观)，而且我没有抛弃作者和本

体论。我看到，从修辞的角度来看，历史叙事与文学叙

事彼此接近。就此而论，我将自己定位为当代史学理论

家中接近左边一端的，不那么激进。

然而却是在后现代主义观念的范围之内？

我不这么看。我的观念并非后现代主义的，尽管我在很大程度上赞同后现代主义取消主导性观念和追求选择自由的努力。但是，我并没有放弃认识论和真理。

你表现出对于希拉里·普特南的理论的兴趣。

是的。我认为，尽管他的真理观很显然在后现代主义中没有一席之地，它却标志着当今时代新的思想氛围。在我看来，那种观念在历史哲学中有引人瞩目的前景。

136

普特南的观念在历史哲学中有引人瞩目的前景。

我想强调，我认为后现代主义所带来的震动生气十足。然而，源于后现代主义的走得太远的相对化，让人们丧失了支点，而那是人们一直在找寻的。绝对的自由不是自由。

后现代主义毕竟是一种源于危机的局面。后现代主义如此之乐于称引的尼采强调说，使得某种新东西从虚无主义当中产生出来乃是必要的。

或许正是由于这个缘故，一切事物都受到了质疑。眼下我们看到的是混沌，其中将会产生新的事物。

在历史哲学中我们将会达到某种综合。后现代主义给了我们改变自己心态的机会。比如说，它表明，一个叙事应该被解释为某种形式的实践智慧，它自身对过去的看法，那是历史学家提出来供人们探讨的。

后现代主义给了我们改变自己心态的机会。

后现代主义可以成为一种新的关于生存（existence）的哲学吗？

后现代主义至少在某些时候，可以成为一种探究人类生存问题的方式。我个人也喜爱多元论和宽容。但是，我恐怕后现代主义会落得成为一个与批判性论证相近的学派的命运。在历史中出现过这样的事情。

可是，似乎依然有一种更大的危险：后现代主义是相对主义的肥沃土壤，不仅在认识论方面，而且在道德方面也是如此。

这正是我坚决反对抛弃真理观念的原因。对我而言，真理范畴也是一个道德范畴。它意味着，对历史学家来说，要力求诚实并服务于人类，不能满足于谎言或者真理的替代品。我将真理范畴视作人们在生活中所必需的支点之一。

真理范畴也是一个道德范畴。

137

波兰，波兹南

1993 年 10 月 23 日

由 Olgierd Wojtasiewicz 翻译

论著选目

Methodology of History, trans. Olgierd Wojtasiewicz. Warszawa: PWN, 1976.

Toeria wiedzy historycznej［Theory of historical knowledge］. Poznań: Wydawnictwo Poznańskie, 1983.

Historiography between Modernism and Postmodernism: Contributions to the Methodology of Historical Research, editor. Amsterdam: Rodopi, 1994.

The Manorial Economy in Early-Modern East-Central Europe. Aldershot, UK: Variorum, 1994.

"Historical Narrative: Towards a Coherent Structure." *History and Theory,* Beiheft 26: The Representation of Historical Events, 1987: 75-86.

"The Concept of Theory in Historical Research." *Storia della Storiografia* 1 (1988): 67-79.

"Was ist historische Methode." In *Historische Methode,* ed. Christian Meier and Jörn Rüsen, 100-113. München: Deutschen Taschenbach Verlag, 1988.

"Polish Historians and Marxism after World War II." *Studies in Soviet Thought* 43 (1992): 168-183.

"Types of Historical Narratives from the Point of View of Their Temporal Content." In *A Speical Brew...Essays in Honour of Kristof Glaman,* ed. Thomas Riis, 73-89. Odense: Odense Univ. Press, 1993.

"Historians Look at Historical Truth." In *Epistemology and History,* ed. Anna Zeidler-Janiszewska, 405-417. Amsterdam: Rodopi, 1996.

"The Commonwealth of Scholars and New Conceptions of Truth." In *The Idea of the University,* ed. Jerzy Brzezinski and Leszek Nowak, 83-103. Amsterdam: Rodopi, 1997.

约恩·吕森

在过去之中有许许多多开放着的将来。

能否谈一下你对历史的兴趣是如何开始的吗？ *138*

　　是从我高中时候看历史小说，而不是在教室里面上历史课开始的。就学术发展这个层面来说，我最初的兴趣不是历史而是哲学。我写的博士论文是哲学的。我研究的主题是古斯塔夫·德罗伊森。他是一个历史学家，但他却写了史学理论方面最重要的著作之一，他的《历史知识理论》（*Historik*）。[1] 我的论题跨越了哲学和历史两个学科的边界。我主要的兴趣在哲学，然而在学生时代和开始在大学教书的时候，哲学让我觉得有一点儿不大自在了。它常常与人们所谓的真正的生活问题距离太远，于是我认为只搞哲学是不够的。在我看来，历史是一个可以使实在靠哲学更近的领地。我的哲学兴趣受到 1950 年代后期和 1960 年代初期在科隆讲授的那种哲学很深刻的影响。哲学主要是出之以哲学史的形式。所以说，在我的学术兴趣当中一直就有历史的印迹。

我主要的兴趣在哲学。

什么或者谁是给你启迪的主要源泉？

　　对我而言，宗教是一个主要的问题来源。通常的情形下，宗教是一个人们得到答案的地方。对于我，宗教

对我而言，宗教是一个主要的问题来源。

---

　　[1] 德文考订版 *Historik*，由 Peter Leyh 编辑，共三卷，已出版第一卷（Stuttgart, 1977）。中文节选本见胡昌智译：《历史知识理论》，北京大学出版社，2006 年。——译者注

139

却是一个提出问题的地方。或许这就是我认为研究历史
的唯一正确的方式乃是哲学的方式的缘由所在，因为这
样的话，它就总是与有关内涵和意义的根本性问题联系
在一起。传统上意义和内涵的领地是宗教。然而，在现
代社会中，宗教的角色颇为暧昧。因此，它可能更多地
是提出了问题，而不是给出答案。

给我启迪的另一个源泉是德国哲学传统：像是康
德、席勒、黑格尔、费希特这样的哲学家，以及海德格
尔和胡塞尔这样的现代哲学家。我受到的启迪主要来自
德国唯心主义，来自尤尔根·哈贝马斯和马克斯·
韦伯。

我受到的启迪
主要来自德国
唯心主义，来
自尤尔根·哈
贝马斯和马克
斯·韦伯。

你不认为你这里提到的哲学家们(我首先想到的是德国
唯心主义)所提出的观念是完全适应于"后现代状况"
的吗?

在某些方面的确如此。比如说，席勒作为历史学教
授的有名的就职演说"何谓世界通史以及研究它的目
的"（"Was heists und zu welchem Ende studiert man Uni-
versalgeschichte"）就包含了我们可以称之为后现代的某
些论证要素。其中蕴含着他的洞见卓识，也即历史是由
人类精神而非纯然由过去实在建构的某种东西。康德论
普遍史的短文《世界公民观点之下的普遍历史观念》
（"Idee zu einer allgemeinen Geschichte in weltbürgerlicher
Absicht"）也是如此。这份文本比之后现代主义的历史
概念或者"后历史"（posthistoire）的概念给了我更大的
启发。

然而，在后现代语境下为了我们自身的目的而运用哲学家的活动有其局限性。我所谈论的这种传统，是一种在涉及历史时从哲学上将理性阐明为人类最高天赋的传统。与此相反，后现代性的特征乃是对于理性的激烈批判。这种批判很重要，因为我们知道，理性在现代历史上扮演了一个暧昧不清的角色。成千上万的人们被以理性之名杀害了。可是，另一方面，我们也不应该忘记，在反理性和非理性的名义下——纳粹意识形态是其蕴涵最丰的样板——被杀害的人还要更多。回到理性哲学的传统，主要是回到康德，在当前的史学理论中，可以让人们认识到如何来将理性及其真理标准概念化。为了避免在实际生活的文化取向的框架内出现灾难性的意识形态后果，我们需要的是一种特殊性质的理性。

> 理性在现代历史上扮演了一个暧昧不清的角色。

> *140*

你表现出对于叙事主义的历史哲学和后现代主义的怀疑态度。你不是后现代主义者。你也不属于史学理论中的分析传统。那么，你在当代史学理论中所持的是什么立场呢？

我不会说我怀疑叙事主义。在德国历史研究和元史学的语境中，我一直是在为叙事主义说话，因为我坚定地相信，历史知识有其叙事性的结构，而从认识论上说，此种叙事性结构的特性在于它是人类文化一个特定的领域。即便是在视觉的前语言的或者元语言的层面上来说，叙事的逻辑也是历史意识的一个基本要素。

> 历史知识有其叙事性的结构。

叙事主义在史学理论上是一个重要的推进。它给人文学科中历史学科的特性带来了新的见解。历史意识通过叙事的心理程序将实在概念化。然而，与此同时，我也试图维系在研究过去和历史经验时关注合理性（rationaltiy）与理性（reason）的史学方法论和史学理论的传统。我批评叙事主义，因为它忽视了方法上的合理性和真理标准；我批评对于历史的科学主义研究路数，因为它忽视了作为历史意识基本程式之一的叙事。

我的立场，是试图将当前历史学家和哲学家的讨论中相互对立的史学理论和史学方法论里的两种路数综合起来。一方面是叙事主义，一方面是科学合理性，我企图弥合这二者之间的鸿沟。

一方面是叙事主义，一方面是科学合理性，我企图弥合这二者之间的鸿沟。

在近来的研究中，我试图提出一个完整的"历史文化"的概念，以便对历史意识、历史思想和历史在人类生活中所发挥的作用有一个更加复杂的反思。在致力于将历史文化概念化的时候，我试图超出有关历史学和历史思考的学术话语之外。我还要考察历史记忆在人类生活中所发挥的实际效用。由此出发，元史学带来了主要与政治和审美相关的、对于历史意识的非认知性的方面和实际运作的新认识。

141

与你本人的想法最接近的哲学家是谁？

德罗伊森与我的思考最为接近。

就元史学的传统而论，德国历史学家德罗伊森与我的思考最为接近。在某种意义上，我将自己视为他的弟子。这不是说，我是在鹦鹉学舌地重复他对于历史研究中基本问题的探究方式，并且维护其在人文学科语境中作为一门学术性学科的独有特性。我试图将 20 世纪特定的历史经验引入德罗伊森《历史知识理论》的论证框架之中。在对历史研究的话语的重建中，当面对经验——主要是大屠杀的经验——时，如同丹·戴纳（Dan Diner）在解释大屠杀时所说的"文明断裂"的问题就出现了。问题在于如何看待在赋予历史以意义的精神程式中大屠杀之全然无意义的问题。

元史学要不断地提出问题：什么使得历史具有意义？在历史研究中维护理性和合理性，就使得本世纪负面的历史经验缺失了意义。面对20世纪历史经验的负面性质，我们就必须针对历史中缺失意义的经验，来重新建构我们的历史思想的观念。这也许是一种典型的德国式的态度。你知道，大屠杀始终萦绕在许多德国知识分子的脑海之中。

我不认为那是典型的德国式的态度。大屠杀或许是人们讨论中一个最浅近的例子。我们需要恢复一种哲学人类学，并且寻找一种有助于人们找到他们生存意义的"新的历史哲学"。

你说得对。当马克斯·韦伯阐述他关于理性化普遍进程的著名论点时，他谈到了"祛魅"（disenchantment），因而就指向了人们对于无意义的日渐增长的意识。正如尤尔根·哈贝马斯最近（《意义源泉的干枯》[*Austrocknen der Ressource Sinn*]）所描述的，意义的源泉已经干枯。历史学家无法创造价值。正如马克斯·韦伯所说，他们不是先知，他绝对说得不错。历史学有创造意义的任务，这完全是无稽之谈。它无法创造，它只能转换意义。我们所能做的只是在意义的源泉中缅怀过

142

历史学家无法创造价值。他们不是先知。

去。在过去的镜子之中，可以看到我们拥有什么意义和内涵的源泉。我们要保存过往创造意义的产物，使之有助于当前的生活。这就是我认为宗教史至关重要的原因之一。在所谓的"新文化史"中有一个欠缺：我们需要更多地了解人们的宗教生活。我们需要更多地知道人类生活中宗教意义的实际层面。

我们需要更多地知道人类生活中宗教意义的实际层面。

总的来说，我们应该更加关注过往人们的日常生活中的象征形式。有很多书是关于这个方面的。我觉得，法国学者在这方面独领风骚。所以，我要说，要回到——比如说——伊利亚德（Eliade）。

引证伊利亚德在眼下很重要，因为我们运用他的著作来搞清楚什么是必需的。伊利亚德和其他一些人，比如说鲁道夫·奥托（Rudolf Otto），将前现代的世界描写成了意义和内涵的源泉，并将它与丧失了意义的现代社会对立起来。在我看来，有宗教的意义丰富的前现代世界与没有宗教的无意义的现代世界之间的根本对立，并没有多大的说服力。召唤一个已经失去了的充满文化珍宝的世界，是20世纪20年代的知识分子当中很典型的现代主义态度，带有一种颇成疑问的、反现代的印迹。伊利亚德重新将宗教作为一种意义的源泉而收藏起来，这在今天是必要的，就像它在20年代也是必要的一样。然而，他是以一种反历史的和片面的方式来这么做的；反历史，是因为他将前现代的世界置入了一幅缺乏内在的时间动态的画面之中；片面，是因为他先入为主地认为现代社会根本上缺乏宗教的创造性，并且完全忽视了它特殊的意义和蕴涵的源泉。伊利亚德将宗教非历史化了，而在这个方面，我们不应当追随他，尽管回想在前现代甚至在古典社会中宗教所具有的精神力量，仍然让人心驰神往。我们要将宗教历史化，将其内在的时间动态放到时间运动之中。只有从这样的视角出发，它才能在单纯的补偿作用之外还有所作为。以历史记忆来补偿意义的缺失，并没有多大的意义。为了谈论宗教，我们就必须在过去和现在之间有一个时间性的内在关联。马克斯·韦伯在其宗教社会学中，给我们提供了历史地对待宗教的一种更加让人信服的范式。

在你的新作《元史学研究》（*Studies in Metahistory*）中，你探讨了历史在人类文化中所扮演的角色。你觉得，历史学作为 *magistra vitae*［人生之师］的传统任务是否正在发生变化？

我要说：是又不是。说"不是"，是因为我们知道 *historia vitae magistra*［历史为人生之师］的口号反映了某种特殊的历史思维，那在英国政治家和历史学家博林布鲁克爵士的这段话中体现得淋漓尽致："历史是以例证来教育人的哲学。"历史在这种思维中有着十分特殊的作用。它呈现的是在特定地点和特定时间所发生的单个事情，而这些事情证明了（"教给人"）人类生活和行为中的普遍规则。于是，了解历史就意味着能够把握实际生活的规则；也即关于政治的，还有关于道德的规则。历史教给人这些规则，并且与此同时教给人一种将这些规则运用于具体事情以及从单个事情中得出普遍规则的

143

以历史记忆来补偿意义的缺失，并没有多大的意义。

"历史是以例证来教育人的哲学。"

能力。

这是历史思维中一个非常奇怪的模式。我相信，它是与发达文明的文化成就一并出现的。某些最初的因素在巴比伦就已经可以看到。然后它成为所有发达文明中历史思维和历史记忆的主导型的文化形式，直到现代社会以及现代历史思维发展起来。在我关于以叙事赋予历史意义的四种基本类型的理论中，*historia vitae magistra*［历史为人生之师］代表着范例的类型。在现代社会中，另一种类型的历史思维占了上风，所以，*historia vitae magistra*［历史为人生之师］如今不再是能说明历史思维特征的口号。我们无法沿用这个口号的主要原因是，历史没有教给我们，在过去经验的广阔范围内被人们研究和验证的具有超越时间的有效性的规则；情况恰恰相反：它教给我们的是，这些规则自身在时间过程中是变化着的。

说"是"，意思是就你的问题而言，无论如何，历史在实际生活的文化取向中发挥着必不可少的作用。没有历史，人们就无法从时间变迁和发展的角度来整理他们的生活。

这些都是理论上的考虑。你认为，职业历史学家们意识到这些问题了吗？

历史思维的职业化，导致了专家的研究与历史记忆在文化生活中所扮演的角色之间的鸿沟。然而，在一个极为根本性的层面上，即便是职业历史学家也依循着实际生活所需要的取向的指引。历史研究中真正激动人心

历史教给我们的是，这些规则自身在时间过程中是变化着的。

144

的问题来自何处？是什么东西激发了新的、引人入胜而
又妙趣横生的问题？它们来自于历史学家的生活语境。
比如说：今天我们受到了现代化的出乎意料的后果，受
到所谓进步的折磨。进步越来越受到根本性的、批判性
的质疑。于是，历史研究开始提出新的问题。比如说，
现代化在文化和社会方面付出的代价的问题，人们在文
化上如何与他们生活中所受到的限制相谐调的问题。这
样的问题导向了目前人们所说的"新文化史"、微观
史、日常生活史。这种新的质疑产生了对于过去的历史
意义的一种全新的观念。（进步之外的）新的历史意义
回答了当前生活中新的时间经验所提出的挑战。新的历
史解释概念，不仅仅是专家们在某个学术领域提出的问
题的结果。我们考察史学史时可以看到，历史思维中每
一次实质性的进步，都是与历史学家当前生活中的变化
相伴随着的。

这是否就是你目前对历史文化特别有兴趣的原因？

历史文化意味着历史记忆在我们生活中总体而论所
扮演的角色。它涵盖社会生活的全部领域：人的、群体
的和社会的，甚至于整个文化的生活。就其被人们对于
过去的记忆影响和决定而言，历史文化就是人类生活。
每个人都需要一些记忆，以便在他或者她的实际生活中
给自己定位，那是面对时间变化的定位。

没有与过去的关系，我们就无法在自己的实际生活
中提出任何对于将来的展望。因此，历史实际上乃是现
实生活中必不可少的要素。没有了历史，没有了历史记

145

忆，人们就无法生活。历史给人们提供了人类事务中时间变化的观念。与此种观念保持一致，他们就能够组织好自己的实际生活，也能够组织好自己的认同。历史的文化功能——给实际生活定位和展现认同——是本质性的；对于职业历史学家的所作所为而言，它是基础和根据（以及合理性的来源）。

当历史学家们谈到他们的学科，谈到方法论和理论问题时，他们往往忽视了甚至忘记了他们的研究在实际生活中的根源。他们忘记了，在实际生活中面对时间变化和发展的经验，记忆在给人们的生活提供定位时所起到的关键作用。

我想就微观史家们问一下你。勒华拉杜里、金兹堡和其他一些人代表了当前一种很特别，但在我看来最能吸引人的写作历史的方式。当我们阅读这些故事时，我们就能使自己认同于生活在过去的人们。我们几乎能够"触摸"过去。这是不是狄尔泰等人所提出的，19 世纪哲学中所盛行的那些观念的回归？

当前的史学呈现出了一个不同的过去。

的确，当前的史学呈现出了一个不同的过去。它让我们更加亲切地了解了普通人在过去的生活。是什么使得它这么让人入迷的呢？我觉得勒华拉杜里的《蒙塔尤》或者金兹堡的《奶酪与蛆虫》等这类著作的引人入胜之处，在于它们给我们当前的生活经验提供了一个反面的图景。《蒙塔尤》以及磨坊主梅诺丘的世界，乃是现代化社会的反面图景。《蒙塔尤》描绘了人类生活中一个卢梭主义的时代（在其远离现代性的意义上乃是接近

于"自然"的）。这种历史编纂中充满了投影，它有着
非常特殊的文化功能。它给那些被现代世界的"进步"
挫伤的人们提供了某种补偿。它以一种全然不同的、前
现代的生活风格以及 *longue durée*［长时段］似乎永恒不
变的特质，补偿了我们对于社会生活的经验。甚至于，
它在使人们了解早期现代历史中某种别样的生存方式的
同时，还有助于人们承受现代化生活方式的经历。

146

卡洛·金兹堡的磨坊主梅诺丘也是如此。倘若你观
察这个让人同情的磨坊主的品质，就会发现，他身上累
积了 1968 年知识分子们希望通过革命而在他们的社会
中成其为文化价值的诸多品质。对我来说，这至少是这
本书取得成功的原因之一。它提供了一幅历史肖像，将
1968 年一代的理想付诸现实。他们将自己的将来丢失
在了过去。这就是补偿：让过去承载对于将来的已经破
灭了的希望。

微观史学家们的著作距离我们非常近。我们看到，他们
以跟我们同样的方式在感受；他们与我们并没有什么
不同。

大概许多人就是这样来阅读和理解《蒙塔尤》的。
然而，我却不大确信，这就是勒华拉杜里在他的书中想
要传达的信息，因为我们从法国年鉴学派那里知道，即
便情感也是有结构性变化的。

勒华拉杜里给我们描述了一个社会生活的结构。我
不大确信，对于那些人的情感我们能够知晓多少。我们
看到了接近于主体性的生活方式和交往方式：主体性是

此种表达的一个范畴。它提升了我们对于历史过程中主观因素的意识。这是年鉴学派第二代中所谓的"新文化史"的长处之一。

再就是，这些书非常好看。它们简直就跟小说一样。

历史学一直就是一种文学。发生变化的是我们对于历史学家活动中这个方面的意识。在一个半世纪还多的时间中，历史研究号称要成为一门科学，这里面有某些正确的东西。从 18 世纪末开始，在历史研究的发展中就有一个科学化的过程。在这个过程当中，历史学的修辞和文学结构越来越遭到漠视，甚至受到压制。这种情况正在变化。我们不应该忘记，1902 年，西奥多·蒙森（Theodor Mommsen）因为他的《罗马史》而获得了诺贝尔文学奖。历史学是文学，这一点并没有什么新奇可言。新奇的是我们对于历史写作的文学品质的认识。

147 历史学是文学，这一点并没有什么新奇可言。新奇的是我们对于历史写作的文学品质的认识。

我们觉得，像我们所谈论的这些书之所以引人注目，是因为大多数文本的学术生产在其文学质地上都非常糟糕（当然，我并没有将元史学的文本排除在外），倘若我们见到一本书还多少满足了文学品质的要求的话，就会热情高涨。

然而，在这个方面，我看到的更多的是问题而非优点。要谈论历史编纂的文学形式，我们就得将历史编纂与我们所谓的"真正的文学"相提并论。这样做的话，我们就会看到，历史学家们依旧在使用非常传统的叙事方式。我们知道，小说的叙事结构已经彻底改变了。我想，地道的现代叙事形式的一个显著例证就是弗朗兹·

卡夫卡的小说。你能够想象一个历史著作的片断表现出此种现代性吗？

对此种关于历史学家所作所为的反思的了解，促使我考虑史学理论中一个关键性的问题：卡夫卡以这种极其特殊的方式写作的缘由何在？因为他企图把握现代生活中某种根本性的经验——对于人类事务中、人际交往中日渐增长的无意义的经验。有人或许会说，卡夫卡以一种极有意味而又高度灵巧的方式表达了无意义。历史学家为什么不用同样的策略来书写历史呢？（或者，他们是否比之诗人对于蕴涵和意义有着更好的感受呢？我可不这么看。）

历史学家是否比之诗人对于蕴涵和意义有着更好的感受呢？我可不这么看。

生活在 20 世纪，我们知道无意义意味着什么。我们眼前就有 20 世纪历史中彻底负面的经验。这些经验的核心就是大屠杀，就是奥斯威辛。我们如何来处理这一经验呢？面对此种历史经验，我们如何还能够坚持传统的有意义的叙事方式呢？这是一个我向自己提出的关键问题。

148

在我试图提出一套系统的历史研究的理论时，我花了很大力气，来说明在我们与过去的关联之中带来理性的那种认知机制。我还在处理这个关于理性的问题。然而我的问题是：如何将大屠杀的负面经验引入这一理性概念之中？

我们在考察历史编纂的文学结构时，就碰到了这个问题，并且，我认为，我们还要追问历史编纂与就像我们在卡夫卡那里所看到的地道的现代叙事形式相比拟的可能性。我们并没有很多用类似此种文学中现代叙事的形式来表现历史的例子。然而，也还是有一些的。比如，在德国，有一本非常有趣的书，以一种不同寻常的方式来向我们表现历史，有意思的是这本书不是由哪个历史学家，而是由一个社会学家和一个电影工作者一起撰写的。我所说的是奥斯卡·内格特（Oskar Negt）和亚历山大·克鲁格（Alexander Kluge）的《历史与固执》（*Geschichte und Eigensinn*），两位作者在此书中试图用一种与历史学家大相径庭的方式来表呈历史。它在图书市场上获得了巨大的成功，却完全被历史学家们所忽视。

有意思的是，最引人入胜的历史著作大多不是由历史学家写的——或者，更好的说法是，不是由传统历史学家写的。当我向那些对历史和史学理论感兴趣的人们问及他们所喜爱的历史著作时，他们首先谈到的是福柯、勒华拉杜里和金兹堡。可是，那不是"纯历史"，而是历史、哲学、艺术、心理学和社会学的混合物。

这些著作确实跨越了学科的界限。福柯是谁？他是哲学家吗？他提出了一个特别的历史概念，以一种完全不同于我们所习惯的方式来呈示现代化，这真是让人神往。它是一个与传统的现代化观念相对的概念。然而，此种跨越既定文体的界限而写作的历史，并非那么新颖。想一想伏尔泰。他是 18 世纪最声名显赫的历史学家之一。他是诗人和哲学家。看一下这些样板，我们就会问，历史思维中进行创新的最好的机遇何在。我不会

149

说是在历史研究的领域之内。

如果你想在一个学科之内提出新东西，你就要冒成为局外人的危险。在我而言，这就是你很难看到有多少著名的德国学者写出新的引人入胜的历史著作和提出新的历史概念的原因之一。在我的国家，历史研究要不断进行调整的压力很大，新的挑战和新的观念常常来自诸如哲学、社会学甚至是文学等其他领域，来自不同学科的结合。可是，谁有机会跨越学科之间的边界呢？职业生涯的机会处于这些边界之内，而非越过这些边界。我不大敢确定，像是海登·怀特这样的学者在德国能够得到历史学教授的教席。甚至在今天，许多德国历史学家还认为，除了历史学家之外，他别的什么都可以是。为什么安东·凯斯（Anton Kaes），新电影媒介中一个有名的历史专家，去了美国呢？历史研究如何看待它作为一门学术性学科的界限，以便产生新东西、新的具有挑战性的有关历史的概念和洞识，这是一个重要的开放性的问题。

如果你想在一个学科之内提出新东西，你就要冒成为局外人的危险。

你不认为当历史研究带来了某些新的历史概念时——我们目前就看到了一些，倘若我们假定，职业历史学家想要追随这些新东西，将这些观念付诸实践，他们要做到这一点其实是非常困难的吗？

你的问题落到了我的专门领域：史学理论和方法论。我认为，对于自己正在做的事情进行反思，应该在历史学家的日常实践的范围之内。这样的话，专业人员就会获得有关规则、视角、概念和解释策略的某些知史学理论和方法论的主要任务：让历史学家获得更好的自觉。

150

识。这乃是史学理论和方法论的主要任务：让历史学家获得更好的自觉。在这样一种自我理解的史学理论的框架中，对于今天的生活经验与我们同过去的关系之间的关联，将会产生某种洞见。专业人员应该睁开双眼，看看在当前生活中发生的事情，以便获得对于历史的恰当见识。他们必须对当前生活中的主要问题有所认识，这样，他们对于过去的缅怀才能真正与当今的文化生活息息相关。所有的大史学家都有这样的敏感。看看布克哈特。他批判性地考察了他那个时代的现代化进程，这使他得以对欧洲文化和政治提出洞见卓识。

在对于当今生活的意识与获取历史洞见的能力之间，存在着一种结构性关联。这种关联并不强大，然而历史学家在历史研究之中应该具有一种培育这种关联的态度。只有从学术角度才能做到这一点，而我以为，史学理论或者元史学对于这一目标而言，是不可或缺、大有裨益的。

可是，在哲学家或者史学理论家所表现出来的对于历史和历史学的观点与史学家自身所表现出来的观点之间，存在很明显的不一致。为什么会出现这样的情形呢？

历史学家是在讲故事。这就是所有历史学家都在做的事情。

通常，有能力做某件事情，是他们所做事情的专家的人，并不真正知道他们做的是什么。实际上，历史学家是在讲故事。这就是所有历史学家都在做的事情。当然，他们生产出来的故事各种各样。而这个时候，理论家现身了，告诉他们有关叙事结构的情形。不少历史学家就说："别这样！这不是我们所做的事情，因为我们

知道叙事是什么：它不同于我们所做的事情。叙事就是
像兰克和 19 世纪的史学家一样来讲述故事。我们是在
以不同的方式来进行历史编纂。我们以量化、统计学、
结构分析还有许许多多别的方法来研究历史，这让我们
与单纯的讲述故事相去何止千里。"元史学试图说服他
们，"叙事"意味着某种不同的东西，某种更加一般和
根本性的东西：那是历史研究中的一种逻辑结构，成其
为后兰克时代历史研究中的态度。总体上，历史思维的
构型受到叙事形式的深刻影响。

你也许会问：这样一种关于历史研究的叙事结构的
元史学知识有什么用呢？对于一个人在史学研究中的实
际工作的洞识，其结果会是什么？就叙事结构而言，至
少它会让人们对历史思维的语言形式获得更加开阔的视
野。历史学家们更加清楚地认识到，获得历史知识的全
部过程都被特定的语言运作、被赋予关于过去的知识以
叙事形式所塑造。

通常，我们教导学生说，他们得从史料中抽取信
息，在此之后，他们要对信息做出很好的解释，在做完
这一点之后，他们只需要写下他们所发现的东西就好
了。于是，他们就有这样一种感觉，写作不是什么要紧
的事情；那只不过是将他们已经在心里编排好的东西付
诸字面而已。他们以为他们可以只是将心目中的东西写
在纸上而已。这是一种常见的态度。我们没有教给学生
而他们也没有学到，并且没有进入他们对自身职业的理
解之中的，是这样一桩事实：知识本身是通过某种特定

151

的语言形成和书写而获得其作为知识的形式的。

这当然是元史学的老生常谈。然而对于历史学实践而论，它却依旧是需要人们认识到的东西。因此，元史学知识必须在将历史教给学生时发挥效用。我们需要更多地教给他们与历史学的写作或修辞有关的东西。

当传统史学家们听到"修辞"一词时，他们就变得局促不安。为什么呢？因为他们认为修辞是学术合理性（academic rationality）的对立面；接受修辞就意味着与成为一个优秀的学者背道而驰。一个优秀的学者意味着：遵循研究的方法准则，钻档案，对于过去发生的事情做出好的、基于经验的解释。修辞是某种完全不同的东西。它是反理性的，它是反合理性的；它不过是咬文嚼字的游戏而已。职业史学家当中这种常见的见解完全是错误的。有一种特定的理性的修辞，而且我们要给学生教授此种关于他们自身实践的修辞结构。这样，他们就能够对在给当今的受众以文本、讲演甚至音像等不同形式呈现过去时所碰到的语言学问题应付自如。

从这样的角度，你是如何看待成其为史学理论里程碑的海登·怀特的《元史学》的？

《元史学》一书所强调的恰恰就是这一点——历史学是一种语言学的程式。就此而论，它是一部巨著。不幸的是，海登·怀特试图用来说明指引着作为一种语言程式的历史编纂的那些特定的语言学规律时误入了歧途，因为比喻的概念并没有能够澄清历史编纂所独有的特性。它并没有能够说明在对待过去时什么是历史所特

> 接受修辞就意味着与成为一个优秀的学者背道而驰。

> 有一种特定的理性的修辞。

152

有的。海登·怀特教导我们去考察历史编纂的文学和语言形式。这很重要，也很必要。然而，提出隐喻、转喻、提喻和讽喻，作为给事实赋予意义、将它们纳入某种叙事秩序之中的基本原则，并没有表明此种秩序所独有的历史特性。历史学与其他根本就不是历史性的叙事文学有着共同的比喻。这就是我的看法。我们需要对于特殊性，比如说历史学的"历史性"的更好的见解。

我曾经试图提出一个替代性的选择，那是区分了四种给历史赋予意义的方式的一般类型学。就海登·怀特强调将内涵和意义赋予有关过去发生的事情的知识时的根本性的和建构性的标准或策略而论，我的这套东西与他非常接近。

对怀特理论中的真理问题你是如何看的？

我也认为人们要考察一个文本的整体，在其他的故事的语境下来考察整个故事，然而就海登·怀特来说，要说到真理，那可是个问题。我不大确信他是否对于真理的标准持同情态度。在和我进行的一次讨论中，他说，谈论道德或政治比之讨论真理要更好。这是职业历史学家依然对他的《元史学》满腹犹疑的原因之一。我也有这样的疑问，因为我认为，只要历史研究还是一门学术性学科，我们就得谈论真理，我们就得对意味着客观性和真理的认知策略进行反思和强化。这个问题不同于语言学或者修辞学，但是跟着海登·怀特走的话，就会对其不加考虑。我们忘记了在所谓的历史研究科学化的过程中发展起来的历史思维的程式。在海登·怀特对

只要历史研究还是一门学术性学科，我们就得谈论真理。

于历史研究的思考中，你找不到对于史学方法的任何有启发意义的评论。

在元史学话语中，我们可以看到一种非常有意思的重要问题的转移。在科学化过程中，历史学家们忘记了历史学的语言和修辞策略，并以对研究方法上技巧纯熟的程式的认识取而代之。作为研究策略的方法取代了修辞。如今，情况正好相反。我们对于修辞和语言策略的认识不断增长，对于合理性、方法和意味着真理和考古学的认知程式的认识却日渐萎缩。

叙事主义历史哲学的一个结果会是这样的论点：首先，在解释之外没有值得人们去分析的实在；其次，历史学乃是此种解释之间的"游戏"；第三，我们只能说解释的真理在性质上是修辞的或者隐喻的；第四，解释的真理在于其说服力。

你说得对。历史、历史学、历史记忆是在不同文本之间进行的游戏，但是这些文本总是与经验相关。就历史而论，谈论经验有什么意义吗？一个经验在传统上乃是真理的一个例证。某个东西当其具有经验的基础时就是真的。

一个经验在传统上乃是真理的一个例证。

然而，经验一直就是有关个别地知觉到的世界的一个主观性的范畴。

你去档案馆，查找过去某个社会的死亡率或者出生率。然后你得到了信息。

可是，"赤裸裸"的数字，纯粹的统计学，并不能够说

明任何问题。你——作为一个历史学家——还得给这一
素材赋予意义，而且你只有通过解释才能做到这一点。

确实如此，然而，不管怎么说，有的时候，史料告
诉你某些你没有预料到的东西，某种与你的意义概念相
龃龉的东西。你说得很对，史料并不能告诉你它们提供
给你的信息的内涵和意义。但是，另一方面，你也不能
仅仅"从自己肚子里面"就搞出来意义和内涵。在史
料所包含的信息和产生意义的解释程式之间，有着极其
复杂的关联。比之寻常有关主观性的论证所意识到的而
论，意义和内涵当中甚至有更多的"客观性"。对历史
解释进行考察，我们常常能够看到，被人们所解释的过
去的意义和内涵之中，存在某种已经被预先给定了的东
西。德罗伊森将史料中意义被预先给定的这种特性称为
"传统"，并将其与史料纯粹的"遗留"特性做了区分。
历史解释的关键在于，我们无法完全将传统简化为遗留
物。意义已经藏身于社会实在当中，对于过去的社会实
在的见证而言也是如此。不返回到经验，我们无法仅凭
自身就完备地或者充足地创造出历史意义来。与过去相
关的意义和内涵已经藏身于我们的社会实在中。

就历史学家的工作而言，究竟什么是实在，这是一
个饶有趣味的问题。大多数所谓的前现代的理论家们都
有一种非常粗糙的、实证主义的认识论。在这种认识论
中，事实是被自然科学的认识策略所界定的，在那里，
事实本身没有意义可言。在历史学中情况则大为不同。
意义和内涵是事实抑或虚构？要是用粗糙的实证主义认

154

大多数所谓的
前现代的理论
家们都有一种
非常粗糙的、
实证主义的认
识论。

识论回答的话，就很明确：既然事实本身是无意义的，意义就是虚构。对元史学中所隐藏着的认识论必须进行批判。使用"事实"和"虚构"这样的范畴没有意义，因为意义和内涵超出了人们预先认定的这二者之间所存在的区分；它们超出了此种二分法。在我们以一种非常粗糙而又狭隘的方式来界定事实的时候，就像传统上在科学哲学中所做的那样，历史思维中所有相关要素就都是虚构的了。"虚构的"通常意味着超出和远离经验，然而在历史学中并非这样的情形。历史学基于经验，否则的话，历史学家就不会钻档案馆了。

观察它在我们生活中的表象，而且当然，是通过史料。

你说得很对，我们无法超出一个主观的视角来考察一个完全"客观"的实在。我们无法仅仅通过考虑到史料总是呈现在某个主观的视角中，并且在方法上将主观的视角主义排除在外，就经由主观性而达到过去的真实而客观的本质。然而，无论如何，我们拥有史料批判的策略，那使得我们能够对于过去在特定地点和特定时间发生的事情获取可靠而真确的信息。我们能够回答这样的问题：是什么？在哪里？什么时候？为什么？等等。在当前史学理论的论争中，这一点常常被人们忽视了。不幸的是，另一方面，历史研究的方法论，常常漠视在对于历史研究的别样的反思中所强调的那些东西；也即，人类主观性的建构作用，历史解释中价值的建构作用。

当前的史学理论中有一种精神分裂症。对于使历

使用"事实"和"虚构"这样的范畴没有意义。

历史学基于经验。

155

当前的史学理论中有一种精神分裂症。

史学接近于文学的语言的、修辞的、叙事的程式，我们有着敏锐的意识和反思。我们还有——然而在理论层面上没有这么着力强调——对于历史研究的技巧、量化、统计学，以及许许多多有助于历史学家从史料中获取有价值信息的辅助手段的认可。这两个方面之间没有让人信服的关联；这就像精神分裂症一样，一点也没有得到调解。

在我看来，元史学要应对双重挑战。一方面，在我们从事方法论研究的时候，我们对于是什么产生了历史中的理性和真理只有非常狭隘的看法。我们将方法论简化成了一门技术，忽略了有关意义和理解的根本性问题。另一方面，当我们反思带来了意义和内涵的历史叙事的语言程式时，我们又忽视了对于叙事程式中导向历史知识和历史编纂的理性、客观性和真理的展望，我认为，我们必须更加努力地寻求对于这两个视角的综合，而不是将它们之间久已存在的对立延续下去。

当代史学理论的现状被你形容成了"精神分裂症"，那实际上是叙事主义历史哲学的谬误之处。你是否认为，此种极为现代的当下非常盛行的叙事主义路数对于历史学科而言非常危险呢？

156

在我看来，叙事主义史学的最大危险在于，我们可能会丧失对于历史研究作为一门学科在文化生活，主要是在政治生活中所发挥的传统功用的了解。这一功用曾经被称为"批判"。经由其核查有关过去的各种图景、验证，我们习于以历史记忆来解释特定处境的概念，历史研究就成其为掌控，成其为批判性反思的例证。仅仅以这样一种方式来表呈其文化策略，使你得到这样的印象——"是的，它不过就是文学；是一种以文学和语言策略创造意义的方式"，这令我们忽略了历史研究在其科学化过程中所发展出来的批判能量。我们可以径直说，有些关于过去的图景不是真实的，纯然就是不真实的。（比如说，德国在第一次世界大战战败后背后挨了一刀的传说。[1]）

或许我们对此担忧得过早了。存在一种叙事主义（后现代主义）的历史哲学，可是，是否存在一种后现代主义的历史学呢？

在历史研究中，后现代主义意味着什么呢？后现代主义是一个非常含混的概念。你可以将后现代主义理解为一种非常激进的立场，其特征是完全缺乏方法上的合理性和与过去之间的武断任意的关系。从这点来看，历史学不过就是文学，而不是别的什么。它一定得是一个优美的文本（具有审美特质），这就行了。它还应该至少发挥某些娱乐人的功能。既然不再有真理和合理性这样的东西，它对人们（或者批评家们）想要了解的有关过去的东西就是完全开放的。将这样的概念用于大屠杀以及所谓的修正主义者的问题上，你就能够看到其局限性。存在某些有似于证据、信息、经验的东西，毫无疑

_____

　　〔1〕　指一战后，德国出现的将其战败原因归于犹太人的背叛和阴谋的论调。——译者注

问，它曾经发生过。

然而，在历史研究中，还有一种更好的意义上的后现代主义。后现代主义可以指的是对于传统的、"现代的"历史思维概念所进行的富有成效而让人信服的批判。比如说以下的看法：认为存在着作为时间中的变迁和发展的一个统一体的"历史"；或者，通过找出其在过去的规律，人类精神条理得当的能力可以令我们掌控人类世界在将来的发展。这两种看法都非常接近于意识形态。必须对它们进行批判，因为"历史"不过就是被总括到历史整体之中的一个单一的历史。而且，所有掌控历史的企图都带来了灾难性的变化——事与愿违。

157

对于后现代主义有另一种很重要的批评。它与特定的对于方法合理性的看法相关联，声称经由方法，人们可以洞见历史的本质（兰克的名言——"如实直书"）。后现代主义就此而言，意味着从根本上对于各种视角的强调。于是，后现代主义就意味着没有一个单一的、完整的历史这样的东西；对于实际发生的事情不仅只有真确可靠的见解。此种批评开辟了多重视角的前景。它将更多的话语元素引入了历史学家的整个营生之中。它使得历史研究更具活力。就此而论，后现代主义对历史研究而言是件好事。它带来了有关历史经验的新的范畴概念化。

后现代主义使得历史研究更具活力。

举个例子：瓦尔特·本雅明在文学批评领域很有名，也很流行。历史学家们并没有太多地将他的观点运用于历史研究的话语中。（在德国，只有一本精彩的著

158

作试图将本雅明的史学理论引入历史学和历史研究的理论。）然而，本雅明提出了某些值得在历史学家当中进行深入讨论的有关历史思维的论点。比如说，他的"历史时机"（historical moment）的观念超出了过去与现在之间的源流关联，给那种发展的观念——把历史视作让过去、现在和未来结合在一起的一个封闭的时间链条——打开了缺口。从这样的论证中，我看到了历史思维获得实质性进展的机会。另一个例证——我不是要为后现代主义说话，而是为着超越了传统的现代历史观念（进步和发展的范畴是其典型特征）的某种对历史的概念化——是 *kairos*［时机］这一时间概念。我非常乐于将此种凝缩了的时间观念引入史学理论当中，作为与历史意义相关的一个非常重要而有用的范畴，它关涉到人类生活现实的特定的时间结构。有了 *kairos*［时机］这一范畴，我们就可以将历史中的重要论题概念化。比方说，在人权与公民权的历史中，我们就可以将 *kairos*［时机］的范畴用于 18 世纪晚期，那个第一批人权和公民权宣言构成为宪法的根本要素的时期。我们还可以在涉及大屠杀这样的经验时在消极意义上来使用 *kairos*［时机］这一概念。"历史时机"或者 *kairos*［时机］这样的范畴可以为历史的时间性结构带来新的视角和洞见。

观察一下史学理论（以及不光是史学理论）的"进展"，我得到的印象是，它的基础是对于某些范畴和观念的持续不断的重新思考和重新解释。比如说，詹明信的名言"以语言学来再一次深入思考一切"就标志着语言学的

本雅明提出了某些值得在历史学家当中进行深入讨论的有关历史思维的论点。

转向。近来，弗兰克林·安克斯密特提出，我们应该改变主题，关注经验范畴。或许，已经到了"以经验来再一次重新思考一切"的时候吗？或许，它能够提供对于实在的更加深刻的洞见？

没有经验就没有语言。对于历史思维而言，经验并不是一个很好的范畴，因为它缺少具体的时间性，而那是历史思维的一个必不可少的前提。我们必须扩大自己提问的视野。以时间来扩大语言。以经验来扩大语言和时间。在这样的结合中，我们就应该讨论这一问题：什么是历史经验？

> 对于历史思维而言，经验并不是一个很好的范畴，因为它缺少具体的时间性。

在你看来，它是什么呢？

我无法给你一个简短而明确的答案。我可以就在史学理论领域中我们需要争辩和探讨的新问题，来举个例子。这是一个非常简单的问题：我们能够看见历史吗？历史是不是需要在审美维度内才能得以实现的某种东西？

> 我们能够看见历史吗？

这就让我回到历史文化的问题。我认为，至少在现代社会中，历史文化有三个维度：认知的、政治的和审美的。史学理论主要涉及认知的维度。在最近 10 年或者 20 年中，它超出了认知的维度，而接近审美的维度，谈论起了语言、诗学和修辞。可是，审美不仅是语言。它还包括先于语言的经验和交往的元素，某种类似于视觉和感官知觉的东西。我们不知道在和历史相关的视觉范围内什么是可能的。我们必须开始对历史意识的美

159

学，主要是历史的视觉经验进行基本的研究。比如，倘若我们看到了一幅历史画作，我们就真的看见了历史吗？或者，我们是将从视觉之外看到的历史内涵强加在它的身上？我认为，存在着我们可以称之为具有具体历史性的知觉（specifically historical perception）这样的东西。那是对于眼睛而言最基本不过的东西，我认为我们至少可以辨识出历史知觉中的根本要素来。历史知觉的一个必要的但并非充分的条件，就是对于时间的质的差异的视觉意识。举个简单的例子：走在一条街上，看着房子，有时候你会得到对于不同时代的视觉经验。你可以看到，一栋房子属于和旁边的房子不同的年代。儿童一定很早就具有这样的知觉：他们的时间不同于他们父母的时间，而他们父母的时间又不同于他们祖父母的时间。这是一种很基本的经验。在我看来，这样的时间差异的经验对于审美层面上的历史经验而言是一个必要的前提。人们觉得一样东西时间越长，就越引人注目，这仿佛是一个普遍现象。当你能够看出一个东西年代很长，它就获得了一种特殊的质地，甚至对于眼睛而言也是如此。

我们对于历史的审美经验知之不多。

这对于我所说的对于历史的审美经验而言是根本性的，然而我们对它知之不多。我们对它缺少认识，原因在于和美学相关的各种最发达的学科，主要是艺术史，对于历史并没有多大的兴趣。当然，它们也进行大量的历史研究。艺术史通过画像研究将艺术作品放到历史语境之中。然而，一旦解释进入一幅绘画或者另一种艺术品的真正的审美特质——那正是使得它成其为艺术杰作的东西——的时候，历史就不过和外在条件有关罢了——它并不是艺术品质的根本要素。

在审美价值的层面上，解释局限在观看者与作品之间的同时性关系上。时间与历史消失在了地道的审美经验和交流之中。这种关系完全不同于历史性的关系。在探究艺术品的品质和内核的这个层面上，我们应该以一种全新的、根本性的方式来找寻历史。这样就可以在历史文化中取得巨大的成就。

160

近来，在许多研究者看来，一件艺术品（尤其是一幅绘画）是他们进行思考的出发点。你是否注意到，目前在科学反思中，可视化（visualization）扮演了一个重要的角色？我们一直就置身于各种表达的象征形式之中，然而却有一种转移发生了：艺术取代了语言，绘画取代了语词。我们是否应该从美学角度来考察历史呢？

追求历史文化的审美维度也许会导致将历史审美化。这样的审美化在历史学中并不是什么新鲜事。我们可以，比如说，通过阐释雅各布·布克哈特的著作来研究将历史审美化的问题。考察一下将历史审美化的传统，我们就会看到一个根本问题：既然历史文化的三个维度——认知、政治和审美——必定彼此息息相关，审美化就会对政治和认知的维度发生影响。存在着一种趋向，对于历史文化中审美维度的探求，要以牺牲其他两个维度为代价。这就会导致将历史去政治化和非理性化，并给实际生活带来灾难性的后果，因为实际生活是

追求历史文化的审美维度也许会导致将历史审美化。

从那里面获得自身的定位的。以牺牲其他维度来强调认知的或者政治的维度，也会是一样的情形。历史文化中牺牲别的方面的认知策略，会导向教条主义。强调历史文化中的政治维度，会导致为了政治目的将认知的和审美的要素工具化的趋势，并且因此就给历史记忆注入了盲目的权力意志。

161

审美化会导致历史研究的去政治化和非理性化。

审美在历史中不断提升的重要性，可能会在它与其他两个维度的关系方面，带来类似的结果。我们应该研究这样的审美化的例子，它们可以告诉我们这意味着什么：审美化会导致历史研究的去政治化和非理性化。去政治化对政治而言非常危险，因为我们需要特定的历史定位，以形成合理的政治。将历史去政治化就将它抛到了政治领域之外，而历史在将政治统治合法化和对其进行批判时发挥着巨大的作用。历史在政治统治和治理的合法性中，是一个重要的因素。一旦被去政治化，它就将合法性的领域留给了非历史的甚而是反历史的原则和论证。它使得合法性不再受到历史经验的检验。举一个例子：汉斯－尤尔根·西贝尔伯格（Hans-Jürgen Syberberg）关于希特勒的电影，就是对于纳粹时期历史经验的一种高度审美化的样式，而且在这么做的时候，它将这一经验彻底地去政治化了，导致了对于这一经验的本质上非理性的态度。索尔·弗莱德兰德尔（Saul Friedlander）揭示了此种态度距离纳粹意识形态的某些元素是何等地接近，从而表明了它的问题所在。

这样的论证不是要反对历史文化的审美维度所带来

的新问题。比如说，我就在这个领域进行了一些研究，它使得我稍稍脱离了历史研究的认知维度，而那是我曾经长期着力的，并且提出了一套历史研究的理论，以之作为历史文化中合理性的一个要素。我没有追随那种将合理性与理性掩盖起来的时尚。相反的，我正在对历史的审美知觉的层面上找寻理性的因素。

> 我正在对历史的审美知觉的层面上找寻理性的因素。

古典的艺术哲学——比如康德的《判断力批判》、席勒的《人类审美教育书简》，更不用说黑格尔的《美学讲演录》了——已经教导过我们，审美与理性相距甚近，在实际生活的文化取向的领域，那是理性的一个必要条件。

关于历史文化非认知性的领域中的理性，再说另外一点看法。我要说，历史通过其合法化的功能可以在政治中扮演理性的角色。现代社会的合法化与理性联系在一起，因为现代社会的合法性，与公民对于政治统治和治理自由而经由话语表达的同意当中的认知性因素相关。传统上，这种因素是作为宪法中的一项基本原则表达出来的。这就将我们带到了人权与公民权的历史。人权与公民权作为一种理性的成分，进入了将政治统治合法化的领域。在某种意义上，你可以说，人权体系在法理学和宪法的领域中就相当于绝对命令。这与历史又有什么关系呢？只要我们仅仅将我们宪法中的基本权利视作一成不变的规则体系，我们就会碰到如何处理我们生活中社会和政治结构的时间性变化的经验的问题。此外，我们还会碰到如何面对文化多样性与人权的普遍有

162

效性两相对照的挑战。我们在思想上应对这些问题时的历史化，有助于我们来解决这些问题。这就告诉我们，历史可以将理性的成分带入政治当中。

理性当然意味着限制和驯化政治权力。弗兰克林·安克斯密特正在从事这方面的政治理论的研究。要是与他辩论一下这个问题，想必会很有意思：特别是在与历史在政治合法性中所发挥的功用相关的情况下，是否以及如何将历史思维中政治的、审美的和认知的因素结合起来？可是，我们对于历史在政治中所实际发生的作用有很多了解吗？我注意到，在德国只有两本书，通过研究历史论证在政治中的运用而得出了结论。其中一本是我一个学生的论文。她考察了联邦德国议会从 20 世纪 50 年代到 20 世纪 80 年代的辩论，探究了政治家们在这些辩论中所使用的历史论证——他们是如何运用历史的。在我们讨论历史在实际生活中的定位功能时，必须知道这一点。知道这一点之后，我们可以把它当作我们在认知层面上、在认知的维度上所面临的一个挑战。究其实，无论我们做什么，我们都是历史文化中政治的一个部分。关于历史在公共舆论中所能发挥的作用，有一个非常著名的例子——所谓的德国历史学家之争。研究这场争论，你就可以看到，参与者们并没有意识到，在解释德国的纳粹时代时，他们混淆了历史文化的政治维度与认知维度。主要的参与者之一尤尔根·哈贝马斯，主要是从政治上来立论。他的对手们则是在认知的、科学的层面上来立论。在某种意义上，他们其实无法真正有所交流。这场论争是无法交流的一个绝好的例证，它基于这一事实：参与者们是在历史研究的不同维度上来发言的。他们无法在立论时弥合历史文化中政治与认知之间的鸿沟。

这是否意味着，这个问题——历史研究中认知维度与政治维度的不相协调——将来会成为史学理论中的兴趣焦点？

我要说的是，就我而言，史学理论需要对我所提到的历史文化中三个维度之间的复杂关系，提出更多的洞见，而要做到这点，我们就得重新思考一个很古老的问题：是什么造成了历史中的意义？价值、蕴涵和意义存在于这三个维度之间的关系当中。单单审美、政治或认知都无法成就历史中的意义，只有对于全部这三者的综合才能做到这一点。可是，进行综合的原则是什么，在哪里呢？这是一个完全开放的问题。回到这个问题，或许是史学理论将来要做的事情。回答这个问题的努力，会让我们靠近历史哲学的旧有问题。

> 我们就得重新思考一个很古老的问题：是什么造成了历史中的意义？

我们几乎一直在谈论的都是过去和现在、过去和现在之间的关系，然而，将来又是如何呢？

历史学家们研究过去，因为人们需要在他们的生活中有一种对将来的展望。我们从来就不是为过去本身而研究过去。历史与将来有着根本关联，这是我坚信不疑的。我们考察过去之镜，是为了展望未来。

今天，我们与过去之间的历史性关联，主要是以对

> 今天，我们与过去之间的历史性关联，主要是以对未来远景进行批判的形式造就的。

未来远景进行批判的形式造就的。我们正在解构那种根深蒂固的时间概念，其中将来具有已然被过去所预先定型了的面相。将来乃是时间性发展——从过去开始，经过我们的时代，而后走向不可断裂的将来——的一个部分的观念，具有巨大的文化能量。这是现代社会典型的时间概念。它与将过去、现在和将来结合为一个完整的发展历程的"历史"观念联系在一起。我们在解构它。我们在将其化为碎片。

164

然而，仅仅以我们对付过去的方式，来批判预先给定的对于将来的展望，是远远不够的。遭到批判的将来概念丧失了其文化能量之时，会发生什么？我在声誉卓著的史学著作中看不到的，是某种已经被整合到过去之中的将来的要素。过去主要被呈现为某种不同的、反面的形象，我们可以将自己的希冀和期望投射其中，这样就牵引着它们离开我们自己世界的将来。这种过去吞噬了将来，并没有把它释放到将由人们的活动来实现的远景之中。将来依旧是开放着的。然而，在过去之中总是有将来的要素有待实现。我认为，在过去之中有许许多多开放着的将来，值得我们去开启。

> 在过去之中有许许多多开放着的将来。

德国，波鸿

1993 年 11 月 11 日

论著选目

Grundzüge einer Historik. 3 vols. Göttingen: Vandenhoeck & Ruprecht, 1983,

1986, 1989.

Zeit und Sinn. Stragegien historischen Denkens. Frankfurt a.M.: Fischer, 1990.

Geschichte des Historismus: Eine Einführung, with Friedrich Jaeger. München: Beck, 1992.

Konfigurationen des Historismus. Studien zur deutschen Wissenschaftskultur. Frankfurt a. M.: Sohrkamp, 1993.

Studies in Metahistory. Edited and introduced by Pieter Duvenage. Pretoria: Human Sciences Research Council, 1993.

Historische Orientierung. Über die Arbeit des Geschichtsbewußtseins, sich in der Zeit zurechtzufinden. Köln: Böhlau, 1994.

Historismus in den Kulturwissenschaften. Geschtskonzepte, historische Einschötzungen,Grundlagenprobleme, co-editor with Otto Gerhard Oexle. (Beitr? ge zur Geschichtskultur, vol.12). Köln: Böhlau, 1996.

"Theory of History in Historical Lectures: The German Tradition of *Historik* 1750-1900." *History and Theory* 23 (1984): 331-356.

"Jacob Burckhardt: Political Standpoint and Historical Insight on the Border of Postmodernism." *History and Theory* 24(1985): 235-246.

"The Didactics of History in West Germany: Towards a New Self-Awareness of Historical Studies." *History and Theory* 26 (1987): 275-286.

"Historical Narration: Foundation, Types, Reason." *History and Theory,* Beiheft 26: The Representation of Historical Events, 1987, 87-97.

"Historical Enlightenment in the Light of Postmodernism: History in the Age of the 'New Unintelligibility.'" *History and Memory* 1, no.1 (1989): 109-131.

"Rhetoric and Aesthetics of History: Leopold von Ranke." *History and Theory* 29 (1990): 190-204.

"Auschwitz: How to Percieve the Meaning of the Meaningless—A Remark on the Issue of Preserving the Remnants." In *Kulturwissenschaftliches Institut: Jahr-*

buch 1994, 180-185.

"Trauer als historische Kategorie.Überlegungen zur Erinnerung an den Holocaust in der Geschichtskultur der Gegenwart, demnächst." In *Erlebnis, Gedächtnis, Sinn: Authentische und konstruierte Erinnerung,* ed. Hanno Loewy. Frankfurt: Campus, 1996.

阿瑟·丹托

美学与科学无法分离。

能否谈一谈你对史学理论的兴趣是如何开始的？谁是予你启迪的源头？

166

　　我上的是密歇根州底特律的韦恩大学——如今叫作韦恩州立大学。我是二战老兵，因此也许是大学里面从来没有见过的、那么多年龄更长也更严肃的数百名返乡老兵出身的学生当中的一个，这带来了一种神奇的思想氛围。我学的是艺术，因为我那个时候的野心，是想做一个艺术家，然而，我也有着浓厚的智识兴趣，上了些特别让我感兴趣的课程。我对历史的兴趣是由一名劲道十足而又富于洞见卓识的教师，威廉·博森布鲁克所激发起来的，他关于中世纪史和文艺复兴的课程让人兴奋不已。博森布鲁克在哲学方面涉猎甚广，并且将他的研读所得带到了他手头正从事的工作中。战后紧接着的几年，存在主义进入了美国，我发现，哲学尤其是博森布鲁克用它来阐明过去的方式真是引人入胜。他上的课没有办法说是个什么样子，但是，他会让你觉得，没有任何东西是孤立的，在他看来，任何事物多多少少都是与别的事物联系在一起的。他有个助手叫弥尔顿·考文斯基（Milton Covensky），甚至比博森布鲁克的阅读范围还要广。我还记得去博森布鲁克的办公室时，听到他们两个人正想方设法说出一本对方没有读过的书名来。真是好玩极了。在我论历史的书中，我向博森布鲁克致谢，

我学的是艺术，因为我那个时候的野心是想做一个艺术家。

我说，要不是发现他是独一无二的话，在他的样板的影响之下，我本会做一个历史学家的。相形之下，其他历史课程全都枯燥无味。不幸的是，韦恩的哲学课也是如此：那里有一个糟糕的教授，名字叫特拉普（Trapp），他固执地认为，只有在上过他的哲学导论课以后，学生才能上高等课程，我拒绝这么做：没有人会在打了四年仗之后还来忍受这点可怜的权威。于是，艺术对我来说就成了一个好专业，尤其是在那方面有一位天赋超群的历史学家恩斯特·谢耶尔（Ernst Scheyer）的情况下就更是如此，他为我打开了眼界，事实上，他成了我的朋友。我无法与博森布鲁克接近起来，他真有点像是个巫师。

167

　　不管怎么说，我在历史哲学方面读了很多东西：斯宾格勒尤其吸引了我，汤因比也是这样。汤因比间接地很重要，因为我读了对他的《历史研究》单卷缩写本的诸多负面评论。我从中学到了批评是怎么一回事：要不然我是绝不会看到汤因比身上的欠缺的，这还让我认识到，阅读可以正儿八经地做到哪一步。我读了柯林武德，并且从悉尼·胡克（Sidney Hook）的著作中了解了马克思和黑格尔的一些东西。胡克明晰的风格让我印象深刻，那当时在我看来表现了他思想的力量。我后来看穿了那种论证，可是在那个阶段却神晕目眩。我曾经期望毕业后能到纽约大学跟胡克念书，然而因为我不是哲学本科出身，他们拒绝录取我。而那个时候哥伦比亚对了解哲学之外的东西的学生感兴趣，于是我去了那儿。我就是在哥伦比亚与欧内斯特·内格尔（Ernest Nagel）

共事的，他关于社会科学的哲学的课程，给了我一个思考历史的研究框架。

你是否认为，你的某些生活经历影响了你对于历史哲学和艺术哲学的兴趣？

噢，当然是的。到斯太博画廊去看沃霍尔的那些盒子，对我而言真是醍醐灌顶，我的艺术哲学就是对此的反应。另一个例证来自于我作为艺术家的经历。艺术家马克·罗什柯（Mark Rothko）谈到抽象表现主义时，说它可以维持一千年。可它只持续了大概二十年，就被大相径庭的东西所取代，因此，在抽象表现主义的年代形成了艺术哲学的那些人，难以完成这个转变。我就此写作，因为我经历了这一切：它使得我对于深刻的历史变迁非常敏感。而那些东西又处在事物的客观序列之中。

我觉得，尼尔森·古德曼（Nelson Goodman）和我与大多数艺术哲学家之间的一个区别，就在于我们是从自己的生活出发来搞哲学的。尼尔森归根结底是个艺术经纪人，伪作的问题对他来说是个再自然不过的问题。你不能仅仅从其他哲学家搞出来的哲学出发来搞哲学。究其实，我身上所发生的每一件事情都以某种方式变成了文字：我的著述其实就是一部活动着的思想传记，尽管它当然并没有特别地标示出那种方式。

你的兴趣是怎样从史学理论转到了艺术哲学和艺术史的呢？

我确实有过做艺术家的雄心，在上研究生和此后相当长的一段时间内，我都在追求这个目标。实际上，我创作和展览艺术作品，直到 20 世纪 60 年代才告结束。结束的原因，部分地是由于艺术的世界变了，但主要的原因是我发现自己对于哲学写作很感兴趣，不想再做别的事情了。然而，我作为一名艺术家的实际知识，让我搞起了艺术哲学：因为具有那样的知识，1964 年有人要我向美国哲学学会提交一篇美学论文。他们原本是想让保罗·齐夫（Paul Ziff）来干这件事的，却发现他不行，于是转而找到了我。那篇论文名为"艺术世界"（The Artworld），后来颇为有名，因为有关艺术的制度理论（the institutional theory of art）是从我这篇文章开始的。那时我就知道，有一天我会写一本关于艺术哲学的书，而且我相信，那会是一个庞大的分析哲学体系的一部分。1968 年我出了一本关于认识论的书，1973 年出了一本关于行动哲学的书，那多少又是我开辟的一个主题，尽管我得承认，我的观点奠基于维特根斯坦和伊丽莎白·安斯孔比（Elizabeth Anscombe）的某些论点。下一步就该是一种分析的艺术哲学了，我是在 70 年代后期的某个时候写这本书的。可是，我不再将它看作一种"分析的艺术哲学"了。我将此书命名为《平庸之物的转化》（The Transfiguration of the Commonplace），这本书让我觉得非常幸运，因为它与古德曼的《艺术语言》（Languages of Art）一道被并列为复兴这一领域的奠基之作。它探讨的是艺术的本体论，这是由安迪·沃霍尔的作品所激发出来的，并且试图对以下这一问题做出某些解答：为什么他的《布里洛盒

169

子》是一件艺术品，尽管它与根本就不是艺术品的布里洛盒子如此相像。[1] 在那个时候，历史的问题就变得异常尖锐；也就是说，为什么这种类型的艺术作品在1964年成为可能，而在更早时候却不可能呢？这就将我引导到了怀特的问题：我认为，艺术世界中确实存在客观的可能性，对于为什么是如此，需要给出某些说明。无论如何，这是那个时候最让我关注的问题。

你怎么看待你自己？你是历史哲学家、艺术哲学家，还是批评家？

我不相信哲学家应该专门化，因为对某个领域内的问题的答案，也许在相近的领域中会更加彰明昭著。有很多相似性会被错过。我力图一直在心中保有哲学的全体。然而，我也不认为，哲学家应该只知道哲学。我关于艺术的哲学论著让非哲学家也有兴趣，就是因为其中频繁出现的例证。而那就令我成了艺术批评家。我不见得要将我在《国民》（*Nation*）上发表的批评文章视作应用哲学，然而，它们往往是为了具体的艺术例证而提出来的哲学分析。我想，我乐意被人们看作一个分析哲学家，主要是因为我执着于逻辑分析和论说的清晰。我当然并不服膺于早期分析哲学的反形而上学或者反体系的思路。

> 我乐意被人们看作一个分析哲学家。

你觉得自己在当代哲学（历史哲学）中处于什么位置呢？

---

〔1〕 安迪·沃霍尔的作品《布里洛盒子》，其外观与市面上销售的布里洛牌洗衣粉盒子完全一样，丹托的艺术哲学即由此出发，来探讨艺术品与非艺术品之间的区分。——译者注

我有一个哲学
体系，但不是
一种哲学。

170

我有一个哲学体系，但不是一种哲学。在这方面，我跟通常的情况一样，正是罗蒂的反面，他不信任体系，但却有一种哲学。迪克和我是好朋友，然而，我们并非事事一致。在想要将任何阻碍人类发展的东西清除干净这一点上，他很像福柯，然而他没有福柯那种危险冲动的负担。他的生活相当正常，他是一个最和蔼可亲不过的人，满怀好奇和希望。我觉得在他看来，任何人可以是任何样子。我要悲观得多。他认为每个人都应该像艺术家，然而他不知道艺术家其实是什么样。我有足够的后现代主义倾向，来相信没有人可以被经由性别、种族或者不管什么东西而强加于他或者她身上的种种结构所界定；没有人应该因为这样一些因素而被排除在任何事情之外。可是，这并不意味着就不存在内在的制约。并不是每个人都真的可以成为正儿八经的艺术家，或者是哲学家。天赋和制约确实存在着，它并非全然就是社会造就的。我的先祖是犹太人，直到最近，犹太人都在面对克服各种外在障碍的艰难岁月。我的堂兄弟因为这些缘故没有成为哲学家（他后来成了一个著名的精神病专家）。可是，去掉了外在的制约，并没有改变有的人比其他的人更有天赋这一事实。我想，罗蒂觉得人类就像福柯眼中的世界那样是可塑的。

我觉得我的历史哲学相当有原创性，就像我关于行动的著作和关于艺术哲学的著作一样。我关于尼采、萨特和东方的书还有人在阅读。我追索我感兴趣的任何东西，或者是我认为自己可以说点什么的东西，这使得我在任何意义上都不是某个哲学派别的代表人物。罗蒂将我看作一个笛卡尔式的哲学家，的确，笛卡尔教会了我一套整体而言基本正确的思维方式，尽管要说我的著作推进了他的思想，这多少有些怪异。我从每个人的身上学习：黑格尔、休谟、康德、蒯因、弗雷格、罗素、尼采。唯一让我自在一点的标签是"分析哲学"。然而，就像我说的，那指的是对于清晰性和逻辑的执着，此外别无所有。我让自己享有了身为一个写作者的全部好处。其实，我真的想以一个写作者的身份而为人所知，不过主要写的是哲学和艺术批评。我是一个职业哲学家，然而，我想以这样一种方式来写作，让每个人都能读，并且还能从我的东西当中得到乐趣。有时候，我会开玩笑式地告诉别人，我是一个"文人"。我没有叙事的天赋，然而，我希望我的著作最好具有小说的结构。

你最喜欢的书是什么？

我没有最喜欢的书。有些书让我通过它们来思考——笛卡尔的《沉思》就是一个例子，《薄伽梵歌》（*Bhagavad Gita*）是又一个。我希望自己能够用《道德经》观察世界的方式来看待这个世界，可是我发现自己并非总是能够这样做。我想，我喜爱普鲁斯特的《追忆似水年华》、福斯特的《印度之行》和亨利·詹姆斯的《金碗》。一本书真要是最让我喜欢，就得是和我亲历的生活有关。我所知道的哲学书中还没有这样的。我钦佩维特根斯坦的著述，但并不是他的思想。我喜爱简·奥斯汀的小说，尤其是《劝导》（*Persuasion*），或许还有乔治·艾略特的《米德尔马契》（*Middlemarch*）。这个名单已经不短了。

> 唯一让我自在一点的标签是"分析哲学"。

> 我真的想以一个写作者的身份而为人所知。

> 我希望我的著作最好具有小说的结构。

171

> 一本书真要是最让我喜欢，就得是和我亲历的生活有关。我所知道的哲学书中还没有这样的。

你对后现代主义是怎么看的？我们可以将这一"现象"与一场人类价值的危机联系在一起吗？后现代主义提出要以不同的方式——从语言学或者经验出发——来将一切都重新思考一遍。我们真的应该将一切重新思考一遍吗？

我觉得，进入后现代主义的最好的办法，是先承认现代主义不过是一种风格，主要是艺术和建筑的风格，或许还有诗歌和音乐的风格，它持续了大约 80 年，其标志先是野兽派和立体主义者，然后是未来主义者、建构主义者和至上主义者，尔后又是艺术装饰派、简约主义和锋刃派的抽象画。我将超现实主义者和抽象表现主义者，看作与此种风格打了一个擦边球。总体而言，现代主义艺术的特征是形式的明晰，对机械的欣赏，单纯的色调。雷格尔[1]就是一个典型的现代主义者。我认为，现代主义的态度渗透了人们的生活：比方说，城市应当是合理而清晰的，就像是构成了它们的建筑物一样，它当然也影响了人们设计机器、布置家居和穿衣打扮的方式。可可·香奈尔让服装带上了现代主义的模样：穿上这些衣服的女人看上去就像柔软的机器。它还意味着一种机械化了的政治，在其中我们与社会联系在一起，就仿佛一个机器的部件与整体联系在一起，就像在早期俄罗斯现代主义中那样。我揣测，法西斯主义和极权主义也是现代主义的政治形式。它们最终都是企图将人们纳入结

---

〔1〕 似应指 Fernand Leger (1885—1955)，法国画家，机械派美术（Mecbanism）的创始人。——译者注

构，并且珍视一致性——因而就珍视制服。我猜想，现代主义的哲学就是逻辑建构主义，而卡尔纳普的《逻辑构造》[1]则是其首要的范例。总的说来，现代主义是修正主义的、合乎理性的，并且在某种宽泛的意义上乃是审美的。

现代主义是修正主义的、合乎理性的，并且是审美的。

172

后现代主义哲学就其本身而论是反形式主义的，维特根斯坦和奥斯汀是它这一论点的代言人：日常语言本来的样子就很好，毋须重构。波普艺术也推进了同样的论调——日常生活中的日常物品本身就是有意味的。并且，在政治上我认为，一旦人们不再将他们自身看作从属于某种地位——女人的地位，如果你属于较低的阶层就要"知道自己的位置"，如果你是一个学生就不要企图"出格"，如果你是一个黑人或者犹太人就不要"越界"，极权主义国家的诱惑力就会荡然无存。因此，后现代主义至少也是一个没有地位的世界，而且，由于由国家所确立的更高的理想从属于现代主义，后现代主义就宣示了一种可以被轻易地解读为某种自私自利的生活模式——那在里根主义那里得以制度化了——以及一种高度多元论的艺术模式。它抹煞和混淆了各种界限——性别之间的界限还只是开始。我想，人们可以在如今的饮食当中看到这一点：所有的风味都混到了一起。再有就是不同性别的服装被混穿。还有就是对男子气概（*machismo*）的不鼓励，试图让男人承认他们阴柔的一面，让女人承认她们阳刚的一面。艺术完全没有了边

后现代主义就宣示了一种可以被轻易地解读为某种自私自利的生活模式——那在里根主义那里得以制度化了——以及一种高度多元论的艺术模式。它抹煞和混淆了各种界限。

---

[1] 此书全名应为《世界的逻辑构造》（*Der Logische Aufbau der Welt*）。——译者注

界：有的东西可以同时是绘画、雕塑和表演。

这当然会令人们觉得是一场价值危机。我们每个人不是作为现代主义者而长大的，就是有着身为现代主义者的父母。因此，人们原来学到的东西，在一个后现代世界中派不上多大的用场。但是，我觉得，生活在这么一个时代，处处都有神奇。它当然有其缺陷，比如说，我觉得，战争边界的消失正在波斯尼亚（Bosnia）上演，那是一场针对平民的战争。

你说，后现代主义就意味着我们必须从"语言学"出发来透彻思考一切，对此我不大确定。"文本"的观念确定无疑地在大陆哲学中占据了中心位置。我们得将社会和我们自身视为文本，并且因此，我们与其他人之间的关系就其作为同一社会中的部分而论，在很大程度上也是文本性的。我觉得，这使得我们又一次将自己理解为某个更大的结构的部分——就像弗雷格所说的，一个词只有在一个句子的关联（Zusammenhang）中才具有意义，因此，我们也只有在一个更加巨大的文本的关联（Zusammenhang）中才具有意义：比如家庭、社会、体制等。或许真是如此。可是，这又将地位的概念再一次引入了。这听起来像是某种有机的现代主义。然而，此种文本观念有多大的深度和多少极权主义的色彩，这是一个需要哲学家们精心探究的问题。

也许我们不能以逻辑的方式来思考后现代主义。我指的是以科学逻辑的方式。我可以说，后现代主义是在表现而非言说。对语言和话语的痴迷——如弗兰克林·安克

173

此种文本观念有多大的深度和多少极权主义的色彩，这是一个需要哲学家们精心探究的问题。

斯密特告诉我的——已成明日黄花，我们需要改换主题。于是，也许会有某个时候，我们该来研究经验了。我们能够说后现代主义是存在性（existential）的吗？它想要交流，但却不仅是以言辞的方式（那当然是很有局限的）。或许那就是许多理论家对视觉艺术（比如说绘画）发生兴趣的原因。而今艺术哲学又有了它的空间。你觉得你的观念可以运用到历史哲学吗？

你不认为我们从现代主义的言辞主义，经由叙事，跳跃到了后现代的视觉主义吗？也许在将来，我们不再将自己的生活比作一部小说，而是比作一部电影。这样，我们所拥有的就是一幅图像而非一则言辞说出来的故事？

这听起来更像是一个后现代主义风格的问题，而非一个关于后现代主义的问题——各种各样的东西全都挤到了一块儿，一种多媒体的问题。我不太有把握如何来回答后现代的问题。

安克斯密特说某种哲学分析的模式已经过时，他大概是对的，罗蒂在他的早期文集里面称之为语言学转向，其中的思路是，通过删因所谓的"语义上升"（semantical ascent），问题就变得更好处理了。很少有人会那么想。也没有人会认为，在描述"当……之时我们所说的东西"（就像牛津学派所主张的那样）的时候，就将哲学中所要说的一切都说过了。那些努力都饶有趣味而且很有价值，依旧值得人们去了解如何去做，然而，它们并不具有放之四海而皆准的趣味和价值。因此，大约 10 年之前还被认为是哲学核心的语言哲学，而今如果说不是退居边缘的话，其重要性也是大打折扣了。

174

在经验问题上，我对你表示谨慎的同意。汤姆·内格尔的重要论文——或者至少题目很重要——《身为一只蝙蝠是什么样？》（*What's It Like to Be a Bat?*）指出，在成为一个什么东西当中有难以用言辞表达出来的地方。如今，人们会说这样的话，比如"你不会明白的：这是一桩黑人的事情"。或者，女人会说，做一个女人是这么回事——那是一种只有事实上是个女人的人才能够亲历的经验模式。由于女性主义就其原型而论是后现代的，我觉得你可以说，后现代主义"开始越来越是存在性的了"。可以确定的是，这不见得一定就是纯然个人的事情：黑人们被认为会明白"黑人的事情"；女人们都共同拥有身为女人的无论什么东西，并且因此大概就用不着彼此对什么事情做解释（而且或许无法向不是女人的任何人说个明白）。而且，意识到这一点，就是开始让别人来尊重和承认它，这总是有好处的。一个男人了解了身为女人的某些事情，也许就会顾及那些感受——或者至少在知道了以后，他就会考虑到这一点，如果他想要有和谐的关系的话。只要身为什么之中存在某些东西，这一点还是真实不妄的话，那当然就会给人们带来更多的幸福。而且我觉得，存在"身为我"这么一回事情。

女性主义就其原型而论是后现代的。

我会跟兰姆塞（Ramsey）一样说：如果你无法说出来，你也无法用口哨吹出来，然而，我认为，话语需要由别的东西来补充，以便与人交流。或许，你将视觉与

言辞对立起来的思想就是从这儿出来的。可是，我不大
确定。你必须一条道走到视觉艺术，尽管如今许多女性
主义艺术家确实在努力表现，身为女人是什么样的感
受。我猜想，她们认为男人能够理解这种艺术。（另一
方面，其中的许多很让人倒胃口。）

我觉得你的假设——叙事是现代的，而视觉艺术是
后现代的——有些可疑；你得记住，"现代"是一种艺
术风格，而现代主义或许在现代艺术中得到了最好的体
现。那种艺术采取了几何的范式，使形式化的价值得到
了提升。"叙事"就像"文采"或者"妆饰"一样被严
格限制。后现代艺术在它愿意的时候是许可叙事的，而
且几乎与形式主义美学处处相反。

说到将我的艺术哲学应用于历史哲学，在某种程度
上我在谈论"艺术的终结"时就已经这么做了。我指
的是某种叙事的终结，它终结于转化的时刻，当艺术如
同黑格尔所预见的那样消解到哲学之中时。我觉得，叙
事内在于艺术的历史性展开之中，这是我成为叙事的实
在论者，并且站在怀特和卡里尔（Carrier）——他们依旧
认为叙事就是组织事物的一种方式——的反面的主要原
因。我的看法是，由叙事驱动的艺术已经走到了它的尽
头，让我们置身于其他人实际上称为后现代主义的后历
史的阶段。我真实的信念是，我们的时代是一个高度多
元论的时代——并且狭义上的后现代主义艺术将此种多
元论内化到了自身之中，创造出了互不相连的作品，同
时兼是摄影、绘画、雕塑等。

175

我成为叙事的
实在论者。

你是否觉得受到了后现代主义思维方式的诱惑？你把自己看作后现代主义者吗？

老实说，我根本就不大确定是否存在一种后现代主义的思维方式。在拒绝其实是一种风格的现代主义的时候，人们实际上可以退回到前现代的东西。后现代主义的风格就是没有一个融贯的风格。像格哈特·李希特（Gerhardt Richter）这样的艺术家就是一个典型的后现代主义艺术家——现实主义的、抽象主义的，如此等等，不一而足。我觉得在历史写作中不会出现类似的东西，但是在生活中是可以有的：就像马克思所设想的，在早晨成为一个猎人等等，在那里人们并不全然从事任何特定的实践，而是随着情绪的变化从一种实践转向另外一种。[1]

作为一个哲学家，我更是一个现代主义者。我依然觉得建构主义的一般观念相当有魅力，这种观念认为人们是从基本单元中建立起结构的。我从基本行动（basic actions）的概念——没有进一步的行动作为其构成成分的行动——出发提出了一套行动理论以及一套平行的知识论。那意味着人们必须辨识出基本行动赖以转化为更高序列活动的那些结构，在认识中也是大致一样的情形。在历史中，叙事语句（narrative sentences）的概念指

---

[1] 此处当指《德意志意识形态》中的一段话："在共产主义社会里，任何人都没有特定的活动范围，每个人都可以在任何部门内发展，社会调节着整个生产，因而使我有可能随我自己的心愿今天干这事，明天干那事，上午打猎，下午捕鱼，傍晚从事畜牧，晚饭后从事批判……"——译者注

的是一种人们可以称之为基本事件的概念。这就是我作为哲学家思考事物的方式，而且我深信这反映了一种非常基本的思想结构。然而，就我拒绝专业化而论，我可是一个够格的后现代主义者：你可以（也应该）早上是一个认识论专家，下午是一个美学家，傍晚的时候是一个行动理论家。并且，在艺术上我是一个多元论的坚定信仰者。我从来没有受到过人们心目中的后现代主义哲学风格（比如说德里达或者利奥塔的写作）的引诱。我也不大相信，任何受到过分析哲学训练的人会受到那样的诱惑。你看得出来，我的特性并不一贯，在这儿是现代主义者，在那儿又是后现代主义者。我想，这使得我实际上成了一个符合其定义的后现代主义者。

176

> 我从来没有受到过人们心目中的后现代主义哲学风格的引诱。

怀特的《元史学》面世时你是怎么看的？在那个时候，对于应该如何解释和理解历史你提出了一种不同的观点。你是否认为，这本书将史学理论推到了一条新的发展轨道——我的意思是，它开启了史学理论中"叙事主义的转向"？

有点儿好玩的是，我和怀特上的是同一所中学，实际上我们两人都是博森布鲁克的学生。怀特出版了一本 *Festschrift*［纪念文集］，我还提供了稿子。在底特律的时候我们互相并不认识，他是一个地道的历史学家。我猜想，正因为他是博森布鲁克的弟子，令他从人们习以为常的历史思维的方式中解放出来了，就像我一样：这正是那位老师激励了我们的地方。

怀特的灵感来自修辞，我的，你可以说，来自逻

> 怀特的灵感来自修辞，我的则来自逻辑。

辑。因为内格尔——哥伦比亚最好的思想家——的缘故，我浸淫于科学哲学之中，而且事实上，我和西德尼·摩根贝塞（Sidney Morgenbesser）出了一本科学哲学方面的文集，这本书直到现在有些地方还在用。当然，我们眼中的思想大师是亨佩尔（Carl G. Hempel），而且尤其是后者的名文《普遍规律在历史中的作用》。我过去和现在都认为，这是思考历史解释的正确方法，在我自己的书中，我试图表明，在亨佩尔式的解释模式和叙事的解释模式之间存在着深刻的相通之处。问题在于，叙事并非科学解释的一个深入的替代品，毋宁说，叙事与科学解释建立在同样的逻辑原则之上。因为各种信息把时间标示出来的认识论上的缘故，从前后关联的角度来看或许其间有所差别。叙事确实在涉及被叙述的事件时关系到叙事者在时间中所处的位置，这造成了很大的前后关联上的差别。《分析的历史哲学》的中心思想关系到"叙事语句"，其定义涉及至少两个在时间上分离的事件，在叙事语句中，早出的事件参照后出的事件而得以描述，于是就有了不可能被与前一个事件处于同一时候的人所知道和理解的描述。"三十年战争开始于1618 年"指涉了三十年战争的结束，而 1618 年的时候，没有任何人会知道这场战争将持续三十年。或许根本就没有人知道，它会演变为一场战争。

　　我觉得怀特的论述更加是才华横溢而非以理服人。有四种修辞比喻，这很有意思，然而让我疑惑不解的是，为什么是四种，而且为什么是这四种。怀特的观点

我们眼中的思想大师是亨佩尔。

177

具有哲学上的重要性，因为他从我们没有客观的理由来
选择这一种而非另一种比喻这一事实，推论出我们如何
编排过去完全取决于我们自身，而且又从这一点推论
说，并不存在客观的编排过去的方式。叙事不过是方式
之一，还有其他的方式。在我看来，对历史上各种事件
的客观的编排方式真实存在着，与叙事相对应的实在也
真实存在着。因此，在某种意义上，我们之间的分歧与
科学哲学中实在论/反实在论的争议多少有些相关。这
当然是一个难以解决的问题——但是我根本无法想象，
认为存在替代性的比喻会有助于解决这个问题。我感觉
到，在怀特体系化的比喻学与反实在论之间，存在着
距离。

在我看来，对
历史上各种事
件的客观的编
排方式真实存
在着，与叙事
相对应的实在
也真实存在着。

海登·怀特开启了我乐意称之为"历史的审美化"的
进程。回到 19 世纪那种形式的文化史，似乎是一个梦
寐以求的目标：对于新文化史的热衷者来说，赫伊津哈
和布克哈特乃是他们的范例和研究对象。旧有的关于历
史学地位和历史学与文学之间关系的争论，又重新燃
起。我认为，你提出的替代：以美感（aesthesis）和认知
（cognition）来替代艺术和科学（在你的文章《美学的未
来》中提出的），有助于解决这个问题。历史叙事和文
学叙事都同样触及了实在的本质。虚构似乎是生活的一
个隐喻。

在那篇文章中，我想要使审美从艺术那儿解脱出
来，并确立起它真正地从属于认知并且尤其是科学认知
的方式。如果你还记得起来的话，我着力强调科学插图

178

不仅向我们表明事物是什么样子，而且还表明我们对它们是如何感受的。我举的例子是昆虫显微图（*Micorgraphia*）的雕版。原来的显微图专家们没有认识到，他们的观察如何被某种美学所熏染，然而目前人们对此已经了然于心，就像后一代人将会对当今科学的美学洞若观火一样。没有什么东西会比叙事（无论是虚构的还是基于事实的）以其媒介中内在的悬置、决疑、充实和净化，与日常美学有更多的关联了。我们想要看到事情的展开，即便我们已经知道了那一切。孩子们喜欢一遍又一遍地听同样的故事。故事让人着迷，吸引并支撑起他们的想象力，并强化他们的感受：世界同时既是有序的又是可理解的。从心理学上——美学上——来说，历史和神话之间并没有太大的区别：神话几乎总是对某些我们感到好奇或者应该好奇的东西做出说明——袋鼠的袋子从哪里来的，兔子是怎么没有了声音的。神话的讲述者总是这样来结尾的："这样，我们就看到这么一回事情……""这样"就是"因此"，而"因此"乃是逻辑证明的一个要件。"我们是如何走到这个地步的？"是对故事的一个要求，是不大发达的文化中的神话，我们自身的一段历史。然而，我总的看法是，一旦我们看到

美学与科学无法分离。

美学与科学无法真正分离，我们就会看到，将审美方面的考虑排除在外的"科学历史学"的老套路，乃是一种将人类兴趣排除在外的历史学。还记得，我在《分析的历史哲学》中的论点是，解释的全部结构同时蕴含着对于所谓的被解释项的兴趣。取消了兴趣，也就取消了

结构。

目前，我们是否可以说，我们不是真正对解释过去感兴趣，而是试图表现过去的人们是如何经验他们的"实在"，或者——也许——就此而论，我们是如何经验我们的"实在"的？

发生的事情和人们如何体验发生的事情，这两者之间的关系十分复杂。我一点也不认为，过去的实在完全是由人们对于他们当前的解释来构成的。1929年股票市场的大崩溃，确定无疑地是由一下子就对市场失去了信心并且惊恐万端地采取行动的许许多多个人引起的。可是，当市场崩溃的时候，它是真的崩溃了，许许多多人被毁了，许多生意破产了。一桩生意或者一项投资在某种意义上是一个知觉上的事情——可它的后果却是实实在在的。20世纪70年代的"性革命"，在很大程度上是因为避孕药能够有效地避孕，将女人——以及男人——从为人父母的负担中解放出来了。对此的反应是人们可以进行性的试验，它消解了许许多多关于女人以及她们在这个方面与男人的区别的神话。然而，这里面还有很多化学方面的因素，就像艾滋病涉及生理学一样。这会儿纽约正在下雪，这将给许多人的日常生活带来很大的影响。

你如何评估隐喻在表现实在上所具有的价值？

我曾经两度写到隐喻。主要论述在《平庸之物的转化》之中。隐喻当然是一种修辞性的比喻，而修辞有着打动读者心灵的效用。既然你认为这里有一个对比，我们在描述事物——或者展示它们时，是否可以完全避开修辞，就是一个还有待讨论的问题。隐喻的重要的逻辑特征是，它们指涉一个对象，以及一种表现模式，最终将对象拉平到了对它本身的表现之中。既然实在在这样的情形下成了表现的一部分，要将表现与实在分离开来就很困难，并且因此要将修辞与实在分离开来也很困难：我们看待事物的方式，也成为我们所看到的东西的一部分。这就很容易导致"文本之外别无他物"的那种理论。实际上，一切都在文本之外，然而人类实在就是一种被编织到了文本似的结构之中的实在。

有了隐喻，要将表现与实在分离开来就很困难，并且因此要将修辞与实在分离开来也很困难。

你是否认为有可能避免从主体–客体的角度来谈论世界？

认为大陆哲学已经"克服"了主客体二分的那种思想，不过是一种鲁莽轻率的哲学思维。确实有些对事物的描述就包含了解释，而且，从对解释的某种看法出发，"客体"无法从这些描述中，也无法从解释分派给它的意义中抽离开来。要说客体没有了主体的解释就无法存在，这完全是错误的。笛卡尔派哲学的欠缺一直就在这里。

180

哪位史学理论家提出了可以与你相比的观点？哪位史学家体现了研究历史的最好方式？哪一位是你个人最喜爱的？

恐怕我其实是孤身一人，尽管总的来说，我崇敬黑格尔的思考方式。我认为瓦萨里[1]是一个了不起的史学家，他对客观叙事有着深刻的感受。在当代人当中，我对西蒙·沙玛颇为关注。我想，我会读他写的任何东西。弗雷德·贝塞尔（Fred Beiser）是一位伟大的哲学史家，因为他研究了小人物。我一下子还想不到哪个让我特别钦佩的女性主义史学家，但是，女性主义给历史学带来了新的气息。

你还会写史学理论方面的东西吗，还是只有艺术哲学在吸引你？

"只有"艺术哲学？正儿八经地说，我有两个计划。1995年我要在华盛顿的国家美术馆做一个系列讲演。按要求它们应该是关于视觉艺术的，但我打算，它们将会是有关从哲学角度来思考的视觉艺术史的。在那之后——如果还有之后的话——我有一个自己很看重的关于心灵哲学的研究计划。我在那方面出的东西很少，但有些新鲜的东西要说。我最重要的文章收在拉尔夫·柯亨（Ralph Cohen）编的一本多少有些默默无闻的关于批评的未来的文集之中。这篇论文名为"优美的科学与批评的将来"（"Beautiful Science and the Future of Criticism"）。我认为，我没有从某一个哲学家那里听到过这样的东西，但是偶尔会有文学方面的人士涉及这个

---

〔1〕 瓦萨里(Giorgio Vasari, 1511—1574)，意大利文艺复兴时期的画家、建筑家和艺术史家，被誉为西方艺术史之父，著有《意大利著名建筑师、画家和雕塑家传记》。——译者注

问题。

181

你自己是否感受到了原则上的变化呢？知识分子似乎在这样的处境下处在最糟糕的地位。我们常常从认识论上的相对主义（那实际上是我们的思考所需要的）走向道德上的相对主义，这在我看来是一个危险的征兆。后现代主义是一个"离经叛道者"（deviants）的时代。后现代主义充满了悖论和暧昧，它与不稳定和相对主义联系在一起，就像是一个"异端"的天堂。海登·怀特在20世经70年代、德里达在80年代被看作"离经叛道者"。福柯常常被人们当作一种新"范型"的史学家的最佳个例。然而，他是一个典型的"异端"。他当然不是一个传统的史学家。他像是一个灵心善感的艺术家，在探索过去的实在时试图触摸世界的真相。

认识论上的相对主义的概念，令我度过了一段艰难的时光。倘若将对于知识的规范化分析视作得到证明的真确信念的话，那么知识当然就是相对的，因为信念过多地承载着时间、地点、信息等许多东西的印迹。有些信念是你在某个特定的时间不可能具有的——没有人能够在 11 世纪就相信 DNA。要想让今天的我们相信世界将在公元 1000 年时终结，会是一件比较困难的事情，因为它没有发生。但是，知识不是在那种意义上是相对的，并且信念除非是真的，就不是知识。对于认识上的信念来说成立的东西，对于道德信念来说当然也成立——但是，道德知识并不存在，因为道德真理不存在。那当然并没有导向道德相对主义，因为人们之间的共

道德知识并不存在，因为道德真理不存在。

识非常宽广。以人权为例：权利是被宣告的。在联合国框架内对人权的宣告是普世的。它界定了有尊严的人类生活是什么样的。一个无法将认识论和道德理论维持在其恰当范围内的知识分子就不配称为知识分子。要是一个所谓的知识分子说，倘若你是一个塞尔维亚人，强奸穆斯林妇女并没有什么不对——对我们而言就不是如此，这真是糊涂得可以。

你对于后现代主义的描述听起来很像是对风格主义（mannerism)[1]的描述（"充满了悖论"）。我不认为它是离经叛道者的天堂：没有正统就没有异端，没有教条就没有背弃，然而，正统和教条根本就不是后现代的可能性。

没有正统就没有异端，没有教条就没有背弃。

我想，你把海登或者德里达称作"离经叛道者"，就把事情戏剧化了。这二位都是学术共同体中颇孚人望的成员。两人都以原创的和兴味盎然的方式提出了重要的问题——或者说重新提出了智者们提出的问题。然而，德里达要让巴黎高师的学生去拿到教师资格的头衔。再没有比这更正统的事情了。他身上就活生生地体现了法国的学术价值观。关于福柯我也没有什么更多的可说。我赞成将他视作一种新型的历史学家。然而，在原创性和离经叛道之间是有区别的。福柯毕竟是在法兰西学院里面得到了席位的：人们并不认为他的所作所为与历史学的实践脱节。我想，人们会将他与布罗代尔相

182

---

[1] 16世纪欧洲一种强调形式技巧和个人独特特点的艺术风格。——译者注

并列：布罗代尔强调貌似变化之下的连续性，福柯则强调貌似连续之下的断裂。他们都对有关历史时期——或者，如果你愿意的话，也可以说是历史事件——的某些陈旧的观念提出了质疑。福柯身上引人注目的东西，是他在很大程度上，认为有可能表明认知的政治（politics of cognition）——那对他而言就意味着知性的批判——就等同于政治上的叛逆。这使得他总体上对于人们声称真理在手保持着一种犬儒主义的态度，即便对他自己也是如此。而这反过来又让他投身于与尼采相似的真理批判之中。对于倘若他取得成功，生活将会是什么样子，他甚少措意，或许他能否成功并没有多么要紧：对所有的一切都提出质疑，而后就像摆脱了这一切那样地来生活，这就足够了。因此，我很疑心他是否关切真理。他关切着自由，并以此作为自己的使命：破坏真理的观念，以便过上他认为破坏了真理之后才成其为可能的生活。他感兴趣的是此种意义上的真理：一个人在历经磨难之后找到了他自己的真理。他的个性之中结合了浮士德和尼采，真理已经死亡这一意义上的尼采，身体力行自身各种可怕的梦想这一意义上的浮士德。福柯是我所知道的最为稀有的人当中的一个，最危险的人之一。

福柯是我所知道的最为稀有的人当中的一个，最危险的人之一。

你是否也认为，目前我们正在经历一场历史学的危机？比如说，格特鲁德·希梅尔法布在她的《新旧历史学》（*The New History and The Old*）当中提出，这场危机"是如此深重，以至于它可能标志着西方文明的末日"。

或许，历史学作为一门独立的学科已经过时了？

在一场危机和某个时代的终结之间是有分别的。危机确实是一个命运攸关的时刻，在这个时候某样东西是否能继续下去，还难见分晓：危机出现时，病人或生或死；战争或胜或负；事业或荣或枯。然而，当一个时代开始时，另一个时代就结束了。何去何从，你得做出决定。我指出，现代主义是一个时代，而且它终结了。因此，后现代主义并不是对于现代主义而言的一场危机。对于死者来说没有危机可言。因此，那也不是一场危机的征兆。它也并非一个新时代的征兆——它就是新的时代。除非某一样东西是病症，就没有什么东西会是病征，我在将医学的隐喻用在社会条件上时非常谨慎。我认为，后现代主义对那些在跨越和消除边界时轻松自如的老于世故的人们来说，是一种态度。它也是一个充满了各种人人都知道既有的答案无法应对的问题的时代。对于具有冒险精神的人们来说，生活在这么一个时代并非坏事。

我也看不出来，从历史学的危机可以推论出历史学作为一个学科已然过时，莫非历史学的危机，就是对于历史学作为（独立学科）正在变成过时的东西而发出的威胁？可以将这两者联系起来的唯一的东西，就是像怀特、罗蒂和福柯等人那种取消了真理概念本身的各种理论的出现。倘若根本就没有真理可说，历史学作为一个学科就受到了威胁——然而，这样的话，所有的学科就都受到了威胁。只有我们互相讲述的故事，然而除非我们也觉得那些故事是真的，倾听它们的心思就会萎缩，

183

后现代主义并不是对于现代主义而言的一场危机。对于死者来说没有危机可言。因此，那也不是一场危机的征兆。它也并非一个新时代的征兆——它就是新的时代。

历史学也就随之而萎缩了。这就是问题所在吗？这就是危机吗？（我没有读过希梅尔法布的书。）一再地有人出来说，像大屠杀那样的事情从来没有发生过。那不是对于历史学作为一门学科的威胁，因为大体说来，这些人首先是提出了一套作为历史真实的否定大屠杀的理论，而后就卷入证据问题。这些狂人一点儿也犯不着感激罗蒂——他告诉他们可以讲述他们所喜欢的故事，也不用感激怀特——他发给了他们编排情节的许可证。然而，我不大愿意将怀特、罗蒂和福柯看作将西方文明引向了终结！虽然在细节上各有不同，他们的立场都可以在古代世界中找到，因此，他们正是"西方文明"的一部分。当然还有很多理论，像是坚持作者之死，或者"文本之外别无他物"，看起来很有威胁性。可是，这些东西其实是在某个特定时刻似乎可以激动人心的哲学立场。它们是文明化的话语结构中的一部分，而不是它的末日。不是——我没有在这里感觉到什么危机。倘若有办法处理这些问题的哲学家们涉足这些问题，而不是令人生厌的专业化哲学的议程表，我倒会很高兴。究其实而论，当代哲学很类似 14 世纪的哲学：经院气息，纤毫必辨，了无生气，对圈外人不产生任何影响。

当代哲学很类似 14 世纪的哲学：经院气息，纤毫必辨，了无生气，对圈外人不产生任何影响。

另一方面，这些理论探讨占据了主导地位，确实反应了某些让人迷惑难解的问题：应该读什么，应该怎么读，为什么应该读。而这归根结底是关涉到高等教育的关键和实质的问题。而今没有人会怀疑高等教育中存在着某种危机，如果"危机"一词我们指的是方向感的丧失或者至少是确定性的丧失的话。提出真理的问题，实际上就意味着以可能最为激烈的方式提出教育的问题。可是，有人却还要找寻这一问题的答案：为什么真理——大写的真理——会成为令诸多反叛路线汇聚一处的靶子。这好像是要将探究的终极合理性连根斩断。

可以从这么一个角度来看问题。1992 年是皮耶罗·德拉·弗兰西斯卡（Piero della Francesca）诞辰 500 周年。人们出版了很多书以资纪念，其中的大多数对于纯粹的事实并无异议。一个专家知道的事情，是别的专家所不知道的，这样的事情不大可能会出现。可是还是有各种推动力来出版书籍。这就让人们感到有巨大的压力来提出各种各样不同的解释。尼采的箴言"没有事实，只有解释"，让形形色色的解释都可以出笼。而诸如怀特、罗蒂和福柯这样的学者就像是实现了人们的祈望；也即，如何在没有多少东西可以发现的时候还继续进行思考工作。于是，就出现了女性主义的解释，同性恋的解释，各种各样的解读。这不是危机，而是对危机的反应；也即，与各种限度狭路相逢。这是学会在这些限度内生活的一种方式。德里达的哲学承诺了无限解释的可能性。无怪乎他会这么走红！仿佛他是为整个学界提出了工作底稿。我明白，你所说的"作为独立学科的历史学"何以看似已经过时。相对于可能的解释的数目而言，新的事实的数目实在是少得可怜。"真理已死"是描述这种情况的戏剧性的手法。

如何在没有多少东西可以发现的时候还继续进行思考工作。

对于历史哲学——或者是史学理论，如果真有这么一种东西的话——来说，吸引人的问题是，为了这样的解释得以成为可能，当前历史的客观结构一定得是什么样子？

你对微观史怎么看？勒华拉杜里的《蒙塔尤》和金兹堡的《奶酪与蛆虫》是畅销书。你如何解释这些书所取得的巨大成功？

对于微观史，我并没有什么特别的看法，而是倾向于认为，因为它读起来像是新闻，并将我们带到了真实人物的内心之中，所以让我们乐在其中。而且，让人惊异的事实是，他们完全就是跟我们很相像的人，有着少许恰好不为我们所具有的信仰，他们与我们并没有那么大的差异，我们要理解他们的行为并没有太大的困难。再就是，看看对于经历了某些事件的人们而言它们意味着什么有莫大的价值——对那些面临失业，又不知道什么时候和怎么样才能让这样的情况有个了结的人们来说，大萧条是什么样的。托马斯·内格尔将意识的概念标语化了，他说，对某个东西有意识，就是无论一个人是什么，它就得像是那个样子，这其中存在某种东西——他的例子是一只蝙蝠。要具有历史意识，就是为了如同经历某些事件的这种什么东西。否则，这些事件就会变得抽象。"……是什么样？"是一个切中要害而又引人入胜的问题。在哲学上饶有趣味的是，普通的男男女女经历的事件无论是什么样子，而且无论他们的生活有多大的不同，他们依旧距离我们非常亲近，我们要理解他们的情感、反应和行为，不存在任何问题。

就你的预见，历史哲学的前景将会是怎么样的？

噢，这个领域至今已经相当边缘化了，主要原因是哲学家们倾向于从普遍的并且因而是非时间性的角度出发来思考问题。我想，我自己的研究将"在描述之下"来观察事件的观念引入了讨论，我最早是在安斯孔比那里发现它的。这又进入了行动理论，尤其是戴维森的研究。如今需要做的是，要认识到，一旦终究清楚地看到我们彻头彻尾地乃是历史性的存在，描述自身就充满了历史性的因素。这与信仰当中具有历史性的因素这一点是联系在一起的：存在着在某些时代人们不可能持有的信仰。一旦看到这一点，某种类型的唯物主义就得走开；这指的是那种将我们仅仅视作一种物质系统、我们的律法在所有时代都保持不变的唯物主义。我们的历史处境在变，律法也随之而变，对这一点了解得越深入，历史哲学作为一个学科对人们所产生的吸引力就越大。它变得具有吸引力，因为对于一直让哲学家们全神贯注的东西而言，它被看作是至关重要的。当然，这对于历史写作而言并没有多大的关系。它更其与历史作为一种存在方式相关。

186

某种类型的唯物主义就得走开。

历史是一种存在方式。

以上问题由埃娃·多曼斯卡于 1993 年 10 月 29 日发至阿瑟·丹托。丹托于 11 月 26 日和 28 日在纽约哈莱姆布鲁克霍文写就了他的回答。

论著选目

Nietzsche as Philosopher. New York: Macmillan, 1965.

Analytical Philosophy of History. Cambridge: Cambridge Univ. Press, 1965. Rev. ed., *Narration and Knowledge*(包含完整的 *Analytical Philosophy of History*). New York: Columbia Univ. Press, 1985.

Analytical Philosophy of Knowledge. London: Cambridge Univ. Press, 1968.

Analytical Philosophy of Action. Cambridge: Cambridge Univ. Press, 1973.

Jean-Paul Sartre. New York: Viking Press, 1975.

The Transfiguration of the Commonplace: A Philosophy of Art. Cambridge: Harvard Univ. Press, 1981.

The Philosophical Disenfranchisement of Art. New York: Columbia Univ. Press, 1986.

Encounters and Reflections: Art in the Historical Present. New York: Farrar, Straus & Giroux, 1990.

Beyond the Brillo Box: The Visual Arts in Post-Historical Perspective. New York: Farrar, Straus & Giroux, 1992.

"The Decline and Fall of the Analytical Philosophy of History." In *A New Philosophy of History,* ed. Frank Ankersmit and Hans Kellner, 70-85. Chicago: Univ. of Chicago Press, 1995.

列昂奈尔·戈斯曼

目标不是知识而是善的生活，不是理论而是实践。

Lionel Gossman

让我以几个问题来开始我们的"对话"：你研究的主题是什么？谁是予你启迪的源泉？能否谈一下影响了你思考方式的哲学家、文学批评家或者作家？

　　我研究的是法国和德国的语言和文学。我认为我会喜欢历史，于是刚上格拉斯哥大学的第一年，就选了一门欧洲史的课，可是我一点儿也不喜欢这门课。它似乎缺乏任何的哲学自觉。我搞不清楚那些研究这些素材的人们真正感兴趣的是什么东西。那门课的重心是外交史。我对此没有准备。那个时候，我想在"历史"中找到意义（我那时才18岁，刚从一场战争中走出来，那场战争一直被表述为"有意义"的，而不仅仅是一场实力的争斗，而且，我们向往着建立一个崭新的世界）。而今，我已经远离了以那些哲学辞令来设想的历史，然而，年轻时代那种对意义的渴望——还有对社会正义的渴望——让我记忆犹新，并且，我努力去理解那些依然对这些东西有着深切感受的人们，尤其是年轻人。最近，我碰到了诺曼·布朗（Norman O. Brown）。我不知道这个名字对你而言是否有什么意味。他是《向死而生》（*Life Against Death*）和《爱的身体》（*Love's Body*）的作者，那两本书在20世纪60年代是人人都读的，和马尔库塞一样。它们依旧还是很有生气的作品，尽管我疑心如今是否还会有很多人去读它们。它们将弗洛伊德、

188

那个时候，我想在"历史"中找到意义。

马克思和某种酒神似的基督教（Dionysiac Christianity）奇妙地结合在了一起：让人振奋而摆脱了羁绊，或许还让人沉醉。诺曼·布朗到了 80 岁还对思辨、对哲学问题的解决、对心灵的探险充满了孩童般的热情。他问我，是否在寻找一个可以将所有东西都包罗进来的巨大的综合，他自陈一直在寻求这样的综合，而今依旧还在寻求着。我回答说，我曾经一度在这么做，但是我发现，学会与自身个性以及心理上和哲学立场上的矛盾或者至少是不谐相伴着生活，对我而言更加重要。我常常得承认互不相容的各种立场的合理性。休谟的怀疑论和实用主义以及黑格尔或者马克思对于无所不包的体系化理论的追求；存在主义（那暗中是精英主义的和非民主的）对于 Bildung［教养］的强调和实证主义（那暗中是简单化、异化的和官僚化的）对于 Wissenschaft［科学］的强调。我不觉得必须在这些和其他类似的对偶中做出选择。你得在两者之间往返来回，以一个来修正另外一个。于是就有了《历史与文学之间》（*Between History and Literature*）。于是可能就有了我手头上对于 19 世纪的巴塞尔的研究，我将其视作一个同时认可实用主义和原则、现在和过去、人文主义和技术的要求的文化。

回到我受的教育上面来。我那时学的是法国和德国的语言和文学，而不是历史。然而，我从事文学研究的套路很有历史色彩，受到卢卡奇巨大的影响。我是在格拉斯哥大学德语系的图书馆里偶然发现他的。（他是怎么进到那儿去的，这是个谜，因为德语系除了一个学

189

我回答说，学会与矛盾相伴着生活对我而言更加重要。

我那时学的是法国和德国的语言和文学。

者之外，全都极端保守。）我从来没有真正读过马克思，除了一些很轻松的文本和某些通信之外。我的"马克思主义"完全是卢卡奇式的，也就是说，渗透着德国唯心主义。直到现在，德国传统既强烈地吸引着我，又让我心生排斥。有一段时期，大概是 1953—1954 年，雷蒙·威廉斯（Raymond Williams）作为一个本土的社会和文化批评家，让我产生了强烈的兴趣，但是他对我从来没有产生过像卢卡奇那样的影响。我不再是一个卢卡奇派了，然而我依然对他的关切有着高度的同情，并且我一直因为他将我从非独断论的迷梦中唤醒过来[1]而心存感激。那感召了我的是什么东西呢？对于共同体、完整性、总体性的强烈渴望。那是我如今看来基本上是宗教性的东西。正宗的马克思主义要更加倔强，并且就此而言对于卢卡奇的迷梦（*Schwärmerei*，尽管他的辩证法技巧炉火纯青）可以是一个有效的纠正。卢卡奇给我对文化的兴趣提供了一个颇为精致的框架，在我看来，文化不是某种给定了的东西，而是某种颇成问题的东西，一直植根于往往是剥削和不义的历史条件的东西，并且在某种程度上不可避免地是与那种条件有合谋的东西，即便特定的著作直接或者（更经常地是）间接地对它进行批判的时候也是如此。我后来将历史根植于文学和语言学实践中，用来抵制那种对于历史学的科学客观性的自鸣得意的主张，与此同时又用历史来抵制那种认为文化

190

---

〔1〕 康德曾言，是休谟将自己从独断论的迷梦中唤醒过来。此处系套用此名言。——译者注

是纯洁无瑕而又不偏不倚的看法。我的意图从来就不是将历史简单地表呈为经过掩饰的虚构，或者将文化表呈为不过是经过掩饰的权力和利益。我疑心，此种极端的还原论来自对于纯洁性的无可救药的向往。我的意图不过就是要强化关于我们的不完满的意识，以便让人们更有自觉，同时对于能够获得什么有更谦逊和更现实的看法。

我的意图不过就是要强化关于我们的不完满的意识。

没有什么真理或者价值，能够让我们摒弃他人的意见和判断。归根结底，我的吁求就是，要承认主体间性在所有文化生产中所发挥的作用。

我离你起初的问题太远了。补充一下我所受影响的名单吧，除了卢卡奇和——在小得多的程度上——雷蒙·威廉斯，还有萨特，他迫使我面对（但不是帮助我解决）马克思主义与存在主义之间的矛盾，而那两者对我来说都很有力量；勒内·吉拉尔（René Girard），他是我 20 世纪 50 年代晚期和 60 年代在约翰斯·霍普金斯大学的同事；罗曼·雅各布森（Roman Jakobson）的一些论文和阿尔伯特·罗德（Albert Lord）的《故事歌手》（*The Singer of Tales*）；罗特曼的《结构诗学导论》（*Introduction to Structural Poetics*）；英伽登（Ingarden）对于戏剧和电影的现象学研究；法兰克福学派的成员弗朗兹·伯克瑙（Franz Borkenau）的一部书名平淡无奇但却绝妙无比的著作《从封建到市民社会世界图景的转型》（*Der Übergang vom feudalen zum bürgerlichen Weltbild*）；吕西安·戈德曼（Lucien Goldmann）对于帕斯卡的研究，《隐蔽的上帝》(*Le Dieu Caché*);夏姆·佩雷尔曼(Chaim Perelman)关于论证中的修辞的著作;斯蒂芬·图尔敏(Stephen Toulmin)关于理性思维的著作。(真是杂七杂八的一堆!)我相信,我和我那一整代人一样,吸收了雅克·德里达著作中的某些东西,他经常访问霍普金斯大学时我跟他熟识,然而我认为,终究还是被形式主义所修正过的卢卡奇的那一脉对我来说产生了主要的影响,而这又可以回溯到我对于德国古典主义和新人文主义的关注。歌德与席勒有关史诗和戏剧等问题的一个通信选集,以及席勒的《人类审美教育书简》,都是我在本科时候念的,对我产生了巨大而持久的影响。我仍然回到这个东西上面,而且我在近来某些批评家的身上看出了它并且对它做出了回应——比如,哥伦比亚一个搞比较文学的年轻学者,名叫佛朗哥·莫雷迪(Franco Moretti),我对他评价很高。

191

我说得太长了,离题远得让人无法原谅。或许在几分钟内,我会记起某些没能提到的重要影响。那就任其自然吧。对于任何事物,包括——或许尤其是——我们自身,我们从来都不会知道得像我们所期望的那样多。

你怎么看自己?你是一个历史学家(思想史家)、哲学家,还是批评家(文学批评家)?

我首先和首要地将自己看作一个教师。我将自己的大部分时间用来和学生,本科生和研究生一道工作,并且——最近——还参加管理我所在的大学。我喜欢写很多东西,将此看作我的活动的一部分,那是参与人类文

我首先和首要地将自己看作一个教师。

化的全部工作的另外一种方式。我很在意自己写作的方式，在意精当地使用语言。尽管我没有在文学上出类拔萃的抱负，但我认为，这么说吧，保持语言使用上文雅得体的水准和高质量的语言技巧，是非常重要的。这一目标是与我们从古典时代和启蒙运动那里继承下来的文化理想相对应的，总体上而言，我依然守持着这一文化理想，就像我在《历史与文学之间》的前言与在我最近和我的朋友米海·斯帕里奥苏（Mihai Spariosu）编辑的一本文集（《创建一个志业：自传视角下比较文学在美国的开端》[*Building a Profession: Autobiographical Perspectives on the Beginnings of Comparative Literature in the United States*]）中写的一篇简短的自传性文章中所表明的那样。

我对从专业——或者学科——角度来界定自己并不大在意。我的工作首先是致力于普林斯顿学生的 Bildung[教养]。为了做到这一点，我和他们一起学习我们的文化一般认为可以丰富心灵和养成人格的文本。也不全都是这样的文本，主要是我自己有所专长的领域，也即法国文学之内的文本。人们容许我对此做的解释宽泛而不狭隘，因此我在教小说、诗歌、戏剧的同时，也教历史和政治论著、游记等，我也可以选择那些并不是很有名但我认为能够启迪、激发和塑造其读者的文本。我从各种各样的角度来考察文本——形式的、历史的、哲学的、政治的、意识形态的。我最终的目标不是解释或分析——不是知识。分析和解释在我看来，不过是帮

192

我最终的目标不是解释或分析——不是知识。

助有当前的关切和问题以及特定的个性禀赋的读者们进入与文本之间的对话——通常是批评性的对话，或者甚而是争辩——的手段而已。我相信，通过这样的对话，我们就形成和更新了我们自己的观念和价值。我把自己的学术写作本身也视作类似事业的一部分，不过是从更宽泛的范围来看而已。因此，说到最后，我或许还是将自己称作一个教师、语文学家（philologist），可能还是一个文化史家或者文化批评家，当然不是一个哲学家，或许也不是一个历史学家。

你如何在当前历史学和历史写作的争论中找到自己的立场？

在《历史与文学之间》一篇名为"走向理性的历史学"（"Toward a Rational Historiography"）的论文中，我试图勾勒出一种立场。我不想占用你的时间来再说一遍。历史写作所涵盖的范围，从表达了或者至少是蕴含着某种世界观和一套价值观的大型综合性著作，一直到细节的探究，后者看起来充满了技术性，以致有的学者将它们视作"历史博学"（historical erudition）而非"历史写作"。基本上，我的立场是，这是一个连续体："历史博学"并没有完全摆脱价值判断或者无涉于世界观，而"历史写作"——倘若"历史"一词的意思不止是作者从一堆"事实"（或者被当作事实的东西）出发建构起一个"故事"——也不仅是价值观和世界观的表达，而是要经受从合理性、证据、论证等角度进行的批判。可以设想，一部被发现在合理性、证据和论证

193

方面有严重欠缺的著作，作为对于某种世界观的表达仍然可以是有效的，然而，除了在某种形式化类别的意义上，我们是否依然将其视为历史呢？而且，这部著作所表达的世界观成立与否，是否不受它在历史论证方面的欠缺的影响呢？

你提到形式主义是给予你启迪的源泉之一。当前在美国，我们看到了对于俄国形式主义以及巴赫金的特殊兴趣。你能否谈一谈，在你看来，出现此种局面的原因何在？哪位形式主义者的思想可以给历史哲学和历史思维带来启迪？

我想，我是在 1960 年代后期碰到俄国形式主义的。它的精密、清晰和易于交流吸引了我。我依旧认为，弗拉基米尔·普洛普（Vladimir Propp）的《民间故事的形态学》（*Morphology of the Folktale*）是我所读过的最为优美的批评论著之一。叙事就像句子一样，可以有一种语法，这对我而言可谓洞见卓识。它突然一下子就令我们密切考察文本，考察它们的内在结构。在存在主义和现象学盛行了几十年之后，它就像一阵清新的风吹拂过来。它唤起了每一位英国或法国学者心中的"实证主义"——在存在着一个外在的客体并且它可以为人们所了解这一意义上的实证主义。然而，在我看来，它还与民俗学研究的整个运动联系在一起，这一运动强调 *langue*［语言］与 *parole*［言语］之间或者是符码结构与规则之间的关系，那既是个体在民俗传统中进行创新的前提，又是对此种创新的限制。

我个人受巴赫金的吸引要小一些。我起初为他论拉伯雷的著作所倾倒（那与 1960 年代后期诺曼·布朗等人的著作所带来的骚动恰好在同一时候），但我现在的热情要少很多。我觉得民众与精英、鲜活的与体制的等等之间的对立太程式化。我还认为，那是一种对于病态压制的病态反应。我在《比较文学》杂志上给霍尔奎斯特（Holquist）精彩的巴赫金传记写的评论中表达了我的疑虑。奇怪的是，最令我崇敬的巴赫金——也许那不是真正的巴赫金！——是写《文学研究中的形式化方法》（*The Formal Method in Literary Scholarship*，那实际上是对形式主义的批判）的巴赫金，我早些时候在同一杂志上也做过评论。

出于我钦佩形式主义者的清晰和逻辑性（有些时候，俄国学者总是让我觉得比之后来的法国结构主义者更加明晰、优雅，更少装腔作势）的同样的原因，我很尊重亨佩尔的著作和"盎格鲁－撒克逊"学派的研究——在我看来，安克斯密特已经成为经典的研究，是它所达到的一个高峰。如今，就像我给你说过的，对于要到历史中寻找某种关于生存的哲学观点，我抱怀疑态度。我知道，海登·怀特认为历史中总是蕴含着某种哲学观点。尽管我并不否认，历史学是一种容纳了对于各种价值观以及对于世界的理解之表达和提炼的实践（就像几乎任何一种文化活动一样），我相信，它还是一种我们要在其中进行批判性判断的实践。毕竟，在我看来，能够丰富和教化人心的，正是历史学的实践这一研

194

对于要到历史中寻找某种关于生存的哲学观点，我抱怀疑态度。

究特定历史问题并对证据和论证进行考量的学科，而不是对于带着大写字母"H"的历史（History）的研究。我还敬佩马尔萨斯、亚当·斯密或孟德斯鸠所做的那种历史——他们观察历史，以便对诸如经济、政治或人口等社会生活中不同方面的运作和相互影响获得更好的理解。那或许不是我本人能够搞的那种历史，然而我觉得做这样的历史非常重要。我在《历史与文学之间》中提到的《交叉口上的时间》（*Time on the Cross*）就是此类历史近来给我留下深刻印象的一个例证，尽管（部分地是因为）它激起了富于兴味的批评。换句话说，我对于能够或者应该搞什么样的历史并没有教条横亘于心。唯一让我有严重保留的，就是蔚为大观的从黑格尔式到斯宾格勒式的那种历史——尽管，我还得承认，要让我摆脱经由卢卡奇而从黑格尔和马克思那里继承来的某些思想范畴几乎是不可能的。我离不开它们。我对它们以及它们所带来的结果提出质疑，然而我承认我需要它们。我并非只身一人。某些宽泛的思想策略成了众多学者的共同继承物。

你说，即便是你也无法抛弃某些范畴，你知道你需要它们。我觉得范畴可以发挥某种特定"视角"的作用，它们就像是人们透过其来观察实在或文本的透镜。每一个时代都有某些"主导范畴"，它们在某个时间和某些环境下是人们可以接受的。一度是马克思"当令"。在"语言学转向"之后，这些主导范畴中有一个是隐喻。那可真是一个关键词，并且提供了一种全新的见解。最近，弗兰克林·安克斯密特在一次访谈中提出，对于语言和话语的痴迷已经过时，我们应该改变主题了。他自己选中了经验这一范畴。这是否新颖而有启发意义呢？你本人对于范畴在科学研究中所发挥的作用颇为欣赏，然而在你的《历史与文学之间》一书中，却没有比如说怀特的比喻学那样的理论框架。

亲爱的埃娃：我提醒过你，我不是理论家，对于讨论理论问题并不会真的兴高采烈。我接受你对于"范畴"提供了视角的理解。这些视角简单地随着时代而变迁的看法却让我不安。如你所言，马克思目前并不"当令"。那就意味着马克思的范畴没用或者无效了吗？为什么呢？倘若说是因为人们真的不再信服于马克思主义的启发性价值，或者它已经由于马克思主义试验在实践上的失败——尽管在我看来，那一失败是否必然并非一目了然，倘若社会主义是在不同的背景下进行尝试，并且并非不得不牵涉到一个相对不发达的国家、一场毁灭性的昂贵的军备竞赛的话——而丧失了资格的话，我还真看不出来。在思想和艺术事务上"当令"意味着什么？是否就像英语谚语所说的那样，"谁买单，谁说了算"？

现代知识分子都有些名声不佳的机会主义心态。他们热爱成功——而不像诗人，珍视那些被人遗忘、不再"当令"的东西。顺便说一句，形式主义和结构主义如今也不再"当令"了，然而，我觉得要想漠视这些"视角"所提供的洞识，并不是件容易的事情。我自己

我不是理论家。

没有足够强壮的哲学"头脑"，来将所有这些相互竞争的视角全部纳入一个完整的、等级化的体系之中，然而我也不愿意仅仅因为我无法将它们与别的视角相调和，就放弃在我看来有价值的视角。这一点或许我已经说过了。我宁愿与各种松散的目标矛盾地共处，也不会为了一致性而牺牲复杂性，虽然我一直试图获得一致性，并且将此视为一桩思想义务。我想，我说到过，吸引我对巴塞尔进行历史性研究（有别于任何的哲学性研究）的东西之一，就是在我看来那个文化致力于将相互对立的价值和需求调和起来的方式，它不断做出脆弱而短暂的妥协，但既不不惜代价屈服于一致性的恶魔（建构全盘的理论或哲学），又不堕入对于多样的、互不相通的"各种话语"以及知识与活动领域的浅薄的接受（为了地域性的经验研究而完全弃绝一切进行综合的雄心）。这也是我处于"历史与文学之间"的缘故。倘若我取了这个名字的那本书没有阐明任何一贯的理论立场，就像你所指出的那样，那不仅是因为收入其中的文章，写于我生活中多少有些不同关注点的不同时期（我并不将此视为随着时尚变化而发生的变化），还因为我对于批评实践和善的生活，比之对于就这些东西进行理论的阐明要更有兴趣。人们需要理论反思和理论范畴，因为一种被它们整齐划一了的实践不会是好的实践。然而，人们往往是在没有先提出一套完备的理论的情况下，就进行批判性的阅读的。日常生活中人们一直都在以此种方式做出实践的决定（道德的、财务的等）。从某种全盘

196

我宁愿与各种松散的目标矛盾地共处，也不会为了一致性而牺牲复杂性。

我处于"历史与文学之间"。

的、无所不包的理论出发，正确的决定一目了然，这并不是常有的情形。通常会有价值之间的冲突，我们不得不在这中间斡旋。我想强调的是，尽管我本人并非理论家，但我对理论并没有教条式的反感。相反的，我钦佩那些我自己写不出来的著作，并且为当下人们蔑视理论的倾向深感悲哀。（没有了关于"实践的"批评家受益于那些从理论上进行思考的人们的自觉，文学批评和历史学同样都会迅速销声匿迹。）我无法赞赏 E. P. 汤普森所谓的"理论的暴政"（the tyranny of theory）——将一切都转化成为理论的借口或者对于理论的例证，并且鄙视在理论上缺乏趣味的东西。

你对安克斯密特所倡言的"经验"范畴是怎么看的？

安克斯密特所说的"经验"*grosso modo*［大致上］对应于我在《历史与文学之间》的导言中所说的"文学"。很显然，我相信这个范畴非常根本，然而，我强烈反对它对于历史学的全面渗透。我眼下正在研究的学者们（巴霍芬［Bachofen］和布克哈特）非常接近于安克斯密特所提出的问题：巴霍芬的兴趣在于史前史、人类学、神话；布克哈特的兴趣在于艺术。这两人似乎都想要抑制叙事性。在我看来，这与他们拒斥黑格尔式的历史进步的故事——"现代主义"的核心所在——密切相关。然而，我还认为，他们试图提出一种并非线性的或叙事的历史，这在他们自身的社会以及他们在那一社会所处地位当中有着意识形态的基础。我无法将此视作"不偏不倚的"或者在政治上中立的。并且，在我对他

黑格尔式的历史进步的故事是"现代主义"的核心所在。

们的困境充满同情，并且对于他们所厌憎的现代性的某些方面并不乐观的同时，却无法赞同他们对于文化和社会利益扩展到更加广大的人口之中的那种不加掩饰的敌意。倘若布克哈特和巴霍芬大行其道的话，我们就不会有这一场访谈了。至少，我无法参加了。我的一切都归之于苏格兰的民主教育的传统。弗兰克林为了"经验"而拒绝叙事，对于在我看来其中可能具有的精英主义的蕴涵，我有些担忧。

197

　　寻求人们所共有的语言学或认识论范畴的某种超验性，以及某种未经中介"的经验"，对于既定的范畴而言似乎是一种有价值的甚而不可或缺的校正和批判。它让我们意识到我们当作"知识"的东西的局限性。从浪漫派开始，就有了对于既定符码的不满——将其视作并非有利于而是阻碍了理解。也许这种不满还要来得更早一些。在普林斯顿弗兰克林报告他的论文的研讨会上，娜塔莉·戴维斯提起了斯维特拉那·阿尔帕斯（Svetlana Alpers）的书和其中的论点——荷兰的绘画在其极盛时期，是要努力超越既定的意大利传统的画面修辞而达到"实在之物"。小说的历史，同时也是人们不断努力超越小说常规的历史。每一部小说都以某种方式是一部"新小说"（*nouveau roman*）。尼采的朋友、巴塞尔大学的神学和教会史教授弗朗兹·奥弗贝克（Franz Overbeck）常常就宗教和神学进行对比。他说，神学是"宗教的撒旦"。宗教是鲜活的经验，神学是用从哲学中借来的范畴将那一经验制度化的手段——与此同时，那一经验就被扭曲和破坏了。弗兰克林的历史"经验"范畴在我看来与奥弗贝克的宗教范畴如出一辙。当然，是否存在着未经中介的经验这么一种东西、原初经验是否未曾被人们习得的范畴所中介，这还是一个问题。我好像记得，狄德罗在他《论盲人书简》里面关于视觉经验的讨论中，提出了一些饶有兴味的看法。他提出（如果我记得不错的话），观看是一种经过学习的活动。人们是学会观看的。

就我自己而言，对于历史认识的可能性我不像弗兰克林看起来那么沮丧。我并不指望拥有某种"经验"。我也不确定自己甚至会去寻求某种经验。我自己对于历史的兴趣主要是道德性和政治性的：我想要更好地理解处境和抉择的性质，以便我可以做一个更好的人和更好的公民。这听起来有些"老套"，这是我们在美国的说法（意思是陈腐而乏味），然而我相信，这根本上也是布克哈特的目标所在。无论如何，我赞同修辞（以及思想和理解方面人们所共有的范畴）依旧有适当的效用。倘若有人认为，"我的"独特的意义或经验非得经由某种共同的符码才能传达给别人，那么既然别人经由共同的符码所接受到的东西不再是"我的"意义或经验，而不过是共同的符码所能够容纳的东西，最简单的交流行为就只能归于失败。可是，如果有人乐于认为他人已经寓居在我之中，"我的"经验并不像人们通常所相信的那样是自主的和未经中介的，而是已经被社会共同的和累积的经验所塑造过了，那么，交流的机会就会更好

198

我并不指望拥有某种"经验"。

我也不确定自己甚至会去寻求某种经验。

我自己对于历史的兴趣主要是道德性和政治性的。

一些（理解过去的机会也是如此）。换言之，或许天才与常规、超绝的洞识和体制化的理解之间的对立，本身就是成问题的。我至少对其可能具有的意识形态蕴涵非常敏感。

再就是，与过去或"经验"交流的契机本身依赖于大量先入为主的信息输入。听得见的语言，是从过多的听得见的信息中分离出来的，可是当我们领会别人所说的东西的时候，对我们而言仿佛是直接当下就做到了这一点，我们简直没有意识到先于认知行动的那个相当条理分明的过滤过程。一方面，我认识到，我们可能会像奥弗贝克所抱怨的那样，被"淹没"在闲言碎语之中——被信息、被僵死的 Wissenschaft［科学］所压倒。另一方面，经由信息的积累，经由"浸没"（继续用奥弗贝克的意象），我们可以获得对于他人和过去的理解，那正是目前弗兰克所青睐的。理解行动、洞见或者决定与我认定它们必然以之为基础的信息之间的关系究竟是什么，这一点并不完全清楚，然而，我不由得认为，要在论证与经验之间做出明确的区分，也许并不正确。"经验"的各个瞬间或许并不能脱离最为博学多识的历史学实践，犹如叙事和论证对于"经验"而言大概不可或缺一样。

你是否认为，诸如"经验""崇高""记忆""意识""悬在中间"（to be between）等范畴开始被看作我们理解过去时的重要概念，这意味着我们考察过去，是因为我们无法在现在找到我们自己？我们是否面对着在现代受到人们敬重的价值的毁灭呢？

　　我不相信我们正面临着"价值的毁灭"，正处在西方文明的一场危机之中。在某些方面，西方文明的价值（我们应该谦虚一点：有些不光是西方文明，而且也是其他文明的价值）在我看来比之过往得到了更加广泛的接受。当前波斯尼亚的种族清洗和屠杀平民所引起的愤怒，或者，举一个更加微不足道的例子，在英国因为一个小男孩被几乎不比他更大的另外两个小男孩谋杀所引起的震惊——这些反应表明，全世界的人们依旧服膺于相当传统的准则，并且分享了某些基本的共同价值。在某些情形下——比如说，恐怖主义——我们一定程度上所面对的是价值的剧烈冲突：这就是我们的报纸杂志上总是有文章想要解释伊斯兰原教旨主义等等的立场的缘故。我们有可能理解恐怖主义者的立场，即便我们为它感到痛惜并且认为那是错误的。更让人感到困扰的，是在西方许多大城市那些异己的、文化上被剥夺了的、没有指望的为数不少的人口中，价值的崩溃已是一目了然：无规则的枪击事件（尤其是在很容易搞到枪械的美国），对于人的生命和受难的普遍漠视。这样的崩溃让人寝食不安。也许，更好的做法，不是将其视为一场"西方文明"的危机，而是看作我们政治经济学中一个关键性的问题，以及我们未能认识到，自由市场和消费者导向的经济学，以其对于个人利益而非共同体普遍福利的强调，在带来了我们所向往的结果的同时，也带来了我们不想要的东西。我相信，没有本体论的基础或者

我相信，没有本体论的基础或者确定性，人们也有可能具有价值并过上人道的生活。

目前存在着一个意识形态的真空。

确定性，人们也有可能具有价值并过上人道的生活，因而，我并不想到巨大的哲学和意识形态的变迁中——比如去神圣化、世俗化或者相对主义——来找寻问题的根源。倘若人们采取这种观点的话，他们必定总是可以将原初的危机在历史上从尼采和布克哈特追溯到启蒙运动、文艺复兴本身（就像布克哈特本人之所为）、中世纪的衰落和唯实论与唯名论的争议、12世纪等等，直至人类被逐出伊甸园。我自己倾向于将这些意识形态的变迁和"危机"放到具体的社会经济条件下来考察。这些变迁和危机可能会造成至关重要的情势，人们力图以哲学或神学所提出来的范畴将其概念化，以求对它们进行理解或做出应对。我的确认为目前存在着一个意识形态的真空，这是由我们所知道的力图实现社会主义的严肃认真的努力的失败以及同时向人们呈现出来的启示——资本主义也没有解决与就业、共同体、工作相关的某些基本问题，以确保人们能够处在一个可以做出负责任的决定的地位，等等——所造成的。而今，社会主义的成功故事和资本主义的成功故事看来都不大有说服力了。资本主义和社会主义都与之密切相关的19世纪的某种叙事，如今在我们看来都是没有说服力而无法接受的。这就是我对于"后现代主义"的理解。我并不认为，所有的叙事都因为这一情势就变成多余的了，然而也并非所有的叙事——即便是在19世纪——都是进步主义的和凯歌高奏的。就像我在不同地方所指出的，历史是一个涵盖了多种多样活动的名词，这些活动是为了多种多样的目的，在纷繁歧异的制度框架中实施的。并非所有的历史都是人类史或者国家史和文明史。有时候，历史是一种研究道德、政治、法理或者经济——甚至人口——问题并且试图提高我们对于这些问题的理解的方式。你可以说，这些研究建基于"我们现在有了更好的了解"这一进步主义的假设之上。然而，情况未必如此。在我看来毫无疑问的就是，近来关于性的历史的著述，很大程度上受到了这样一种感觉的激励，那就是，我们自身在这个问题上的思考并不怎么出色，并且，我们应该从考察别的社会和别的时代的思考和实践中学习很多东西。比如说，彼得·布朗关于古代世界的性的研究，或者劳伦斯·斯通关于家庭史的研究，就没有什么进步主义或者一路凯歌的色彩。

回到具体问题上来，当有人说——就像你用电邮传给我的一篇论文所做的那样——19 世纪早期既是一个乐观主义的时代，又是一个充满绝望和忧郁的世纪时，对我来说，搞清楚究竟谁是乐观主义的，谁是忧郁的以及谁既非前者又非后者就很要紧。这个时代并非任何东西（除非你相信 Zeitgeist［时代精神］这类东西）。就某些人（比如本杰明·贡斯当［Benjamin Constant］）既乐观又忧郁而论，人们就得以非常具体的方式来说明此种含混暧昧的情形。即便是德国人爱将 19 世纪说成是危机的倾向——你很正确地注意到了这一点——也需要加以解释。首先，究竟是哪些群体以此种方式来看待这个时期，并且，是否还有相反的趋向呢？其次，为什么这种

201

对于世界的危机观念在德国（倘若真是如此的话）比之在英国或者法国更加盛行？对于这个论题，你应该看一下佛朗哥·莫雷迪一篇名为"真理的时刻"（"The Moment of Truth"）的精彩文章。在我自己关于布克哈特和巴霍芬的书中，我力图将这二者如你所说的"悲观主义"与欧洲文化和历史的某些特征以及巴塞尔文化和历史的具体特性联系在一起，同时也将其与布克哈特和巴霍芬在巴塞尔文化和社会中的处境联系在一起。

你觉得后现代主义是（或者曾经是）什么？

对此我有一个简单（或许是过于简单）的回答，但我觉得它颇能把问题搞清楚。我将现代主义看作是与进步和改善观念无法分离的。在艺术表现或者道德行为中未必如此，然而在知性中却一定是这样。现代的观点，最时新的观点，将所有先于它的观点都包容在内。有的时候，它本身被当作这一过程最后的观点，有的时候又被看作将被纳入更加包罗广大的观点之中。在我看来，后现代主义标志着所有那类叙事——关于进步的神话的叙事，以及普遍性或整体性要么是可以达到的要么是值得向往的叙事——的终结。它的侧重点是一切的碎片化：历史、社会和国家、艺术品、人类个体。我们无法逃避或否认我们自身的经验，或者拒绝倾听我们同胞的论断，而且我本人不得不承认，要想坚持先前关于历史和人类（大写的历史和人类）的信念并不容易。然而，我依旧希望可以追求另一种普遍性：一种更加温和的植根于主体间性而非客观性的普遍性。曾经表达过类

左栏旁注：

202

我将现代主义看作是与进步和改善观念无法分离的。

在我看来，后现代主义标志着所有那类叙事——关于进步的神话的叙事，以及普遍性或整体性要么是可以达到的要么是值得向往的叙事——的终结。它的侧重点是一切的碎片化。

似期望的理查德·罗蒂，被人指责将对世界的观察局限于大学甚至是美国东海岸那些得天独厚的大学，并且在真实世界严酷的现实面前闭上了自己的双眼。我也很容易受到同样的批评（而且替自己辩护的能力比之罗蒂要弱得多）。无论如何，我的信念与我的职业生涯密不可分。作为一名教师，而且是一名教语言的教师，我全身心地致力于为人们的相互理解和观点交流创造条件。要做教师，我就不能放弃这一点。我在表达自己的理想时不可避免地会让它与教室有几分相像。

我认为，后现代主义在某种意义上就仿佛是 19 世纪悲观主义的延续以及与现代主义的对立。现代文化无法以令人满意的方式来应对存在性的（existential）人类需要。这一"受挫"的过程开始于 19 世纪中期。一方面，那是一个进步的时代、工业化的时代。但是，另一方面，那又是一个绝望、忧郁，对于人类生存中神圣的维度充满渴求的时代。那种挫折感表现在浪漫主义、德国唯心主义和先锋派之中。两次世界大战和极权主义不过是推迟了反抗理性和科学的局限性的"迸发"而已。如今，这种悲观主义以其对于人和"生活"的特别肯定，带着后现代主义的面罩又回来了。

203

你说"现代文化无法以令人满意的方式来应对存在性的人类需要"，我不大明白你指的是什么。你心目中"存在性的"人类需要是什么？你是否相信这些东西是普遍性的呢？世间有各种千差万别的社会和文化安排，其中没有一种是完美的。我觉得我需要更加具体地来了解你所看到的"现代文化"的问题究竟何在，以便对它是否比困扰了其他文化的问题来得更加可怕形成一个判断。

我并不把对于叙事的普遍性的强调看作是回归神话。

现在，我要说，我并不把对于叙事的普遍性的强调看作是回归神话，而是几乎相反：在我看来，那是对于生产某种信息的符码的必要性的认识。通过让我们意识到这一符码，它还提出了有关其地位的问题，它在何种条件下是否可以或者应该加以修正，等等。

历史哲学发生"叙事主义的转向"的同时，历史学也发生了"人类学的转向"。能否谈一谈在你看来当代历史写作中最有意思的趋向：人类学化的历史学和心态史。你是如何看待埃马纽埃尔·勒华拉杜里、卡洛·金兹堡、娜塔莉·泽蒙·戴维斯和西蒙·沙玛这些历史学家的著作的？

你提了一个让我窘迫的问题。实情是，我只是偶尔出于好奇，想看看历史是如何写作的，才读一下历史书。往往是在我想知道某个具体的事情或者想对其有更好的理解时，才去看历史书。换言之，我得有一个问题，无论多么模糊不清。比方说，目前我正在看德国的中国研究的历史，因为我对于 19 世纪早期有一个叫布克哈特的人到麦加去朝圣的游记，以及——更具一般性的——对于在那些使自己置身于其他文化并且往返于不同文化的人们身上发生了什么，产生了兴趣。我读了不少近东研究的历史，有关理查德·伯顿（Richard Bur-

ton)的书等等。然而，有关这批人的更加有意思的一个
例子是理查德·威廉(Richard Wilhelm)——他以翻译和
阐释《易经》而知名。于是，为了有助于了解约翰·刘
易斯·布克哈特(John Lewis Burckhardt)，我正在读威
廉和他关于第一次世界大战前后的中国的著作。

204

就我本人来说，单纯去了解人们在过去是如何生活
和思考的、他们的世界观或经验是什么，我并没有多大
的兴趣。对我而言，历史并不是一种审美观照的形式或
者异国情调。在某种程度上，我对于历史的兴趣是政治
上的和道德上的，而且，我阅读历史书，为的是更好地
理解其他人在别的时代应对伦理和文化问题时的处境。
我猜想，我期望的是，搞清楚了这些问题在别的时代和
处境下是如何呈现出来的，我就比将自己局限于当前自
身的观念和范畴中，更加能够深思熟虑，更多理解地来
处理这些问题。就我来说，历史是一种将自己从当前的
局限(和自足)中解放出来的方式。问题将自身呈现出
来的处境是经济的、社会的以及在某种程度上"人类学
的"(心态或者长时段的社会结构)。如今历史学家们
正确地对于那些"人类学"的背景、对于——如果你
乐意的话——longue durée[长时段]比之过去有了更多
的意识，然而对于结构的重要性的认识，并不必定也不
应该意味着无视特殊行动、事件和决定所具有的意义。
行动、事件和决定是在某个结构之内发生的，然而那一
结构本身至少在某种程度上，是在应对外在影响的同时
也应对那些行动、事件和决定，从而得以不断演化的。

我阅读历史
书，为的是更
好地理解其他
人在别的时代
应对伦理和文
化问题时的
处境。

就我来说，历
史是一种将自
己从当前的局
限中解放出来
的方式。

Parole[言语]（用索绪尔的术语来说）在我看来如同 lan-
gue[语言]一样，本身就值得进行研究，倘若只将其当
作 langue[语言]的体现或实现，就无法恰当地理解它。

　　然而，有时候我从阅读历史中所期待的是别的东
西，这也是实情。歌德在《颜色学史料》（*Materialen zur
Geschichte der Farbenlehre*）中观察到："每一本好书只对
于能够增益它的人而言，才是可以理解和带来愉悦的。
已经具备了知识的人比之只是来学习的人，看到的东西
要多得无可比拟。"歌德自己对狄德罗《论绘画》的翻译
就是他所表达的意思的一个例证。他的译文里面穿插了
评论、论证和质疑。那是一场真正的对话。历史学家在
阅读彼此的著作和论文时，就是在与别的历史学家进行
这样的对话。然而，对待某些历史学著作，可以就像对
待宽泛意义上的文学包括小说那样，不出之以那么科学
的或者学术的方式；也即，那是为了挑战、丰富和提升
我们的道德价值和世界观。我们这样对待的史学著作，
从当代史学实践来看往往是老的、不再时兴的，并且因
此不大会对职业的历史学家构成挑战或有所激发，然而
即便在学术上对职业史家构成挑战的著作，也显然可以
从其作为文学作品所具有的更为普遍的价值的角度来进
行阅读。我自己对于吉本和布克哈特的研读，就更多地
是从普遍的智慧和理解的角度而非特定的历史理解或知
识的角度来进行的。《罗马帝国衰亡史》和《君士坦丁大
帝时代》，并不是作为关于那个已逝的帝国的历史，而
是因为它们所包含的对于人生的洞见卓识而吸引了我的

205

我自己对于吉本和布克哈特的研读，就更多地是从普遍的智慧和理解的角度而非特定的历史理解或知识的角度来进行的。

注意力。

　　还有另外的解读方式。有的时候，历史学家阅读文学文本，不是为着它们本身的缘故，而是为着他们可以从其中抽绎出来的与历史论证相关的东西。而像我这样从事文学研究的读者阅读历史著作，不是为着用它们来研究某一个历史问题，而是为着它们可以给文学或者哲学文本带来的启发。我们经常感觉到，为了获得对于这些文本的更为充分的理解，必须将它们放入语境之中——要做到这一点，我们就得求助于历史学家。我为了研究巴霍芬、布克哈特和奥弗贝克，阅读了巴塞尔之外几乎不为人知的各种各样精彩纷呈的历史著作。有一部是格吉（Geigy）化学公司的公司史。这是我所读过的最激动人心的社会史和经济史著作之一，然而这部书吸引了我，主要是因为它为我的许多问题提供了答案，并且有助于将我真正感兴趣的文本放入语境之中。我对汉学史的阅读——我已经提到过了——也同样是为了搞清楚我眼下正在研究的文本。

　　在一定意义上，你所提到的那些历史学家在同等程度上也是"作家"——事实上，过去的大多数历史学家都是作家。他们想要传达某种世界观和某种伦理立场，就如同他们想要传达有关特定历史问题的某种论点一样。（就此而论，他们或许就是有意识地成为海登·怀特意义上的历史学家。）比如说，大多数人就以这样的方式来解读福柯。我不知道读者是否真的把他当作历史学家来信赖；我想，他们主要是将他当作一个思想家来

我不知道读者是否真的把福柯当作历史学家来信赖。

206

阅读，只是他以对于问题出现或者被建构和形成的敏锐意识来就这些问题进行写作——就仿佛这么一个人，他提出各种大的假设，尔后历史学家们就以经验性的研究来支持、反驳或者重新阐述它们。

恐怕所有这些都表明，我不是一个地道的历史学家。我并不为着历史知识本身而追求它；我想要它或者作为对政治和伦理问题进行反思的指南，或者有助于解读那样一些文本，在其中我可以获得比之关于历史对象的知识更为重要的某些东西。我认为人们不应当将 Wissenschaft[科学]和 Bildung[教养]截然分开，然而对于我来说，最要紧的无疑是 Bildung[教养]。

对于我来说最要紧的无疑是 Bildung[教养]。

在历史思想中存在着危机吗？

就像前面所谈到过的，历史学似乎在从现代主义到后现代主义的变动中特别受到牵连。在很大程度上，19世纪伟大的资产阶级历史学家们所界定的、在学术研究机构和大学中制度化了的，并且被纳入了中学和大学课程表中的历史学，反映了这样的观点：现在比之过去更加优越，因为它以整体化的视角将后者纳入自身之中。对历史学的这种观点和历史学的用处，与意识形态上对于后革命时期的体制以及欧洲帝国主义的辩护密切相关，这一点看来并没有太大的疑问。"后现代的"历史是否可能？为什么不可能呢？历史学并非一直就是高歌猛进和进步主义的。然而，或许无法指望后现代的史学去占据历史学在19世纪思想和学校课程表中所占据的中心地位。另一方面，历史学作为质疑，或者更温和地

"后现代的"历史是否可能？为什么不可能呢？

说，作为研究和更好地理解现存的政治、经济和社会行为的手段，也不大可能被别的东西所取代。

历史与文学之间的差异（如果有的话）何在？

这个问题我也在《历史与文学之间》的《走向一种合理性的历史学》一文中讨论过。我认为存在一种区别。历史学一度是文学这一广阔领域中的一种文体。马克·弗马罗里（Marc Fumaroli）对于文艺复兴和古典时期的修辞学的精彩纷呈的研究《雄辩的时代》（*L' Age de l' eloquence*）清楚地表明，自从浪漫派以来文学概念被收缩得多么狭小。然而，我们也要认识到，旧有的很多东西依然幸存下来了。倘若我们容许"文学"如同涵盖诗学一样，也涵盖修辞的话，所有的作品就都是"文学"：哲学、政治甚至还有科学，或许并不亚于历史。可是一旦我们这样做了，我们就得开始在各种修辞中进行区分。我是在广义上来谈修辞，将其作为一种论证模式，而不是在狭义上，将其作为不过是赢得读者甚至迷惑读者的修饰或者伎俩。在适合于不同性质的主题和修辞情境的不同性质和层次的论证之间做出区分，像斯蒂芬·图尔敏在一部名为《理性推论导言》（*An Introduction to Reasoning*）的出色的大学教材中所做的那样，既是可能的，也是有益的。在我看来，历史学家们受制于修辞（也即，进行论证的法则），而修辞是随着时间而演化，并且被历史话语所普遍接受的。小说作家们则不然。一种机智的对于文学的神秘化，就像是希尔德谢默（Hildesheimer）的《马波特》（*Marbot*，此书

207

我是在广义上来谈修辞，将其作为一种论证模式。

写得就像是一个"真实的"历史人物的自传），可以将我们修辞的俗常特性清楚地展现出来，而提醒人们注意到这一点，这是很要紧的，然而，这并不是将对于修辞的需要一扫而光，也没有减损它们所具有的价值。

对于历史中的真理你又如何看呢？

我喜欢回应的是另一个问题。怎么看待生物学、天文学或者物理学中的真理呢？也许自然科学比之历史学更少受到意识形态的影响，然而，它们并非没有受到影响。但它们并没有放弃，我们也没有期望它们放弃那些它们发展起来以确立"真理"的、用于研究和证实的精致符码。历史学的"真理"建基于符码之上，并且它与自然科学一样，并非"真实"外在的东西的镜像或者单纯再现。然而，这并不意味着历史中的"真理"是无意义的或没有用处的概念。

历史教导我们，只有异端才能成为经典作者。当代"异端"中谁将会成为经典？

谁是异端？我觉得，这与艺术和文学中的先锋派是同样的问题。如果你指的是卡洛·金兹堡和米歇尔·福柯这样的历史学家，这些"异端"的地位可相当稳固。这样吧，在不大能够领会你的意图，又冒着把这个标签弄得过于宽泛的危险的情形下，我说一下在我看来有可能历久弥新而成其为历史学经典的几部著作吧：金兹堡的《奶酪与蛆虫》、布罗代尔的《地中海》、福柯的《规训

历史学的"真理"建基于符码之上。

与惩罚》、汤普森的《英国工人阶级的形成》、尤金·基诺维斯（Eugene Genovese）的《流淌吧，约旦河》（*Roll, Jordan, Roll*），或许还有阿利埃斯的《儿童的世纪》和彼得·拉斯莱特（Peter Laslett）的《我们失去的世界》（*The World We Have Lost*）。人们很容易给这份名单加上更多的书名。所有这些著作都写得很好，往往带有文学质地，而不只是有让人愉悦的风格；它们都产生了影响而常常被人援引，都表现出了某种对于社会和文化的恢宏见识。你看得出来，没有一本是特别专业化的。我的看法是，那些主要是专业性的著作的实质性贡献，将会被径直吸收到历史学界的知识总体之中。这就是我没有将拉布鲁斯（Labrousse）的《旧制度末期法国经济的危机》（*La Crise de l'économie française à la fin de l'ancien régime*）这样的真正巨著纳入名单之中的缘故。事实上，如今的许多历史论著都是照着金兹堡和福柯的路数来做的。然而，这本身并不能确保它们就能够获得经典的地位。

你的历史观是什么样的？

我把你的意思看作指的是历史著作。我徘徊于两种历史观之间：一种致力于实际的知识，是对于特定的事物何以成为它们那个样子的叙事性解释；这种知识可以力争以关于社会领域的规律的形式得到"科学的"表述，就像亚当·斯密和马尔萨斯的情形那样。我所具有的另一种历史观，与文学更为接近。就历史文本引发更进一步的研究而论，它们迟早都要被对所研究的情状提

如今的许多历史论著都是照着金兹堡和福柯的路数来做的。

许多历史文本可以被当作文学文本来利用，激发我们的想象力和同情心。

出更加融贯而让人满意的解释的文本所取代。然而，许多历史文本可以被当作文学文本来利用——激发我们的想象力和同情心，让我们以不同的方式来考虑事情，修正我们对于世界和人类关系的看法。可以设想，历史文本可以同时发挥这两种功能，也即，既是 Wissenschaft[科学]又是 Bildung[教养]。我想，最好的著作大概都是如此。

209

人们如何能够对人文学科的将来有所预见呢？

这是到现在为止你提出来的最棘手的问题。对于事情将会如何变化，我没有多少感觉。很大程度上这将取决于我们的文化和教育体制（大学、研究机构等）的将来，因为在我看来，体制框架极大地影响到反思的特性。对我来说，根本的问题依然在于我们称之为人文的各种学科里面 Bildung[教养]和 Wissenschaft[科学]之间的关系。我不认为这是一个在两者之间做出选择的问题，而是关系到两者的相对权重。对我来说底线一直就是 Bildung[教养]，Wissenschaft[科学]对于 Bildung[教养]而言必不可少。目标不是知识而是善的生活，不是理论而是实践。

目标不是知识而是善的生活，不是理论而是实践。

一直就存在而于今愈烈的危险，就是 Wissenschaft[科学]本身变成了目的，或者 Bildung[教养]（只在养成或教化的意义上）变得脱离了 Wissenschaft[科学]。我不是科学家，我不了解在科学中这些问题如何或者是否发生，然而，我相信，在人文学科中要紧的是，我们并非看不到我们研究的最终目标和正当性之所在（改善每

个个体的生活和共同体的生活），也不认为那一目标已
经近在咫尺，从而变得狭隘和爱向人说教。于是，我就
像通常的情形一样，发现自己得在不同的目标之间进行
调和，这些目标中的每一个在我看来都必定有相当大的
自主性。我想起了歌德在《意大利之旅》(*Italienische Re-
ise*) 中的说法——既充分尊重客体，又与主体直接关
联。我想，我是一个没有经过重构的人文主义者。我的
目标依旧是德国古典作者的那些目标。他们为我观察人
文学科的前景提供了框架——至少，我希望是这样。

我的目标依旧
是德国古典作
者的那些目标。
他们为我观察
人文学科的前
景提供了框
架——至少，我
希望是这样。

问题在于如何使那种见识与民主制、大众教育以及
人口构成、文化和传统的高度多元化相调和。因为在德
国古典主义的时代，那是一种精英主义的见识。我对于
如何才能做到这一点，并不乐观。

以电子邮件进行的访谈
1993 年 12 月 30 日至 1994 年 5 月 13 日

论著选目

The Empire Unpossessed: An Essay on Gibbon's Decline and Fall. New York: Cambridge Univ. Press, 1981.

Orpheus Philologus:Bachofen versus Mommsen on the Study of Antiquity. Philadelphia: American Philosophical Society, 1983. Transactions of the American Philosophical Society, part 5, 73.

Between History and Literature. Cambridge: Harvard Univ. Press, 1990.

Geneva-Zurich-Basel: History, Culture, and National Identity, co-editor with Nicolas Bouvier and Gordon Craig. Introduction by Carl Schorske. Princeton: Princeton

Univ. Press, 1994.

"Basel, Bachofen and the Critique of Modernity in the Second Half of the Nineteenth Century." *Journal of the Warburg and Courtauld Institutes* 67 (1984): 136-185.

"Burckhardt as Art Historian." *Oxford Art Journal* 11 (1988): 25-32.

"Overbeck, Bachofen und die Kritik der Moderne." In *Franz Overbecks unerledigte Anfragen an das Christentum,* ed. Rudolf Brandle and Ekkehaed W. Stegemann, 17-46. München: Chr. Kaiser, 1988.

"Antimodernism in Nineteenth-Century Basel: Franz Overbeck's Antitheology and J. J. Bachofen's Antiphilology." *Interpretation: A Journal of Political Thought* 16 (1989): 358-389.

"The Two Cultures in Nineteenth-Century Basel: Between the French Encyclopédie and German Neohumanism." *Journal of European Studies* 20 (1990): 95-133.

"Cultural History and Crisis: Burckhardt's *Civilization of the Renaissance in Italy.*" In *Rediscovering History: Culture, Politics, and the Psyche,* ed. Michael S. Roth, 404-427. Stanford: Stanford Univ. Press, 1994.

"History and the Study of Literature." *Profession* (MLA)94 (1994): 26-33.

彼得·伯克

历史学家们需要时不时被震动一下。

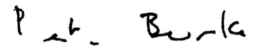

你是如何对历史发生兴趣的？ *211*

　　我还是个小孩的时候就已经在想，我要做一个历史
学教授。第二次世界大战的时候，我还是一个孩子。我
在玩作战游戏。战争结束之后，我无法让英国人打德国
人了，就开始打历史上的战斗。所以，实际上——听起
来有点滑稽——我是经由对于军事史的嗜好而进入历史
的，后来我在大学里读历史，发现了更多种类的历史。
或许我在牛津上学时最兴奋的时刻，就是看到有那么多
专题可供选择。牛津每一个学历史的学生都必须深入钻
研一个具体的课题，其中的大部分都是和政治相关的，
而我突然发现自己不想做这个。政治并非我最感兴趣的
活动。我想写的是我本人乐于参与的那些活动的历史。
可以就艺术进行写作的唯一专题就是意大利文艺复兴。
于是，我学习意大利语，去了意大利，并且研究那个专
题。我就这样进入了文化史，并且在某种意义上一直待
在其中。

我是经由对于
军事史的嗜好
而进入历史的。

你会把哪位历史学家作为你的样板？

　　对于将任何一位历史学家作为样板，我都有一点儿
疑虑。我可以很容易地举出六个或者一打对我而言很重
要的历史学家的名字，而他们之间可能很不一样。包括
布克哈特、布罗代尔、瓦堡（Aby Warburg）、赫伊津哈，

212

还有金兹堡和勒华拉杜里。因此，这是一个很古怪的历史学家的大杂烩，从他们身上我学到了不同的东西，并且力图结合到一起来进行自己的综合。

当代哲学家中谁对你影响最大？

维特根斯坦无疑是对我影响最大的哲学家。但是，如果你说的是还活着的人的话，我想……是保罗·利科。

福柯在他的一次访谈中说，他的每一部著作都有其自身经历的背景。你觉得自己生活中的事件影响了你的写作吗？

我不觉得自己的著作像福柯那样是自传性的。也许这是一个缺陷。我常常很羡慕那些充满激情地投入主题的人们：这样的话，他们在某个特定时间就可以只写一本书。伯林对刺猬和狐狸的区分很精彩。[1] 我肯定是一只狐狸，在任何时候都可以同时写大概十本不同的书。只不过我得决定我将要做哪一个研究，因为所有这些东西对我而言都同样有意思。

我想，每一部历史著作都有些作者个人经历的背景。如果你不是觉得多少与某个东西发生了关联，你怎么能够就它进行写作呢？你并不是非得爱它——你也可以恨它。我的一个老师——休·特雷弗-罗帕（Hugh

---

[1]　参见以赛亚·伯林的名文《刺猬与狐狸》，见其《俄国思想家》，彭淮栋译，译林出版社，2001 年。——译者注

Trevor-Roper）——具有一种让人吃惊的能力。他只有写他憎恶的东西才会写得很棒。他先写的是罗德主教（Archbishop Laud），接着是希特勒，然后是苏格兰人。他从外面来写这些人，写得才华横溢却态度粗鲁，然而鞭辟入里。

最吸引你的文化史并非历史写作的一种新样式，然而眼下它在人类学的影响下却有着一种新的精神。你能谈一下此种新文化史的特点吗？

我总的印象是，人们是在 18 世纪晚期开始将文化史看作一种单独的历史的。接着在整个 19 世纪和 20 世纪早期，我们拥有了布克哈特和赫伊津哈等的经典的文化史。然后在 1960 年代和 1970 年代，出现了第一次变化，人们开始关注大众文化。于是，文化不再被看作是属于精英的某种东西，而是每一个人都拥有某种文化。并且从地理角度来看——不光是西方文明有文化，其他所有地方也都有——他们拥有的是复数的文化。

213

或许还更加有意思的，是后来的又一个变化。在 20 世民 80 年代更是这样，文化史扩张到不仅将更多的社会群体包容在内，而且还将更多种类的活动也囊括其中，于是，文化史家——或者也可以说是社会文化史家，因为那是目前一个常用的称谓——就关注起了日常生活。因此，理所当然地就出现了这样的问题：这与社会史有什么不同吗？可是我认为，它可以有所不同，倘若一个人关注的是日常生活的规则、那些在特定地方和时间没有说出来的规则的话；它关系到，人们的行为应该是什么样的。过去属于艺术史和文学史的东西以此种引人入胜而有时又有点让人害怕的方式得到了扩展。我说让人害怕或者让人迷惑，是因为它提出了我们这些对于新文化史感兴趣的新史学家们才刚刚集体地开始处理的各种各样的新问题。

劳里·纳斯多菲尔（Laurie Nussdorfer）在对两本书——林恩·亨特编的《新文化史》与琼·皮托克（Joan H. Pittock）和安德鲁·韦尔（Andrew Wear）编的《解释与文化史》（*Interpretation and Cultural History*）——的评论中提出，或许并不存在一个名为文化史的领域，或许真正存在的是以某种"文化的样式"来从事研究的历史学家。你是怎么看的呢？

我不认为存在一个名为"文化史"的研究领域，拥有不同于别的领域的研究主题。

我不认为存在一个名为"文化史"的研究领域，拥有不同于别的领域的研究主题。对于布克哈特和赫伊津哈的经典的文化史而论，就是如此。然而文化这一宽泛的意义和概念并非要将实践、表象等东西包容在内。因此，倘若对独立于并且对立于社会史领域的文化史领域进行界定有用的话，那我以为只有从研究取向的角度来这么做。比方说，如果有人在考察社会生活时对于象征物特别有兴趣，那么他就可以将自己称为文化史家。如果有人研究的是同样的史料，却出之以不同的角度——社会变迁，那么他就可以称自己为社会史家。也许这样很好。这意味着这些次级学科之间的分别较之过去要微弱得多。而且，这当然也意味着，从一个领域跨越到另一个要更加容易。我不喜欢各个领域周围存在樊篱。

我不喜欢各个领域周围存在樊篱。

我不相信如此众多的学科都有它们自身的方法。我觉得，你得去找寻的是与问题相适合的方法。因此，人们并没有说："因为我是一个艺术史家，我不会搞这个东西。"如果问题是要去了解一幅画的图像材料，某人是谁，某人是在哪儿接受的训练，那么当然有某些事情是必须要做的。

你得去找寻的是与问题相适合的方法。

你如何排列这些相近的次级学科——文化史，自下而上的历史，人类学的历史以及思想史——的位置呢？

它们全都不同，却互相重叠。它们互相重叠，却不彼此重合。

我往往在相对精确的意义上使用 intellectual history［思想史］一词，用它来指 history of ideas［观念史］。起初，观念史乃是重要人物的观念的历史。后来它扩展成为所有人的观念的历史。倘若人们沿着那条路线走下去，它就会开始变得越来越像文化史，除了有一点：文化史不仅关心观念，而且还关心形式，人们吃东西的方式，他们是否有高度的自控，等等，这样一来，人们写得多得多的，是习俗的历史而非观念的历史。因此，思想史与文化史互相重叠，然而其中的区别还是很清晰的。

历史人类学——在我看来是与第二次转变相伴随而来的，它使得比之过去多得多的人类行为的众多方面成为文化史研究的一部分。看来这就是人类学家们好几代人一直在做的事情。这是说，他们在寻找习俗差异背后的原理，他们来自一个文化，生活在另一个文化中，马上就看出了这些差异。因此，在某个时候，法国、英国和美国的各种各样的历史学家们，都分别地认识到，人类学家所使用的某些概念对于他们的研究所具有的价值。我最熟知的案例，因为那是我当地的案例，就是在牛津时教过我的基斯·托马斯（Keith Thomas）。托马斯在牛津的另一个学院——全灵学院，与爱德华·埃文斯-普里查德爵士（Sir Edward Evans-Pritchard）是同事，后者——在他那一代人中尤其不同寻常——是一个钟情于历史的英国人类学家。他那代人中的绝大部分人都是结构功能主义者，说的是"我们不需要了解过去"。埃文斯-普里查德将此种对历史学与人类学相互依存的认识传给了基斯·托马斯。与此同时，在法国，勒高夫和勒华拉杜里发现了一种不同的人类学，那是法国风格、列维-斯特劳斯风格、莫斯风格的人类学。同一时间，在美国，我们发现其他一些历史学家涉足于另一种人类学——文化人类学。此种合流表明，这不仅仅是一种转瞬即逝的时尚，而是某种真正必然的东西。

为什么文化史家们的研究大都集中于现代早期呢？

我想，也有人在写某些关于中世纪的很有意思的文化史，或许还有关于古罗马的、希腊的等等。可能关于19世纪和20世纪的没这么多。

如果有人想要写这种新的社会文化史，选取一个其假设与我们今天大相径庭的时代，要容易很多。文化距离越大，要认识那种文化距离就越容易。而 19 世纪和 20 世纪的问题在于它们太近了。或许对于社会文化史家的巨大挑战，将会是运用同样的技巧来研究不那么遥远的时代。

你是否认为文化史比之传统史学对于文化有了更加深入的见解呢？

是的。而且我还对可以从各门社会科学中学到很多东西充满信心。我学习人类学、社会学等。然而，如果可能的话，我想要运用那些见解，而且在表达它们的时候，不用所有那些人所运用的专业词汇。对于一种理论是好是坏的测试之一，就是看看人们是否可以将它从专业语言中转译出来，而同时还保持它的意义。

海登·怀特在《元史学》中谈到 19 世纪历史学的黄金时代，谈到"重构作为智力活动的一种形式的历史学，它的关切同时既是诗性的，又是科学的和哲学的"。

在 20 世纪 50 年代和 60 年代，历史哲学的特征是有关历史解释的"方法崇拜"。历史哲学中"叙事的转向"一定程度上就是对于此种将历史非人化的反动。然而，在最近 20 年中，史学理论在朝着文学批评移动，而历史学则聚焦于社会史。这样的话，历史学和它的哲学似乎彼此渐行渐远了。

在我像 1960 年代初期的牛津人那样阅读历史哲学时——有人读亨佩尔，有人读德雷，有人读伽德纳，如

对于一种理论是好是坏的测试之一，就是看看人们是否可以将它从专业语言中转译出来，而同时还保持它的意义。

216

此等等，我觉得很难理解，为什么他们要讨论那些他们正在讨论的问题，因为在我看来，他们对于历史学家所做的事情所持有的印象，实际是历史学家们在 1900 年或者更早时候所做的事情，而与我所认识的历史学家们一点干系都没有。它不讨论经济史或者社会史的问题。它还在对历史学进行哲学思考，就仿佛历史学只不过是政治事件的叙事而已。如今，我不再这么确信了。我认为在历史哲学与史学实践之间，有着远为清楚明了的关联。像怀特那样难以归类——他是在搞哲学、文学还是历史学？——的某个人物的存在，就表明如今其间的关联要强大得多。

你对海登·怀特的《元史学》和叙事主义历史哲学怎么看？

我还记得阅读路易斯·明克关于解释被建构到叙事之中的方式一文时的情景。并不是说讲述任何种类的故事，都是对大问题的回答。然而，某些大问题是通过写作某种叙事而得到最为满意的解答的。海登·怀特产生了大得多的影响。这与他写作的方式有某些关联，然而他也说了某些与明克稍有不同的东西，因为他对于不同种类叙事的修辞更有兴趣。

我在阅读《元史学》时觉得最激动人心的东西——我是以完全开放的心态来读这本书的，因为有人把书寄给我让我作评论，那时候我还从没有听说过这位作者呢。因此，我只是拿起书来读，然后有所反应。让我觉得最引人入胜的，是那种对于情节的关注。不幸的

让我觉得最引人入胜的，是那种对于情节的关注。

是，怀特从来没有探讨过这些情节是出于有意识还是无意识的这一问题。兰克、布克哈特和米什莱的脑海中都有这些基本情节，而且他们在寻找能够使得他们重演他们所偏好的情节的时代和问题。对于某些历史学家而言，我觉得这种观点非常有说服力。我认为关于兰克的那章尤为精彩。可是，我还是觉得整本书过于图式化了。我对布克哈特很有兴趣。我不认为可以将他还原成怀特所强调的那些方面。所有的技巧、所有的态度，布克哈特都有一点儿。或许比之其他的东西而言，他更具反讽色彩。我当然不会将他描述成主要是一个讽刺类型的历史学家。然而，怀特还是看到了别人没有能够清楚看到的东西，并且我认为，或许他是通过将这些东西进行夸张处理而吸引读者，而这是一件好事，因为历史学家们需要时不时被震动一下，只有在这样的情形下，他们才会重新检验他们的某些假设。

> 历史学家们需要时不时被震动一下。

217

然而，你是否认为在历史学中也能看到"叙事的转向"，还是那不过是一种哲学现象呢？

我认为，我们也可以在历史写作中看到此种转向。我不大能够确定的是，此种哲学运动与此种史学运动是否有着深入的关联。

或许从 20 世纪 70 年代中期开始，或许更早一点儿，原先拒斥事件叙事的那些历史学家——尤其是，但并非只是与年鉴学派相关的法国史学家，以及《过去与现在》杂志（*Past and Present*）的社会史家们——重新发现了叙事。为什么他们在这个时候重新发现了叙事呢？

这与他们对决定论的反对以及感觉到这些宏大模式、世界体系等遗漏了太多的历史实在有关。你用了叙事的转向这个术语，这很好。有人说的是叙事的复活。我对此不大满意，因为我认为，他们所转向的叙事并非就是他们——或者他们的前一代人——所反对过的那种叙事。

218

或许过去二十年中，历史写作最有趣味的特征之一，就是要寻求比之旧有的政治事件的叙事更加能够提供完备的解释的新的叙事。在这一哲学运动与这一史学运动之间，可能存在某种关联。我不大敢下断言，因为我不知道我们在谈到此种"叙事的转向"时所想到的历史学家中，有多少位在他们当初最早试验新的方法时，是熟悉那些哲学家的。我敢确认，他们当中并非所有人都是如此；也许他们中的一些人是这样。因此，再回到不同国家中对历史人类学的发现，我认为，不同的群体在互不知情的情况下沿着同样的方向前行。也许这表明了他们是如何反抗 20 世纪后期文化中的某些东西的。设想一下 21 世纪的文化史家们会如何书写 20 世纪后期，就会看到这一点。

不同的群体在互不知情的情况下沿着同样的方向前行。

总的来说，历史学家们对于此种对叙事的兴趣持怀疑态度。他们害怕这会将历史学变成神话或小说。

我认为，我们目前有三个群体。至少，在英国还有相当数量的地道的传统史学家，他们一直在写作叙事，而且从来没有想到过别的东西。因此，"叙事的转向"的念头对他们而言毫无意义，他们也不知道发生了什么事情。他们没有兴趣。

　　第二个群体反对第一个群体，并且决定要写经济史和社会史；他们要写的是各种结构的历史；他们不会为事件而烦心。他们中有些人仍然在抵制，一些人受到了诱惑。我觉得，劳伦斯·斯通 20 世纪 70 年代后期的文章《叙事的复活》是充满矛盾的精彩之作，因为在某些方面他喜欢他看到的东西，在别的方面他又讨厌他所看到的东西。这两种态度混杂在他身上。他对于马克思主义的决定论从来都不满意。他的朋友们是马克思主义者，他并非马克思主义者。因此，对于从决定论中解放出来他充满欣喜之情，然而他觉得丢弃掉的东西太多了。他依旧对结构感兴趣，并且觉得这些叙事的历史学家中的一些人失去了此种兴趣。他们只想讲述关于个体的故事，这在我看来是放弃了我们全都涉足其中的对于历史过程的研究。我觉得就微观史而论，这样的情形非常明显。在有些人眼中，微观史是一条捷径，是一条专业上的捷径。你要做的只是到故纸堆中去找故事，把它给端出来，进行点评，并且这样做很有卖点，比之你将对于家庭结构或者别的无论什么东西的研究写出来都更好卖。然而，对于为数不多的微观史家——乔凡尼·莱维（Giovanni Levi）、汉斯·梅迪克（Hans Medick）——来说，微观史更加雄心勃勃和更加困难，因为它提出了当你在不同的规模上——微观的或者宏观的层面——进行研究时，历史解释是否也应该有所不同的哲学问题。我并不认为他们已经解决了这些问题，然而看着他们经由这些问题而进行研究，让人兴味十

在有些人眼中，微观史是一条捷径。

219

足。我想，这是最近几年来历史写作中最为重要而又最为令人振奋的思想变动之一。

你觉得新文化史——我这里尤其想到的是人类学的历史——可以被看作历史写作中后现代主义的体现或征兆吗？

我得断定我是否真的相信后现代主义。

我得想一下这个问题，因为我得断定我是否真的相信后现代主义。

作为一个思想史家，我对现代性概念有兴趣，而且我知道它从古典时代晚期以来就一直存在着。然而在每一个世纪，人们用它来指的是不同的东西。使用现代性一词的策略之一，是说我们所生活于其中的这个时代是十分重要的一个时代，并且我们正在与过去发生巨大的断裂。因此，从我这样一个研究 16 世纪和 17 世纪的文化史家的立场来看，后现代主义不过是现代性论争中的一种版本，以更加夸张的方式来使用同样的策略。如今人们说我们是后现代派，我开始疑心谁将会是后后现代派！

后现代主义不过是现代性论争中的一种版本，以更加夸张的方式来使用同样的策略。

倘若要我们考虑的是这样一种鲜明的论旨——我们从或许 20 世纪 80 年起进入了一个重大的新的历史时期，那我会非常怀疑。然而，如果我们所谈论的是观念史中的一种趋向，和其他许多有意思的趋向并列的一种趋向，那这当然是 20 世纪后期一种很有意思的趋向。利奥塔以其对于宏大叙事的抵制对此进行了很好的阐述。德里达以其解构一切固定范畴的愿望也对此进行了很好的阐述。这里有的是流动感。那样一种变化是否让我们有理由说，我们生活在一个全新的时期，我对此更没有把握——一个文化史家仅仅会觉得我们从前已经多次经历过这种东西了。

将那些宏大的主张放在一边，在态度方面还有各种有趣的变化，或许我会将有着构成主义（constructionism）、建构主义（constructivism）等不同名目的这种运动单挑出来，因为对于文化史来说这太重要了。那是说，我们不再将社会看作某种固定之物或者外在之物，而是在某种程度上将其视作人们发明出来的东西。它过去通常是社会史的一部分，而今成了文化史的一部分，而这一切都是与对于决定论的反动相伴而来的。因此，就有了或许是 1968 年之后的一种思想潮流，对于马克思主义的拒斥、对于结构主义的拒斥、对于功能主义的拒斥，全都是因为这些东西被认为带有过于浓厚的决定论色彩。

我个人觉得，这种反动走得太远了，人们谈论比如苏格兰或者无论什么东西的发明，却没有考虑到这一问题：人们是否能够如他们所愿，去自由地发明任何国家或者任何社会群体？是否不存在外在的限制？我认为这是下一个十年内我们必须认真思考的问题。

我认为出现这场运动是件好事，因为决定论被夸大了。然而我们必须找到同时谈论想象的自由与社会的限制的方式。

后现代主义没有对你产生诱惑……？

它让我着了迷，但是我仍然觉得与它多少有些疏

220

远。我想，有人主张，过去的二十年或者三十年是一个全新的历史时期，而我依然不大敢确认情况就是如此。我的确赞同说，出现了某些重要的新的思想趋向，然而对过去两百年或者更长时期中的大多数世代来说，就是这样的情形。因此，在那种意义上，我对于后现代主义者们所提出的更加宏大的论旨持怀疑态度。我对更温和些的论旨——有关所有范畴和建构的流动性的论旨——有着浓厚的兴趣。我觉得那些东西更能让人信服。然而，那绝对不是人们初次说出来的东西。只不过是人们如今更多强调它。我们也能在其他时代，看到对我们建构世界的方式别有会心的思想家。

221 我也认为后现代主义之中没有什么新东西。总的来说，我将后现代主义视作 19 世纪哲学经由其与德国唯心主义和 19 世纪历史写作的方式的关联而得以延续。这些观念被以一种不同的方式使用：它们被置于新的语境之下，从而变得颇为新颖。然而，后现代主义反映了某种心态的变化。一种朝着全新意义上的日常、平淡和地方心态的转移。历史学或许是将此种"平庸之物的转化"[1] 合法化的最合适的学科。

或许是这样，然而总是存在着将它颠覆的可能性。英国的情形很有意思。由于撒切尔夫人提出了这个名词，于是就有了对于维多利亚时期价值观（Victorian val-

---

〔1〕 "平庸之物的转化"系丹托艺术哲学名作的书名，参见前文对丹托的访谈。——译者注

ues）的争论。然后，研究 19 世纪的历史学家们开始考察维多利亚时期的价值观，然而，他们没有恰好找到撒切尔夫人所乐于让他们找到的东西。人们诉诸历史，以将某种向传统的回归合法化，但事实却是，历史学家们颠覆了它。

我的看法是，在西方存在过三个时期，或者至少是有三种对于过去的态度。首先是这样的看法：过去就有如现在；它可以回溯到很早以前，但基本保持了同一个样子。然后，文艺复兴以降，过去被视作在若干重要方面不同于我们。你也可以说，过去就像是异邦，虽然相距不远，却无法为我们所理解。而今，对最近这几代人而言，尤其是对于更年轻的人们来说，过去全然就是遥不可及的。任何在他们出生之前的东西都像火星一样遥不可及。这代人对你那种论点没有感觉。

不管怎样说，我还是认为，向历史学习是有可能的，尽管有人说过，我们向历史学到的，就是人们并不会向历史学到什么东西。

历史学在当前的任务是什么？它有新的任务吗？

我并不认为有什么"新的任务"，然而，却有一个日益紧迫的任务，就是理解我们正在迅速变动的文化。发生变动的不光是经济或社会。我们的文化正在变动之中。或许无法用一句话来概括，然而，最重要的变动之一，就是与对于每个地方不同的亚文化的意识相伴而来的文化全球化。因此，人们对文化接触、文化交流，或者用更加负面的词语来说，对于文化侵略或者文化冲突

对最近这几代人而言，过去全然就是遥不可及的。

有人说过，我们向历史学到的就是人们并不会向历史学到什么东西。

一个日益紧迫的任务，就是理解我们正在迅速变动的文化。

222

发生了兴趣。这在当今世界如此紧迫，在不远的将来将会变得至关重要。除了与文化史家的通力合作之外，我看不出还有其他什么领会它的方式。

你说我们的文化正在变动之中。你能否就此多谈一谈。

好的，我认为人们过去勉力生活于其中的民族文化和阶级文化正在消融。有的人喜欢这个东西，有的人对它感到害怕。无论他们是怎么想的，这种情况仍将继续发生。欧洲内部或外部如此众多的群体移民到其他地方，带来了这种文化接触、相遇、冲突等。在我的国家，20 世纪 50 年代亚洲人和非洲人移民进来所带来的文化后果，如今理所当然已经看得很清楚了，而人们近来才开始意识到他们本该在二十年或者三十年前就意识到的东西。无论我们是否接受，我们已经是一个多元文化的社会了。如今我们需要花费更多的时间来了解英国文化。在了解《圣经》的同时，你也需要了解《古兰经》。在这样一个世界里，文化史家真的有很多事情可做。

> 在了解《圣经》的同时，你也需要了解《古兰经》。在这样一个世界里，文化史家真的有很多事情可做。

然而，这种变化反映了一种正在变化的心态。早在 20 世纪 70 年代，许多学者，比如说丹尼尔·贝尔就提出，要回归文化的神秘根基。它体现在对于巫术、占星术、天然药物等的特殊兴趣之中。

我认为，对于许诺了将要带来某些社会变迁而根本就没有兑现的某种思想模式、理性科学的模式，人们有了一种日益增强的幻灭感。于是，无论是对是错，是好是坏，许多人都在反对这个东西。巫术的复活有多么严重，我觉得很难断定，而且说到伦敦和说到洛杉矶时大概情况又很不一样。我觉得在英国，人们更多地是在拿这些念头寻开心，而不是正儿八经地对待它们。你碰到有人爱说："我是巫婆，我是神汉，我是异教的信徒。"除了表明他们对于无神论和基督教的不满之外，那不能说明更多的问题。

谈一谈你对比如说勒华拉杜里、金兹堡、达恩顿所撰写的新史学的看法。你如何解释人们对于这类历史的兴趣？

这里有两个问题。我对这种研究做何反应，以及我对对于这种研究的反应做何反应。首先是 1968 年后的或者无论什么样的对于决定论的反动，对人民的发现，等等。这是我谈论新文化史时所说到的两个特征中的第一个。我猜想，除了这三个人都文笔极佳、是出色的历史写作者——这不同于搞原创性的研究，他们也做原创性的研究，然而他们能够进行精彩的传达——之外，这正是真正对读者产生感染力的地方。在此之外，就是自下而上的历史这样一种态度。这样，普通的读者就能与普通人相认同，说到最后，有人在谈论历史，就像谈论的是他们自己的生活。一个村庄的历史，一个磨坊主的历史，巴黎一个印刷作坊里面一些学徒工的历史。那比之内阁里发生的事情或者滑铁卢战役中的计谋离人们要切近得多。我想要说的是，使得人们对那三本书如此充满热情的，不是它定位于新文化史，而是它定位于自下而上的历史。

223

普通的读者就能与普通人相认同，说到最后，有人在谈论历史，就像谈论的是他们自己的生活。

它们之所以流行，是因为它们展现了与我们自身文化和社会相对照的图景吗？

我认为，历史著作史中的每一个变化，都需要从内在和外在两种角度来考察。我觉得，倘若没有内在和外在这两个方面的解释，任何重要的变化都不可能出现。对于读者大众也即那些并非职业历史学家的人们为什么会觉得微观史更让人觉得亲切而有吸引力，我已经说了一点儿。

通常，至少就他们是民粹主义者而言，微观史家们的立场是靠左的；他们希望普通人阅读他们的东西。他们对普通人持积极态度。如果有人很保守或者很有精英主义心态，他是不会去做这个事情的。但我也想强调，微观史是整个学科在那一特定时刻所需要的东西。也就是说，它的出现，源于对于宏观历史性质的某些主导性解释模式的不满。到 20 世纪 60 年代晚期和 70 年代早期，我们当中的很多人看到了结构史的缺陷。因此，微观史就抓住了这一专业性的层面。就金兹堡的情形来说，这样两个方面非常巧妙地汇集到了一起。他对于他的主题的最近的过去有着强烈的关切，而且他倘若不是马克思主义者的话，至少也是葛兰西的同情者，再就是，他的的确确想要面向普通人说话。因此，对他来说，选择就很简单——他在一本书中满足了所有这些要求。当然，他有足够的运气或者说足够的聪明，在故纸堆中找到了精彩的史料。

他们还让我们相信——正如芭芭拉·哈纳瓦尔特（Bar-

224

微观史是整个学科所需要的东西。

bara Hanawalt）和卢斯·怀特（Luise White）在他们对西蒙·沙玛《死亡的确定性》一书的评论中所说——"对于写小说而言，历史实在是吃力不讨好的一种方式"。

说得很好。是的，历史是写作小说的最困难不过的一种方式，因为除了小说家所碰到的所有和叙事相关的问题而外，还有将自己所写的东西与史料证据联系起来的问题。但是，你的问题有好几个部分。你的问题的另外一个部分或许是，历史学家是否可以找到真理，或者他们是否可以重构它，或者他们不过是在建构而已。

你对像娜塔莉·泽蒙·戴维斯和西蒙·沙玛这样的史学家怎么看呢？

我觉得，娜塔莉很大程度上属于你前面提到过的那个群体；她与金兹堡、达恩顿和勒华拉杜里是一路人。就她而论，她对妇女史有兴趣。然而，这又意味着她写作的是传统史学所遗漏的人的历史，而且因此她就得从不同的角度，来观察全部历史。这与自下而上的历史非常接近。

西蒙·沙玛的情况，多少有些不一样。我从来就没有把他当作美国人，因为他移民之前就在剑桥。他与你提到的那群人有着某些共同的特点。当然，他是个出色的传达者，文笔优美。他对社会史有兴趣。他声称——至少在一本书，也即《富人的窘境》（*The Embarrassment of Riches*）里面——搞的是某种历史人类学。然而，比之这群人中的其他人来说，他对人类学的兴趣要肤浅得

225

多。他全盘接受了某种涂尔干式的共同体的观念，那在很大程度上是《富人的窘境》的基础。他并没有走得更远。对于人类学家与对概念的提炼之间的争议，他毫无兴趣。然后他接着写《公民们》[1]，在这本书中他有点儿将社会史丢在了一边。这是一本很有意思的书。它表面上是一部非常老套的叙事——他称之为"编年史"。实情并非如此，因为有很多新文化史的东西在里面。比方说，对语言，对人们在国民议会中讲演的性质、不断变化的修辞手法等的关注，与林恩·亨特相似而比她稍晚一些，他对于服饰的变化和把人们叫作"公民"等象征手法很有兴趣。因此，那是新史学与传统政治叙事的奇妙结合，因为他走到了极端，声称一切所谓的革命的经济和社会根源都是扯淡，与实际发生的事情全无干系。在这种意义上，他是一个极端的唯意志论者。然而，那又与新文化史的种种洞识结合在一起。我想，这就使得他成为有别于他人的单独的一个群体。你不能说他是一个老派的历史学家，你也不能说他属于像是娜塔莉·泽蒙·戴维斯和卡洛·金兹堡等人的那个国际性群体。我想，他有自己饶有趣味却或许全然前后不一的立场。我觉得其间存在自相矛盾。

在你看来，哪本书提供了关于过去的最好的画面？

我想，也许考察一个并非我所专长的时代，会令这

---

[1] 此书全名应为《公民们：法国革命的编年史》(Citizens: A Chronicle of French Revolution)。——译者注

个问题好回答一些；这样的话，我马上就可以说出三个、四个、五个了不起的中世纪专家，其中的每个人都写了这样的书。或许最不知名，但在我看来和别人一样优秀的，是英国的中世纪专家理查德·绍瑟恩爵士（Sir Richard Southern），他曾经写过一本《造就中世纪》（*The Making of the Middle Ages*），让局外人领会到人们在另一个时代是如何思考和感受的，那对我来说甚至比马克·布洛赫的《封建社会》还要更成功，尽管后者也是我非常钦佩的著作。我想，勒高夫和杜比的某些著作对我而言也可以与此相媲美。

226

　　娜塔莉·泽蒙·戴维斯的《档案中的虚构》（*Fiction in the Archives*）一书也很有意思，然而比之我刚才提到的那几本少了些雄心壮志。它做了一件事，而且做得很有意思；这本书在史学方法上有着重要的蕴涵，而且才刚刚开始被人们感受到，因为传统上人们是这样来进行区分的：历史事实就是你钻故纸堆得到的东西，而历史虚构则是外在于此发明出来的东西。换一个说法，就像某些新历史主义文学批评家一样，她对于非文学的修辞有着高度的敏感。我认为，《档案中的虚构》与近来的一些研究站在同一队列。它们研究的有时候是信件，有时候是自传，有时候是审判材料。在每一种情形下，那些不是公然为了文学效果而写作的东西，都会被表明其中存在文学技巧。而且在某种意义上，这可能是对实证主义者出手最狠的一击，因为她闯入了实证主义者的地盘，表明即使是在这个地方，没有语言学的、修辞的转向，也无从进行研究。我想，她留下了某些没有得到真正解决的有意思的问题，比如说：是那些请求赦免的人们写了这些信件，还是那些职业文书写了这些信件？——既在实质性的层面上，也在事件应该如何得以呈现的层面上。或许我们永远也无法回答这些问题。我认为，在一定程度上，她有一点老套，给人留下的印象是，总是一个犯了杀人罪的人在讲述他或者她的故事。倘若有一个中间人的话，当然会使她核心的论点更加明晰。档案材料比之我们过去所习惯于设想的距离事件更加遥远。

我认为，新史学家的特征之一，就是他们向史料提出了不同类型的问题。

是的。要么你找到了有意思的新史料——总是有这样的情况发生，要么你为了新的目的来使用史料。比如说，我想这批请求赦免的信件是有人知道的，然而他们感兴趣的问题是这一类的：法国的某个国王是否比别人宽赦了更多的人？或者，请求赦免的人——他们是杀了人还是干了别的事情？而戴维斯则以更加具有文学色彩的方式，以不同的问题来考察档案材料。要么你找到了新的史料，要么你找到了新的问题，得以从新的视角来使用史料。

你认为历史学家应该是出色的作家。

绝对如此。我承认有这样的历史学家，他们是一班学者，我非常钦佩他们的著作，但并不想亦步亦趋；他们技巧高超，非常专业，能够在研究课题上做出重大创新。他们发现了史料批评的不同方法，如此等等。我对此深表敬重。然而我一直想要以让广大公众更能接近的方式来写作——对过去某个时期的整体景观提供更多的东西。我本人并不乐于撰写专业论文集。并不是说我认为不应该写这样的东西。我确信应该写这样的东西。但是，我本人的选择是要就大的主题来写作，那意味着在剑桥得不到不折不扣的智力上的尊重。再就是，我写的那类历史还涉及要向这些新的运动学习。然而，这些新运动中非常重要的那些人物不会支持你，倘若你是以很朴素的文字来写作的话。比如说，如果你不是以《表征》（*Representations*）——那是一本我很敬佩的杂志，但我希望，它的供稿者们能够以更接近于日常语言的方式来表达自己的意思——的行话来写作的话，他们或许就会看低了你。而我觉得，他们是完全可以用这种方式做到他们想做的事情的。因此，我决定尽可能保持与日常语言的接近。

我决定尽可能保持与日常语言的接近。

你最喜爱的书是哪一本？

我不认为自己有什么最喜爱的书。有些书是我不断要回头去看的。这些书可以是非虚构作品，就像蒙田的随笔，也可以是小说，就像乔治·艾略特的《米德尔马契》（*Middlemarch*）。或许我可以想出十本或者二十本这样的书来，但恐怕，事实上一本也想不出来。因此，如果你问我这个问题，倘若我只能带一本书去一个孤岛，我恐怕要花很长的时间来思考，或许将开往那个岛的船都错过了。

我想要问一下，你对历史与文学之间关系的看法。我们
如何能够标示出历史与文学之间的分界线来？

某些历史更接
近于小说，而
某些小说更接
近于历史。

17 世纪晚期
和 20 世纪晚
期之间的相似
性吸引了我。

228

我不认为其间有明晰的分界线，然而或许可以说存
在一个边界地带，某些历史更接近于小说，而某些小说
更接近于历史。这恰好是目前许多著作所处的一个地
带——就像是三百年前一样。17 世纪晚期和 20 世纪晚
期之间的相似性吸引了我。在 17 世纪晚期，有一场历
史怀疑论的运动。那时人们争论的是，历史小说勃然兴
起——在英国是丹尼尔·笛福，在法国是圣雷尔神父
（the abbé de St. Réal），而人们无法判定自己在读的究
竟是历史，还是小说。今天，我们看到了后现代主义的
争论，与此同时，我们也拥有了这全部范围内的著作。
我们只举一个例子，因为它刚被用到了电影《辛德勒的
名单》之中。这是一个小说家，他说自己要写的是非虚
构作品，然而，他得了一个小说的奖项。我相信，他讲
述了一个故事，关涉到一系列实实在在发生过的事件。
他进行了历史研究；也就是说，当一个人研究那段时期
的时候，他就会做口述史，科尼里（Keneally）做了口述
史——他对若干人进行了访谈，如此等等。我不知道他
的史料批判进行到何种地步。我不知道，他在多大程度
上受到过此种批判性的训练，将从不同人那儿得到的、
相互冲突的证词进行比较并在其中做出决断。他接着在
没有警告读者的情况下就做了的事情，是创造了某些东
西；也就是说，他创造了人们之间的对话和他们心中的

念头。我们很有理由认为，这样那样的对话确实发生过，或者辛德勒在那个时候有诸如此类的计划，然而人们对此并没有直接的证据。在我看来将他放在虚构一边的——尽管他对自己的标榜并不一样——正是他在没有讨论这个问题时就做了这一切这一事实。我要说，一个研究同一时期的历史学家既会进行史料批评，又会拒绝创造对话，或者会直接说，"我有理由认为发生了如此这般的事情"。然而，这些当然都是 20 世纪后期关于历史写作的标准。修昔底德距离科尼里比之距离我要更近，因为他创造了所有那些在他的历史中有着异常重要的解释功能的演讲词。可是，历史学家们有这样一种集体性的判定，那就是，此种成规有用，但却更具危险性，我们必须找到给出解释的其他方法。

在有些研究者声称历史中不存在真理的情形下，我们又如何能够解决历史真理的问题呢？

229

我是一个相对朴素的英国经验主义者，但并不是十分彻底。也就是说，我确实相信，存在着一个过去，其中既包含着事件，也包含着结构。我不相信，我们可以与那一过去发生直接的接触。过去总是经过了"踪迹"（traces）的中介——与"证据"（evidence）相比，我更喜欢这个词。这在一定程度上，只是以新的语言来描述历史学家们很长时间以来就已经意识到了的东西。只不过，尽管他们意识到了有关史料批评的这些问题，他们却依旧使用事实和客观性这样的语言，给人留下的印象

> 我是一个相对朴素的英国经验主义者，但并不是十分彻底。

就是，他们认为他们有更加直接的通道通往过去，而实情并非如此。

我认为，回到真理问题的一种办法，是对英国人在法庭上做证人时所说的话进行反省。他们发誓要说真相，全部的真相，除了真相之外别无其他东西。显然，历史学家从来就无法讲述全部的真相。要写作三十年战争的历史，当然要花上比三十年更多的时间，因为那会是这么多人生命中的三十年。无论如何，证据不可能全部存留下来。是谁说过，历史就像瑞士奶酪——上面全都是漏洞？有些事情是我们所能够知道的，也有些事情是我们永远也无从知道的。我们无法讲述全部的真相。我们能够只讲真相吗？那就更加困难了。我们可以做出巨大的努力，只说我们有证据支持的东西，或者，当我们在推论的时候，向读者说清楚，我们这是在推论。也许有人会说，这里除了真相别无他物。那也还是个人对于个人认为有意思或重要的事情进行的选择。而这显然是因人而异、因世代而异、因文化而异的。就此而论，作为历史学家，人们是无法达到这样一种意义上的"真理"的——他们所做出的一系列陈述，对于不同文化、不同时代的人们来说，都是同样有意义并且同样能够接受的。因而，就此而言，我们无法达到真理。或许更好的说法是——我们可以达到某些真理，并且我们可以避免说出虚假不实之言。

历史写作中存在一场危机吗？

我喜欢以相对准确的方式来使用危机一词。我喜欢

用它来指一段相对较短的磨难期，随之而来的是结构上
长时段的变化。从对于此词的准确的用法出发，当你身
处危机之中的时候，你是无从知道自己处于危机之中
的，因为有些磨难期是没有长时段的变化继之而来的。
因此，人们当然可以提出这样的问题：我们是否经历了
一场危机？我 20 世纪 50 年代在牛津做学生时候的历史
写作的模式，与我眼下力图追循的模式，其间差异如此
巨大，在我看来，几乎就像是中世纪所写的历史与文艺
复兴时期所写的历史之间的差异一样地巨大，就此而
论，我当然有情形正是如此的印象。因此，在这种意义
上，我会赞同说，存在过一场危机。对于某些人来说，
磨难依旧还在进行之中。其他人或许会觉得，他们已经
走到了另外一头。

你是否认为以文化人类学的模式来写作的历史——心态
史——将来会是历史学中的主流？

　　首先，历史写作如今有一种感召力，一种对公众
的感召力，这在三十年前还是难以想象的。当然，它
总会丧失掉这种感召力——它是一种短期的潮流，一
种时尚，这一可能随时存在。幸好我还不觉得是这样
的情形。我没有这种看法的一个原因是，我认为社会
变迁仍在加速。不断加速的社会变迁的后果，就是人
们产生了自己被从根扯断开来的难受的感觉。因此，
大多数人都有重建与过去的接触的心理需要。于是，
他们需要阅读历史，或许不大会是我所写的那类历
史，而是有关距今较近的过去的历史，以重建这些联

230

系。因此，只要这个世界还在照它现在的方式和速度继续发生变化，历史就会是许多人都感兴趣的东西。我觉得，新社会文化史、自下而上的历史和微观史之所以兴盛起来，恰恰是因为它们比之传统史学，更多地对这些需要做出了回应。我得说，在我自己的国家，或许历史中最流行的部类是非常老套的那种——第二次世界大战史、战役史。当然，人们应该在历史的男性读者和女性读者之间有所区分，我认为，18 世纪社会史出现的一个原因，就是它用到了正在上升的、女性公众阅读特别感兴趣的某些东西。然而，传统的第二次世界大战史的那种持续畅销的方式，也让人难以置信。我不知道这完全是纯粹地域性的情况，还是英国之外也有同样的趋向。

231

20 世纪哲学的特征是对于语言的痴迷。弗兰克林·安克斯密特在他的访谈中告诉我，我们应该改变主题和分析的范畴。他本人感兴趣的是"经验"范畴。你如何看呢？

在 19 世纪和 20 世纪初期，经验范畴对于历史学家和历史哲学家来说是非常重要的东西。狄尔泰、克罗齐和柯林武德都对历史经验心驰神往。我自己想要继续写作一种既关注结构又关注经验的历史。或许最好的就是对于不断变化的结构的不断变化的经验。我不认为应该只写人们意识到的东西的历史，就像我不认为可以或者应该只写关于非个人的趋势的历史一样。真正有意思的东西乃是两者之间的互动。

能否谈一谈你对人文学科前景的瞻望？

我觉得要紧的是，它们要停止碎片化和专门化。或者，至少要以将事物看作一个整体、在不同学科之间展开合作的有意识的努力，来抵消和抗衡专门化和碎片化的趋势。这是我在自己全部的智性生活中所企图要做的事情。我不知道我们是否已经强大到能够扭转这个趋势，因为显然此种碎片化有其自身的逻辑。我认为，存在着一些机会，可以将专业化与将事物视为整体的努力结合起来。那就是，在大学人文学科的课程中，教师越来越不满于让学生三年只学一个学科或者无论什么东西。开设某种混合型的人文学科的课程，到了研究生的层次再分门别类，是否会更好些呢？先让他们将事物看作一个整体。至少就我所在的地方而言，这是一种新的潮流。看到事情朝这个方向有了一点儿挪动，真是让人高兴。

232

意大利，普拉托
1994 年 4 月 18 日

论著选目

Culture and Society in Renaissance Italy, 1420-1540. London: Batsford, 1972.

Popular Culture in Early Modern Europe. New York: Harper & Row, 1978.

The Historical Anthropology of Early Modern Italy: Essays on Perception and Communication. Cambridge: Cambridge Univ. Press, 1987.

The French Historical Revolution: The Annales School, 1929-1989. Cambridge:

Cambridge Univ. Press, 1990.

Language, Self and Society: A Social History of Language, co-editor with Roy Porter, with an afterword by Dell Hymes. London: Polity Press, 1991.

Editor, *New Perspectives on Historical Writing.* Cambridge: Polity Press, 1991.

The Fabrication of Louis XIV. New Haven: Yale Univ. Press, 1992.

History and Social Theory. Cambridge: Polity Press, 1992.

Antwerp, A Metropolis in Comparative Perspective. Antwerpen: Snoeck-Ducaju, 1993.

The Art of Conversation. Ithaca: Cornell Univ. Press, 1993.

The Fortunes of the Courier: The European Reception of Castiglione' s " Cortegiano." Cambridge: Polity Press, 1995.

"Historiography." In *The New Oxford Companion to Literature in French,* ed. Peter France, 382-384. Oxford: Oxford Univ. Press, 1995.

"The Invention of Leisure in Early Modern Europe." *Past and Present* 146 (1995): 136-150

"Reflections on the History of Encyclopaedias." In *The Social Philosophy of Ernest Gellner,* ed. John A. Hall and Ian Jarvie 193-206. "Poznán Studies in the Philosophy of the Sciences and the Humanities," vol. 48, 1996.

"Fables of the Bees." In *Nature and Society in Historical Context,* ed. Mikulas Teich, Roy Porter, and Bo Gustafsson, 112-123. Cambridge: Cambridge Univ. Press, 1997.

"The Self form Petrarch to Descartes." In *Rewriting the Self: Histories from the Renaissance to the Present,* ed. Roy Porter, 17-28. London: Routledge, 1997.

斯蒂芬·巴恩

 Ricorso[回归]不仅是一种非常重要的史学现象，而且也是对于我们关于这个世界的当代经验的指南。

什么或者谁是予你灵感的主要源泉？

　　我想，在很多方面，我从各个地方和人们那里获得灵感——如果我可以这么说的话，尽管我并不以浪漫的方式来用这个词。我这么说，既指当代世界中的人们和地方，也指过往的人们和地方。在某个时候我发现——那可真是一个很好玩的发现——在我的论著中居于重要地位的，是许多名字以字母 BA 开头的人物。对我主要的批判性的影响来自罗兰·巴特（Roland Barthes）。我做研究生时候认识到自己本来的兴趣是在法国史学家普洛斯帕·巴兰特（Prosper de Barante），让我开始入迷的最晚近的一个人物是名叫约翰·巴格雷夫（John Bargrave）的坎特伯雷教士。当然，我自己的名字也是 BA 开头的，而且，如果有人到一份索引里面去找自己的名字，就像人们有时候出于虚荣心去做的那样，他就肯定会似向于找到那些名字以 BA 打头的人。我还想说的是，对于不同时期的具体环境而言，我也有某种个人的眷顾，那是与我自己生活的环境相关联着的。比如说，我住在一栋 19 世纪 30 年代修建的房子里面，那与我原来所研究的时期非常接近。我还住在一个城市——坎特伯雷——里面，那里以这样那样的方式支配了我近来的撰述。

伊安·汉密尔顿·芬莱（Ian Hamilton Finlay）又如何

我从各个地方和人们那里获得灵感。

呢——你似乎对他有一种特殊的亲切感？

这又是很不一样的一回事了。我一直在就他进行写作，并且与他通过信。从 1946 年起，我们有很多通信。就此而言，我觉得，其中最要紧的是，在 20 世纪 60 年代早期的剑桥，历史学是一个相当保守而多少让人有些困惑的学科。我估计其他学科也是同样的情形。然而，我在剑桥的一些最亲密的朋友实际上并非历史学家。他们有的是研究建筑学和艺术史的。我上中学时就开始画画、编杂志等，在剑桥我开始与当代先锋派打起交道来了。1964 年，我和一些朋友第一次拜访芬莱。从 1967 年起，我几乎每年都要常规性地去拜访他，而且我们一起携手卷入了对于现代主义的创造性反弹。我说这个，是因为我想起来，比如，介绍他去读潘诺夫斯基（Panofsky）的一些文章，那有助于激发他对徽章的研究。那是一种对话。1977 年我给他《英雄的徽章》（*Heroic Emblems*）一书写了一个连续发表的评论。在某种意义上，我自己不愿意把我对先锋派艺术和历史学的兴趣紧密联系起来，它们除了在某些地方发生重叠外，是以一种适成对比的方式存在着的。然而，我觉得，要说发生在 70 年代的是对于新古典主义的某种回归，也是正确的。就像伊安·汉密尔顿·芬莱当时所清楚地看到的，现代主义正在崩塌。当代艺术家的参照域在时间上猛然得到了巨大的扩张，不仅对于汉密尔顿·芬莱来说是这样，对于我后来认识的许多更加年轻的英国艺术家——斯蒂芬·考克斯（Stephen Cox）、安东尼·格姆莱（Antony Gormley）和克里斯托弗

235

我开始与当代先锋派打起交道来了。

现代主义正在崩塌。

·勒勃朗（Christopher Le Brun）那代人——来说，也是如此。

活动艺术〔1〕——那也是你的兴趣之一——是与表现（representation）的危机联系在一起的。你在历史写作中是否看到了这样一场表现的危机？从表现的角度来看，艺术与历史之间是什么样的关系呢？

我想，我要以一种特殊的方式来看这个问题。我的意思是，关于历史和历史写作的问题准确说来就是：什么是历史表现？而这就是我在我的《克里奥的衣裳》（*The Clothing of Clio*）一书以历史表现的概念作为副标题的缘故。其实，那本书中的所有文章都与表现有关。直到最近，（尽管很显然，海登·怀特的著作让人们注意到书写出来的历史和历史编纂在修辞上被编码的方式，）在历史方面人们对于历史表现的不同形式还是甚少措意；而历史表现在我看来不仅包含了历史绘画、历史小说，还包括比如说博物馆，那也是历史表现的一种形式，或者可以被当作历史表现的一种形式来对待。

就艺术而论，至少在一定程度上，表现的危机意味着回到西方艺术在其起源阶段的那些概念，并且在某种意义上是回到其主导性的原则。比如说，古希腊时期。我觉得很有意思的是，让我觉得亲近的艺术史家们——比如法国的乔治·迪迪-胡伯尔曼（Georges Didi-Huber-

236

人们对于历史表现的不同形式甚少措意。

---

〔1〕 活动艺术（kinetic art）是一种艺术形式，指可用机械驱动活动部分或利用光或色彩造成活动错觉的雕塑或组装作品等。——译者注

man)——在返回关于希腊艺术的论著的选本，召唤那些如果曾经存在过，现在也已不复存在、消失了的画作。（诺曼·布里森［Norman Bryson］在他关于荷兰静物画的《看那些被忽视了的东西》［*Looking at the Overlooked*］一书中也是从古典时期开始的。）因此，对我来说，艺术与历史处在一种非常紧密的关联之中，然而在这两个领域之中发生的事情并不一样。在历史学中我们是在重新发现表现这一事实，而在当代艺术中我们是在重新发现潜藏其下的历史基础。那不仅只是一般而言的表现，而且还有人们所重新探究的体裁结构：比如说，波普艺术家理查德·汉密尔顿（Richard Hamilton）致力于静物画、风景画等这一事实，就表明在当代艺术的背景下，体裁具有一种重要的决定性的影响力。

由于历史哲学中"叙事的转向"和历史写作中"人类学的转向"，历史被置于与文学更加接近的位置。职业历史学家所写作的某些著作——比如说，西蒙·沙玛的《死亡的确定性》——实际上就是历史小说。在历史与文学之间的边界遭到"动摇"的这种新情势下，我们如何能够将历史与文学区别开来呢？

那在 18 世纪是很容易做到的一件事，那时历史学是文学一个附属的分支。在 19 世纪这也还相当容易，那时历史学决定了它不是文学，并且因此它就要忽略自身赋义性的维度（signifying dimension）。然而问题在于，我们要将 18 世纪和 19 世纪以及最后还有 20 世纪的历史学都考虑到，这对于我们来说就没有那么简单了。我

237

认为要紧的是，一种将注意力吸引到我称之为更为广阔的历史学领域或者历史表现的领域的策略，那一领域也将诸如保存（conservation）和如今人们常常称之为"博物馆学"的这类概念包括在内。要尽可能地让历史学家们认识到，他们那一（用杰弗里·埃尔顿［Geoffrey Elton］的话来说）对过去进行合理重建的专门领地，在社会方面有诸多用途，其中的许多用途，事实上其中的绝大多数用途，是无法以同样的标准来加以维护的。换言之，我觉得，我所谈到的这些不同，基本上可以与尼采在《历史对于人生的利弊》（*The Use and Abuse of History for Life*）中所提出的策略联系起来。显然我不是在毫无保留地推崇尼采，然而我的确赞同他的是，人们必须要问的，不应只是一门学科的专业标准要如何才能得以维系，以及它与其他学科的联系何在，而更要问如下的关键性问题：那一特定学科是如何得到社会确认的，以及就历史学家一直目不旁顾、倾注心力而将其摒弃在外而论，是否有某些重要的社会问题被绕开了？

在你的一本书中，你写到了娜塔莉·泽蒙·戴维斯——她是如何为电影《马丁·盖尔归来》准备剧本的。你对"新史学"是怎么看的？

我想，我衷心崇敬娜塔莉·泽蒙·戴维斯的研究，让我对她特别发生兴趣的，是她很深地涉足到电影《马丁·盖尔归来》的制作之中。她一定考虑到了，而且在她的著作中清楚地指出了，实际上支配着电影之中的表现的与支配着寻常历史表述之中的表现的不同因素：比如说，情结构成的方式不是任意决定的，而是要与观众的感知通盘联系起来，因而不能仅仅将其当作装饰或者风格弃之不顾。勒华拉杜里是我最感兴趣的"新史学家"，至少在我 20 世纪 80 年代进行写作时是如此，我觉得这带来了一个很有意思的东西。法国史学家依循着米什莱的传统，认为强调他们本人是作者乃是再自然不过的事情。以法国电影为例，他们提出了作者（auteur）理论来解释，为何某些电影导演不仅实际掌控着作品的技术性的方面，而且还掌控着视觉风格、灯光、摄影机的工作等。换句话说——它成为了彻头彻尾的艺术品。我觉得，在某种意义上，法国历史学家能够成为作者，而那对于英国历史学家来说会是非常困难的。法国历史学家会强调他或她的主观性，并且会像勒华拉杜里那样制造可被感知的时代错乱。这些东西并非谬误不确之处，因为历史学家是在有意识地将自己置于当代作者的立场，而且对此并不讳言。就西蒙·沙玛而言，他书中有意思的地方恰恰就在于他在冒那样的风险，然而他是从一个相当不同的视角出发的：我指的是，他一反传统历史写作之所为，与英国和美国的传统背道而驰。我得说，我最钦佩的历史学家之一是英裔美国历史学家史景迁（Jonathan Spence），他写了《利马窦的记忆之宫》（*The Memory Palace of Matteo Ricci*）。这本书讲的是 17 世纪一个到中国的耶稣会士，书中的每一章都被构想为某种"记忆之宫"，以一系列不同而又恰当适宜的物品储存了记忆，这些物品中的每一个都引向另外的一个。每一

238

法国历史学家能够成为作者，而那对于英国历史学家来说会是非常困难的。

章都有一个特定的表意字、一个汉字放在开头，以标示
该章。[1] 这本书的整体结构是被一系列的单个意象所
决定了的，可以在弗洛伊德的意义上说，每一个意象都
是一种特定的凝缩[2]，支配了那个特定部分的文本
材料。

某些新史学(我就不提名字了)让我不喜欢的东西，
就是它常常像是直接从卡片索引里面编辑而成的。换言
之，你可以看到，有人确立了诸多范畴，然后去收集堆
积如山的史料，找到与所有这些不同范畴相关的东西；
接着他或她不过就是浏览索引，将不同种类的信息联结
起来。这种策略在我看来造成了一种很不恰当的形式结
构——要让我来分类的话，那更是资料库或者百科全
书，而非历史著作。

你不认为那种历史著作只是到了"后现代氛围"下才
出现的吗？

是的，我想是如此。我想说的是，我觉得人们在诸
多不同的语境下找寻后现代主义，并且设法找到了它。
我所做的与后现代主义有关的最早的研究，是我在 20
世纪 60 年代后期和 70 年代初期关于法国新小说的论
文。事实上，我整个一生中作为一个学者和研究者接触
时间最长的就是法国新小说家罗伯特·品杰（Robert

---

〔1〕 此处说法不确，该书有的章节开始有一个汉字，有的章节则是一幅绘
画。——译者注
〔2〕 凝缩(condensation)，心理学术语，可指在梦中将不同形象结合成为单一的形
象。——译者注

Pinget），他还在出书，已经八十多岁了。小说的此种重新定向，后来在 20 世纪 60 年代被詹明信视为后现代主义的迹象之一，显然就是我当时也意识到了的某种东西。我想，我也的确在 60 年代意识到了从现代主义到复兴了的新古典主义（或者不管人们怎么称呼它）的转移，后者与芬莱这样的诗人和艺术家联系在一起。就历史方面而言，问题或许是，对我来说，历史学的意识形态并非明确地就是现代主义的；规范化的历史学、传统历史学在很大程度上依旧是浪漫主义的。我赞同阿克顿爵士所说的，历史学是由浪漫主义学派流传而来的；换句话说，它关切的是透明性的神话，表现维度的概念无足轻重，而专业的、科学的态度则是浪漫主义神话制造的另一面，并且因此需要与它区分开来。因此，历史学方面所出现的断裂对我来说并非彰明较著地就是后现代主义的，这恰恰是因为我并没有真正搞明白现代主义史学究竟是什么样子。我想说的是，现代主义历史学或许是一桩自相矛盾的事业，因为，与任何对于过去的客观的、特殊化的或科学的看法相比，现代主义的抱负终归更加是规范性的、普遍性的和乌托邦的。

历史学的意识形态并非明确地就是现代主义的。传统历史学在很大程度上依旧是浪漫主义的。

我并没有真正搞明白现代主义史学究竟是什么样子。

上个周末我参加了一个关于米歇尔·福柯的遗产的会议，会上讨论的一个问题是"新历史主义"的现状。新历史主义的观念让我倍感愉悦，那在我看来是一个有趣的发展，因为它基本上是那些主要关切文学或者用斯蒂芬·格林布拉特（Stephen Greenblatt）的话来说是"文化诗学"的人们对于史料和档案的认可。并且因此就可以将它视作历史学以某种人类学和文学的方式来恢复元气。我想，也可以将它视作后现代主义的发展，因为从前的现代主义者如今用不着太多担心，就可以回到历史，获取他们想要的东西！因此，新历史主义像是刚穿上了历史的装扮。然而我认为不管怎么说，它的结果会是一种非常重要的新的综合。

你是否认为后现代主义的特点——从宏观到微观、从外到内的转移——对于将来有特殊的重要性？

　　我为我与威廉·阿伦（William Allen）一起编的一本文集《解释当代艺术》（*Interpreting Contemporary Art*）写了一篇论文，我可以用它作例子。那是关于希腊裔意大利艺术家詹尼斯·库内利斯（Jannis Kounellis）的。詹尼斯·库内利斯让我觉得有意思的地方，是他没有一个围绕着某一地理和文化场所（纽约、伦敦或者巴黎）的传统的、古典的立场。然而，他的确具有某种地志学（to-pology），在其中，雅典、拜占庭帝国，还有西方，所有这一切蕴含深厚的文化史概念，所有这些区域都在其中交相辉映。我感觉，后现代体验并非每个人确确实实摆脱了文化的阻碍，而是指人们具有的是我所谓的地志学，而非一个固定的点。那就是植根于过去的不同的结构性的点，它们混合在一起，影响到了一部作品出现的方式。我还可以再说说我最近写到过的一个艺术家，收在斯坦福出版的一本书《交流的物质性》（*Materialities of Communication*）中。我讨论的是美国艺术家彻·托姆布利（Cy Twombly）。托姆布利是一个极为重要的艺术家，

可以将新历史主义视作历史学以某种人类学和文学的方式来恢复元气。

240

因为他是纽约派的成员，并且那时候，在 1950 年代以及 1960 年代，他越来越多地去意大利。他开始连续一段时间住在那里。自那时起，他的作品关心的是西方和东方的某种神话般的对立。我在我《真正的葡萄藤》（*The True Vine*）一书中，一定程度上也讨论了这个方面的问题。

你谈到从宏观到微观的转移，我把这看作后现代主义当然还不具有全球性的一种情势，这里我指的是就我们丧失了对于特定文化的任何感觉而言的全球性。那将是一个乌托邦。然而，那涉及对于我们依然经验到的神话般的对立的某些形式的重构和循环往复。我要说的是，究竟谁能够否认东欧和西欧之间的分裂——那在严格意义上已经不再是政治上的分裂——依然是一种极其严重的文化分裂呢？我刚编完关于弗兰肯斯坦的一系列论文，其中也涉及了德拉库拉。[1] 当代法国作家让-路易·谢菲（Jean-Louis Schefer）有一篇精彩的文章，指出拜占庭关于圣餐的学说与西方关于圣餐和上帝实际现身的观念之间的差异，对于德拉库拉神话的建构而言具有根本性意义。而这在我看来，恰恰就是那类完全被我们的文化立场（至少在欧洲）所决定的那些点；我猜想，对于某些美国人，当然，对于那些到欧洲生活者，也是

241

---

〔1〕 弗兰肯斯坦（Frankenstein）是英国女作家玛丽·雪莱（Mary W. Shelly）1818 年所著同名小说的主人公，一个创造怪物而被其创造物毁灭的医学家。德拉库拉（Dracula）是 19 世纪英国作家布拉姆·斯托克（Bram Stoker）所著同名小说的主人公，为吸血鬼之王。——译者注

同样的情形。

顺便问一句……你对德拉库拉那种浪漫的意象是怎么看的？我想到的是科波拉（Coppola）的电影。

不巧的是，我没有看过科波拉的电影，然而，我的确知道，那是第一部确实认真对待德拉库拉是一名十字军战士这一事实的电影。换言之，它具有历史背景，那对于布拉姆·斯托克而言是很关键的。你无法在《诺斯菲拉图》（*Nosferatu*）或者别的早期的德拉库拉电影中找到那样的东西，在那些电影中，德拉库拉像是来自虚空的人，或者至少是从城堡阴暗的门廊里走出来的。

你如何评价彼得·格林纳威（Peter Greenaway）的电影呢？

就格林纳威而论，我觉得成疑问的是略为有些不同的问题。然而，我认为格林纳威很重要，并且实际上他在英国总体上被评价过低的原因，是由于他确实将表现问题看作并非电影所独有的。好莱坞传统中，制作精良的电影都绝对将叙事置于优先地位，而彼得·格林纳威感兴趣的，却是编定清单和建构对称体。我知道的他最具娱乐性的一部电影，展示的是一系列的浴室（从 A 到 Z）。我看了彼得·格林纳威在鹿特丹的展览会，他将很大一部分藏品按身体的各个部分重新分布，而且以很不一样的方式来给它们照明，于是，你在画廊的一部分看到鲁本斯的绘画上光线倾泻如注，而在另一部分看到的是玻璃箱里的裸体模特儿。格林纳威有意思的地方在

242

于，他扩展了表现的领地。当然，电影是他的媒介，然而，它是一个总体视野——绘画与电影在其中相距不远——中的一个方面。让我感兴趣的还有，比如说像让-马里·斯特劳布（Jean-Marie Straub）这样的电影导演——他最近关于塞尚的电影我还没有机会去看，然而我读过有关的东西。造型艺术、造型艺术的历史进入当代电影——我觉得真是让人着迷。

后现代主义对你来说意味着什么？

坦白地说，我很少用到后现代主义这个词。因此，我很难作答，因为我还真没有想过这个问题。我不觉得这是一个很有用的概念。我觉得现代主义很重要，也很有用，我的很多论著都涉及对现代主义支持或反对、入乎其内或者出乎其外的问题。

我不觉得后现代主义是一个很有用的概念。

后现代主义观念对我而言多少是一个"包罗万象"的概念。

后现代主义观念对我而言多少是一个"包罗万象"的概念，它有点儿意味着建筑学上的某些东西。比如说，我所追踪的查尔斯·金克斯（Charles Jencks）的作品，就与伊安·汉密尔顿·芬莱的某些方面非常接近和相似。我所知道和感兴趣的许多艺术家，可以被金克斯归类为后现代主义者。可是，我觉得像是建筑这样的领域，有从现代主义到后现代主义的一系列旗帜鲜明的立场，给后现代主义的概念赋予了确切的内涵，而适用于视觉艺术或者历史学的更加散漫的意义，在我看来就没有这么大的用处了。

我更喜欢的是维柯所使用的词——*ricorso*[回归]。我觉得这是一个非常有用的词，因为它径直就意味着返回。它指的是回到并重新采取原先就潜藏在那里的立场，然而，这当然也意味着梅开二度时某些东西已有所不同。它所预设的，更是一种循环式的运动而非线性的运动。现代主义建基于线性的观念、进步的观念和启蒙的观念等。说到 ricorso[回归]，举个例子，我将要进行的对约翰·巴格雷夫的研究要涉及的是"奇特性"（curiosity）的观念。目前研究这一领域的，有一位波兰学者克尔采斯托夫·波密安（Krzysztof Pomian），他的写作予人启迪良多，我觉得可以从他那儿受益很多。可是，让我觉得有意思的，不止是在 1980 年左右，人们突如其来地就开始对奇特性发生了兴趣，还有这一事实：当代艺术家们如今将奇特性作为一个重要的范式。比如，几个星期之前我去了离帕迪尔不远的瓦戎城堡，那是一个漂亮至极的 16—17 世纪的城堡，墙上有各种徽记。那里也有湿壁画，还有从那个时代以来的各种各样的视觉图像。如今的艺术家们，比如说瑞士艺术家丹尼尔·斯波里（Daniel Spoerri），也把自己的奇特性放了进来：神奇可怪的动物，19 世纪一组特殊的收藏品，包括滑铁卢战场上的一个球这一类东西。我可以想象这会被认为纯然是琐碎无聊，仿佛当代艺术家们不知道该去干什么。可是，我觉得重要之点在于，奇特性首先是对于单个物体、个别物体的确认。笛卡尔和培根所代表的科学革命是反对奇特性的，因为奇特性就不会让一般规律得以阐明。总是存在着相对于一般规律而言对个别物体的偏好。在某种意义上，你还可以在瓦尔特·本雅明的身

1980 年左右，人们突如其来地就开始对奇特性发生了兴趣。

243

上碰到这个问题，照阿多诺的说法，本雅明被与他的拱廊计划有关的奢华物和各种各样低下的物品吸引住了。我的感觉是，这种 *ricorso*［回归］——原先被占主导地位的现代主义意识形态排斥了的元素的回归——不仅是一种非常重要的史学现象，因为我们突然以新的方式来看待事物了，而且也是对于我们关于这个世界的当代经验的指南。

考察当代历史学和历史哲学，我看到了与哲学相同的发展。尼古拉斯·芮谢尔（Nicholas Rescher）在一篇名为"今日美国哲学"（"American Philosophy Today"）的文章中描述了这个运动。他提到了"心怀不满的先锋派对于日常践履的这一学科的广泛进攻"，以及人们对于伦理学、女性主义以及其他东西的特殊兴趣。或许弗兰克林·安克斯密特——他将要集中关注历史经验的概念——可以被视为新的"后后现代主义"（post-post-modernism）历史哲学的征兆？你是怎么看的呢？

你说到这一点，这很有意思。很显然，我在这方面与弗兰克林·安克斯密特有同感，而且实际上我有两篇与这个问题相关的论文，要在未来几个月内的史学研讨会上提交。其中一场会议在比利菲尔德召开，是由耶尔恩·吕森组织的，我会在那儿探讨"活在过去"（living the past）的观念。这是我很快要在美国出版的一本书《浪漫主义与历史学的兴起》（*Romanticism and the Rise of History*）中的主题之一。我感兴趣的是历史经验的实际现象，当然不是理性所无法触及的某种东西，而是可

ricorso［回归］——原先被占主导地位的现代主义意识形态排斥了的元素的回归——不仅是一种非常重要的史学现象，因为我们突然以新的方式来看待事物了，而且也是对于我们关于这个世界的当代经验的指南。

244

以被解释和表现的历史经验。比如说，我一直在考察的人物之一是 19 世纪的法国作家皮埃尔·罗迪（Pierre Loti），他在他坐落于法国罗歇福特海岸（Rochefort-sur-mer）的房子中，一个接一个地修建了一系列非常精致而美丽的房间；一个文艺复兴风格的房间，一个有点中世纪"哥特式"风格的房间，然后又是一个装着阿拉伯物品的中东风格的房间，接着又是一个中国风格的房间。换句话说，所有这些东西都对应于某种经验上的要求，既要重访像远东那样充满异国风情的地方，那是他曾经访问过的，又要重新创造出他从未造访过的时代，比如中世纪。在中世纪风格的房间落成时，罗迪举办了一场精彩别致的宴会，人们穿着不同的服饰，唱着游吟诗人的歌谣。整个事情就变成了还原某种历史场景的试验。

那么，你认为我们能够经验过去吗？

我并不怀疑我们可以经验指向历史过去的某些形式的直觉，然而，让我觉得特别有兴趣的，是人们试图将他们视为他们关于过去的经验物质化的方式。我计划明年早些时候写作的另一篇论文，是关于我所谓的"过去的供给"（the furnishing of the past）的。这涉及 19 世纪初期那个阶段，那时候人们突然开始认识到，要看到过去是什么样子，你就得考虑家用物品，比如说家具。他们坐的是什么样的椅子？有一种非常明显的趋势，试图将舞台作为独立于演员的东西重建起来，这既能在与像是梅里美这样的人有关的文学中看到，又能在博物馆

(像是克鲁尼博物馆)中看到，更不用说波宁顿(Boning-ton)这样的画家了。特别是某些椅子的样式，还有床的样式，变得非常重要。家具就成了人的在场与环境或背景观念之间的变速器。你会看到，在美国的博物馆，以及某种程度上在英国的博物馆中，人们如何在 19 世纪的一个布景中开始构建不同时期的房间。也就是说，他们从法国的古堡中将整套家具(包括墙和地板)搬出，放到费城一个同样大小的新房间之中。这在我看来也是一个了不起的进展。我要说的是，那里没有人，除了博物馆的参观者之外，然而其表象见证了在 19 世纪之前还不可能的某种对于再造的需要。大约在 1820 年之前，没有人能够理解完整重建一个背景的需要。

于是，就可以说当代历史写作对于经验比之对于表现更有兴趣吗？

我们关于经验所拥有的唯一证据就是表现。

我不同意这种说法，因为我认为，我们关于经验所拥有的唯一证据就是表现。那是我自己所要诉诸的唯一证据。可是，我觉得或许人们有可能，以在伦理学中探讨对于选择和良心的考虑的同样方式，来探讨这样的经验。或许历史意识能够以类似的方式得以整合。

记忆……

是的，记忆，当然了。那总体而言最好是由小说家或者(也许至少从柏拉图以来的)哲学家来处理的东西。但是，至少此时此刻，我感兴趣的是被表现所中介了的经验。

新史学家给史料提出了新问题，并且得到了生活在一个犹疑不定的时代的读者们所需要的答案……

不，不光是历史学家。历史小说家们也提出了问题。瓦尔特·司各脱爵士提出了这些问题，梅里美提出了这些问题。换言之，在 19 世纪，不断试图否认小说与历史之间的分离对于该学科在专业方面的确立具有那么大的重要性，很大程度上也是历史学家们要做的事情。

或许我们可以找到历史学家和小说家一个新的共同之处——他们正在开始提出同样的问题。

246

我认为，他们可能会提出非常相近的问题，然而与此同时，他们的回答所采取的形式还是会大不一样，因为在历史小说中有不同的符码和用法，是我们不会期望在历史中看到的；就像比如说，直接的言谈或者对话的运用等。这令我想起了瓦尔特·司各脱爵士的情形：他的《劫后英雄传》(*Ivanhoe*) 中的著名场景，两个撒克逊人在谈论当前的局势。从奥古斯丁·梯也里 (Augustin Thierry) 到卡尔·马克思的各种各样的历史学家全都认识到这有多么重要，因为在对于诺曼人的征服进行陈述的历史上这是第一次，撒克逊人显然还在那里——他们还在谈话。然而，当梯也里撰写一部关于诺曼人征服的历史时，他不会让撒克逊人说话。照他的说法，他只不过试图去"建构"撒克逊人的观点罢了。因此，还存在着重要的差异性的标志。即便是勒华拉杜里，也没有真正让蒙塔尤的居民们彼此交谈，除了他们应答宗教审判官的审讯记录之外。然而，我会赞同说，存在某些语言方面的标记，是几乎任何对历史写作感兴趣或者熟知历史写作的人都会认为于历史学家不相宜的。其中之一就是直接的言谈。

除了史料里面就包含的对话之外。

是的。这确实是一个悖论。我的意思是，一方面史料存在着，尤其是有磁带录音或者其他声音史料的时候。然而，我觉得要害在于，你不能径直改编直接的言谈；你得为它提供布景。你得有某些安排：不仅是说了如此这般的一番话，而且还有他们是如何说出来的。他们是大声还是轻声、是友善地还是暴烈地说出来的？我在一篇名为《历史话语的分析》（*Analyzing the Discourse of History*）的文章中，分析了自第一次世界大战以来的一些史料，基本上是手稿史料及其若干不同的变种，我考察了它们如何被使用的两个例证，一个出自泰勒（A. J. P. Taylor）的《第一次世界大战史》（*History of World War I*），另一个出自柯雷里·巴内特（Corelli Barnett）的《佩剑者》（*The Sword Bearers*）。人们马上就会发现，对话出现时被置于一定的场景之中。尽管基本素材没有什么不同，史料是同样的，对话出现得却很不一样。之所以如此，正是因为当你试图让对话变急或者变缓，强调某个方面或者另一个方面时，实际上就是为读者让它戏剧化，或者将其置于一定场景之中，通常还带上了不难窥见的意识形态偏见。

你是如何从对艺术的兴趣转向对史学理论的兴趣的呢？

这对我来说并不难。我近来或者过去几年认识到，我或许并不是像其他历史学家一样工作的。我指的是，我不是选择一个课题，然后将自己在故纸堆中关上五六个月，接着对这些材料研究上一年，三年之后出版一本书。这不是我寻常所做的事情。我的做法是，有了某种持久的关切，那经常是与特定的人物相关的，这些人物贯穿所有时代，有时候（也许往往）出现在我旅行时所看到的场所或画像上。而且，他们以不同的轮廓反复出现。比如说，我几年前在南特的博物馆中看到了保罗·德拉罗歇（Paul Delaroche）一幅精彩的画作，名为《皮柯·德拉·米兰多拉的童年》（*The Childhood of Pico della Mirandola*）。我从不同的角度来观察它、琢磨它，最近我写了一篇关于"孕育文艺复兴"的论文，研究的是这样一幅肖像如何可以说成是"孕育了文艺复兴"。我们知道，文艺复兴是在 19 世纪被创造出来的——像是米什莱这样的 19 世纪的作者们给原先极为图式化的观念有效地赋予了新的内涵。于是，我们就有了文艺复兴。然而，这幅画在这一切当中扮演了什么样的角色呢？我想指出的是，存在着某种类型的历史意识，是可以由意象确定地创造出来的。

存在着某种类型的历史意识，是可以由意象确定地创造出来的。

在我看来，似乎你的背景中一直是你本人自身的经验。

是的，几乎总是如此。最初的经验几乎总是个人化的。然而，那恰恰是因为我的生活模式成了大量的旅行，尤其是到法国、意大利和其他欧洲国家旅行，有时候也到美国旅行。当我在芝加哥或者洛桑或者剑桥谈论一个寂寂无名的坎特伯雷的人物时，我很享受这种可以称之为跨越设定（transumption）的效果。并不实际去考察主流，而是考察边缘的问题，那些只要以特殊方式加以处理后就总是值得被放到引人注目之处的问题，这给我带来了毫无遮掩的愉悦之情。比如说，我最初研究的人物普洛斯帕·巴兰特——巴兰特在他的写作、他的史学编纂中的目标，其实是要不留下他作为作者的任何痕迹。他要炮制史料，仿佛它源于中世纪、源于 15 世纪一样。这很像是罗兰·巴特所谓的"零度写作"。当然没有人达到过这样的目标。写作无法被简化到零度。然而这种雄心可以培养起来的特定的历史环境、它在特定的文化背景下得以成立的方式，总是让我觉得兴味盎然。我发现那些自我贬抑的历史人物和那些有意在边缘地带取得成就的人，最是具有魅力。

比如，就约翰·巴格雷夫而论，我曾经试图建立一个简单的模型，其中有两类历史人物，都是我们耳熟能详的。先是伟人，我们阅读有关他的东西，他是一个有作为的人，或者是别样的情形（就像布罗代尔所写的菲利普二世一样），我们阅读有关他的东西，发现他并非真的能够掌控事情。于是，这是一个有关作为的问题。而后，是艺术家：在这个具体的研究中，我考察的是弗密尔（Vermeer）的情形，我们对他几乎一无所知。我们所拥有的一切是他的画作，这就很好。他被融入了表现的产物之中。然而在这当中，用波密安的术语来说，就有了他所谓的"负载符号"（semiophore）的人——创造意义的人，他并非伟人，并非艺术家，而是（用我的话来说）象征性地生活着的人，留下的是有时含混不清的标记，只有将它们彼此回溯性地联系起来才具有意义。倘若人们想要对于过往的文化有所品鉴的话，那种人物在我看来极为重要。

"负载符号"的人，创造意义的人，是极为重要的。

你是否认为学者们终于可以公开地在他们的著作中表达他们的观点了？如今主观性是否已经被合法化了？

　　法国人总是给每个东西都安上一个名词。他们将此称之为 égo-histoire［自我史］。那就表明这件事而言做得有些太过了。但我认为，艺术家也在做这样的事，不大习惯于这样来表露自我的历史学家也确实开始越来越走上了前台。就艺术史家的情形而论当然是如此。而且，我以为，在某种程度上，这种情况因为来自女性主义的压力而加剧了，因为很显然，女性主义要求人们承认其本身是有性属的，而不是从属于非个人化的、非性别化的权威。这至少是一种重要的基本性的变动。这显然还不是事情的终点。你出身于特定的阶级、特定的文化、有着特定的经验这一事实，也很重要。

249

你是否也认为存在着对于人类学化的哲学（anthropological philosophy）的兴趣的复兴：比如说，像是奥特迦·伽赛特（Ortega y Gasset）这样的哲学家。

　　是的，这一点毫无疑问。而这又与我关于新历史主在大多数国家，工作氛围整体而言在过去几年中变得更加粗野无文了。

有一种将成果量化的趋势。

250

义和文化诗学所说的东西联系在一起。我猜，你会说，在大多数国家，在大学里面工作、研究和教书的氛围整体而言在过去几年中变得更加粗野无文了。这明显不是由某个特定的民族文化来决定的，而是取决于蔓延甚广的情势。在英国，我们很大程度上依赖于对教学和研究的评判、基金会的决策等，这些东西显然是在毫不顾及教师和学者个人愿望的情况下就被决定了的。有一种将成果量化的趋势；你写了多少文章，你所在的系被评为什么等级。所有这些管制模式都来了，但我怀疑它已经带来了对它自身的反动。毕竟，从事精确科学者和从事人文学科者之间还是有所不同。这不仅在于我们没有那么按部就班、那么严格意义上的科学，而且也在于我们的个人投入更加彰明较著。我不是说，大科学家对他或者她的素材就不负有个人责任或者就没有倾心以注。那不过是荒唐之论。然而，历史学家，比如说，可以而且必须关注个人记忆的某些方面，关注个体经验，而这些东西是抵制量化的，甚至也许是很不适合于量化的。

如今人们对爱、性、死亡、童年、友情等有一种特殊的兴趣。或许我们正面临着一个最好的历史书是由外行来撰写的的时代。比如，你瞧一瞧阿利埃斯。

是的。阿利埃斯是一个很有意思的例证，因为他的确说过，他本身（儿童时）的经验的强度，让他推想在过去做儿童必定是大不相同的一回事，根本就不是他所经验到的那样。因此，他当作第一原理的，并不是人们一直就热爱儿童，而是倘若没有热爱儿童的证据的话，就没有理由来相信这乃是通则。我常常碰到反对阿利埃斯的历史学家们这样说："哦，是的，可是很显然人们在某些世纪中确实是爱他们的孩子的，来看看这些例子"——这合情合理，然而，阿利埃斯所做的事情依旧有其充分的理由，因为它造成了一种陌生化的效果。它将重担加在历史学家身上，让他们找到支持某种观点的证据，否则，那种观点在文化中会是自然而然的，以致我们很难设想别样事物的可能性的地步。

对死亡的痴迷又如何呢？汉斯·凯尔纳在他的《历史中的叙事性：后结构主义及以来》（"Narrativity in History: Post-Structuralism and Since"）中援引了保罗·利科的看法——近来关于死亡的历史的研究代表了一切历史所能抵达的最遥远之处。

这令我想起了我眼下正在校定证据的那本书。它考察的是许多墓碑上的铭文，而最后的图像是一个墓碑，或者说是一块大理石板，字迹已经销蚀。人们在那上面走得太多，铭文已经不再存在，然而那是作为本书主人公的那个人的墓碑。

其实，如果你对双关语多加留意的话，就会认识到我写的这个人其名字的意义所在。他叫巴格雷夫（Bargrave）。Bar 的意思是消除、站在前面。Grave（坟墓）当然就是埋葬他肉身的地方。这本书实际上就是关于这个具有象征意义的肉身以及它留在身后的遗迹的。巴格雷夫一桩有意思的事情，就是他在他的收藏品中保存了两具尸体：一具残缺不全，有着一根"法国人"的"指头"，现在还在；另一具是一只干燥脱水了的美洲蜥蜴，现在也还在。问题当然依旧在于，你如何进行历史研究或者运用历史给我们所提供的各种形式。所有这一切关于死与生的神话，所有这些人生的其他方面，需要出之以历史表述形式的适当的转述或评论。

是否能够说——用隐喻的说法——叙事主义者或者新史学家是一个能够经由她/他自身的经验来观察过去的人？她/他利用过去的人物作为表达情感、信仰和见解的中介？

也许是这样，但我认为另一种关切也非常重要，那就是形式化的领域。我能够体会关于叙事的论点。然而，对我来说问题并非总是叙事。问题在于以这样一种方式来变换形式，以便提供一种艺术化的和谐。比如说，也许没有人注意过这一点，我写的《真正的葡萄藤》一书分成了三个部分；每个部分又分成三个小的部分。它们之间有一种对称关系；每一个都关注一个不同的方面；我将它们的结合视作一种形式化的要素，在确立此书的文学性方面发挥了重要作用。我近来所写的关于浪漫主义的书也有着三三制的结构，其中的每个部分都比前一个部分篇幅更长。于是，就有了三个非常短的片段、三个中等篇幅的片段，最后是三个很长的片段。我觉得（就像列维-斯特劳斯对他的《生食与熟食》一书的开篇用了"序曲"［Overture］一词一样），人们会发现这里有与音乐结构的相似性。尽管它在一般意义上来说当然是叙事，音乐结构的暗示对我来说还是非常重要，就仿佛让某个东西具有奏鸣曲的形式，或者对某个旋律主题进行变奏一样。在讲巴格雷夫的书中，每一部分都关切着历史的不同模式。一个径直就是家庭史，另一个则是对于收藏的概念等进行的探问和认识论考察，人们对我感兴趣的是，能够将那些不同的研究路数拼合在一个总体上统一的结构之中。

你是否也有海登·怀特那种梦想——"重构作为智识活动的一种形式的历史学，它的关切同时既是诗性的，又是科学的和哲学的"？

252

　　当然，是的。这是他书中总是能够打动我的一段话，而实际上也是这一点，使得此书总体上具有了合理性。在很多方面，就分析模式而论，这种方法不是人们在今天还会运用的了，然而，《元史学》的重要之处在于，它认定在这个黄金时代，有历史意识或者历史认识的一个包罗广大的领域，它理所当然地既包括了历史叙事，又包括了历史性的哲学或历史哲学。所有这些都包容在一个躯体之内，而且能够以一种一贯的方式对其加以思考。

　　我还想说的就是，这个黄金时代不仅是一个哲学家和历史学家的时代，而且也是其他许多种人的时代：诗人和小说家，还有画家、博物馆收藏家、蜡制品和其他观赏形式的创造者，他们也非常重要。总体而论，我自身的参照点更加是与他们而不是历史哲学家在一起的。

你是如何对俄国形式主义发生兴趣的？

《俄国形式主义》(*Russian Formalism*) 是我在编辑一份名为《20 世纪研究》(*Twentieth-Century Studies*) 的杂志时弄起来的一本论文集的书名。20 世纪 60 年代，我就已经对结构主义发生了兴趣，那还在我注意到海登·怀特的著作之前。我运用这一方法的第一篇论文，是对于历史学的结构主义研究，发表于 1970 年，在其中我运用了新的话语分析的修辞模式（这篇文章后来收入了《克里奥的衣裳》）。俄国形式主义在那个阶段并非人所共知的。我那时也在研究俄国艺术，编辑一本关于建构主义的书。在英国人们似乎对此知之甚少，除了那些读过茨维坦·托多洛夫 (Tzvetan Todorov) 的《文学理论》(*Théorie de la littérature*) 的人以外。因而，问题不过就是将确实关涉到对于当代艺术和文学的所有不同形式的分析的一组文本都收到一起。我收入的一个文本是希科洛夫斯基 (Shklovsky) 的"词语的复活"（"The Resurrection of the Word"），那在我所在大学的电影研究系里还在用来教学生。在这个时期此种批判性的论著还是不同寻常的，因为它本质上乃是修辞批评的复兴，与英国批评的全部本土传统相抵触，而这些传统在 50 年代和 60 年代的大学里面得到了很大程度的强化。

253

米哈伊尔·巴赫金也很重要。他与俄国形式主义学派并没有严格的关联，却被看作后现代主义者的一个偶像。

是的，绝对如此。去年我再次认识到这一点，是在我翻译和编辑朱莉亚·克里斯蒂娃 (Julia Kristeva) 的由她在肯特这儿所做的讲演整理而成的关于普鲁斯特的著作的时候。我想到，我在 1972 年出版的克里斯蒂娃的第一篇论著是关于巴赫金的。克里斯蒂娃将她这篇论巴赫金的论文定名为"一个诗学家的毁灭"（"The Ruin of a Poetics"）。她考察的是形式主义起初的假设如何在遭到反驳的同时，又在其著作中得到了进一步的发展。

我觉得他关于对话和对话观（dialogism）的想法很有意思和启发性。

那当然很有意思。我最近写的一份东西，就是为两名目前在美国的俄罗斯研究者编辑的有关俄国视觉文化和苏联视觉文化的文集所作的前言。其中的大部分东西都写于 20 世纪 50、60、70 年代。这些作者指出，西方人在 60 和 70 年代提出来的俄国文化——尤其是俄国先锋派、现代主义的文化——的观念，是一种否定性的乌托邦，因为每个人都看到 20 年代进行的是什么样的活动并且将其理想化了，不可救药地试图将那些作品带出俄国，好看到它们。然而，这就意味着他们忽略了在 30、40 和 50 年代所发生的事情，而让人颇为吃惊的是，俄国人依然积极地在从事各种各样彼此相异的艺术：比如说，像卡巴柯夫（Kabakov）这样的人。因此，我觉得，事情兜了个圈子又回到了原处，形式主义作为一种方法依旧很重要。然而，与此同时，那些年里面，反形式主义的倾向、重建某种形式的批评参照系的企图，不应该仅仅被视作仅次于 20 年代的苏联先锋派的东西。

254

艺术在某种程度上总是反映了特定文化的处境。俄国形式主义与"繁荣兴盛的共产主义制度"联系在一起，而如今反形式主义运动反映了俄国目前的情形。艺术家们就像石蕊试纸一样显示了文化中的变迁。

一个文化有可能产生出关于另一个文化的神话来，真是如此。

绝对如此。你说得很对。问题在于，一个文化有可能产生出关于另一个文化的神话来，真是如此。这并不奇怪，然而会给理解造成障碍，但我想这因此是件好事情，我们看到俄国反形式主义产生了它自身的后果。在我看来，卡巴柯夫以现代主义的形式提供了20世纪20年代那些魅力非凡的事物的后现代主义的样式或者对等物：比如说，空中飞行，就像卡巴柯夫有名的装置那样，一个人从他的套间里飞出去。这显然是对于建构主义的飞行观念的一种反讽性的当代评论，隐喻了对人类自由的追求。

对历史学和历史哲学的前景你有何预见？

这是个不好回答的问题。但是我想从两个方面来回答。一方面，从大学的角度出发，总体上我一直从事20世纪60年代时人们所说的"跨学科"研究——罗兰·巴特称之为当代大学的"*tarte à la crème*[到处在用的口头禅]"。如今在我看来那不仅是一种跨学科的研究路数。它是在人文学科里面将人们所关切的所有领域进行了真正的结合。比如说，我教的很多学生做不止一个专题，这样的情形一年比一年多。过去的情形往往是，学生主要研究历史，或者研究英语或艺术史。而今，许多真正

优秀的学生想搞电影，也想搞视觉艺术，想研究诗歌，
当然这是可以的，即便很显然，并非任何人都能够做任
何事。这是我们研究生项目里的趋势。在我们称之为现
代研究的项目里面，人们可以在比如电影和艺术理论硕
士这样名目的全部范围内进行选择。因此，一方面，我
认为，学科的变动改变了大学学习的整个观念。沃尔夫
冈·以瑟尔（Wolfgang Iser）谈到，文学研究如何最终要从
人类学的视角才能确证自己的价值。它无法从道德角度
真正地确证自己。文化诗学的观念在我看来是一个可以
赖以进行整合的要素，至少可以将某些人文领域拉到
一起。

　　此时此刻我也清楚地意识到世纪末的视角。去年我
与一个同事编了一本论文集《乌托邦与千禧年》（*Utopias
and Millennium*）。我正在筹备 7 月份一个"瓦尔特·佩
特与'世纪末'文化"（*Walter Pater and the Culture of
the "fin de siècle"*）的研讨会。我想，各个世纪的终结，
总是让人兴味盎然的时候，因为人们具有文化的和诗学
的需要，去构想某种形式的断裂或者新奇性，并且因此
所有东西都浮到了表层。有些时候会有让人极其痛苦的
过渡，但我觉得挑战基本上是让人振奋的，无论在我们
处境中的其他方面有多少理由让人走向文化悲观主义。

255

英国，坎特伯雷
1994 年 5 月 5 日

论著选目

The Clothing of Clio: A Study of the Representation of History in Nineteenth-Century Britain and France. Cambridge: Cambridge Univ. Press, 1984.

Ian Hamilton Finlay: A Visual Primer, by Albrioux, Yves, 作注及评论。Edinburgh: Reaktion Books, 1985.

The True Vine: On Visual Representation and the Western Tradition. Cambridge: Cambridge Univ. Press, 1989.

The Inventions of History: Essays on the Representation of the Past. Manchester: Manchester Univ. Press, 1990.

Interpreting Contemporary Art, co-editor with William Allen. London: Reaktion Books, 1991.

Frankenstein, Creation and Monstrosity, editor. London: Reaktion Books, 1994.

Under the Sign: John Bargrave as Traveller, Collector, and Witness. Ann Arbor: Univ. of Michigan Press, 1994.

Romanticism and the Rise of History. New York: Twayne, 1995.

"Inscription and Identity in the Representation of the Past." *New Literary History* 22, no. 4 (1991): 937-960.

"Generating the Renaissance, or the Individualization of Culture." In *The Point of Theory: Practices of Cultural Analysis,* ed. Mieke Bal and Inge E. Boer. Amsterdam: Amsterdam Univ. Press, 1994.

"'Wilder Shores of Love': Cy Twombly's Straying Signs." In *Materialities of Communication,* ed. Hans Ulrich Gumbrecht and K. Ludwig Pfeiffer. Stanford: Stanford Univ. Press, 1994.

"History as Competence and Performance: Notes on the Ironic Museum." In *A New Philosophy of History,* ed. Frank Ankersmit and Hans Kellner, 195-211. Chicago: Univ. of Chicago Press, 1995.

埃娃·多曼斯卡(自我访谈)

历史就像生活，生活就是历史。

Ewa Domańska

为什么我选择了历史？ *257*

我一直对人类关于世界的经验感兴趣。所有人类活动本质上都是寻求自我和自我实现的方式。我在阅读。我读的不是政治和事实，我在阅读人。在游历具有历史表征的地方时，我力图触摸"他们"——那些从画像中凝视着我的人——曾经触摸过的东西：我似乎在那些地方感受到了他们精神性的在场。了解其他人和其他文化的热情一直存在于我身上。我致力于理解和体验。我充满热情地找寻那些以同样的隐喻性的方式来观察世界的人们。

我想起了我高中时候的历史老师，波兰东部边境一个气质高雅的女子，美丽动人而充满了女性的特质。她让人崇敬的个性中饱含着敏锐的知性和女性的魅力——那是我一直祈望达到的理想。她的纤弱和优雅，与她对自己所不断承受的当局压力的不懈抵抗之间形成了张力。我从她那儿继承了她深厚的爱国主义和在那些时候不合时宜的理想主义。她推荐我们读历史学经典——布克哈特和赫伊津哈。于是，我在大学里决定念历史的时候，是透过他们的眼睛——透过文化史——来看过去。

我上大学时，恰逢波兰历史上一段吸引人却艰难曲折的时期：1982—1987 年。我们对于"密谋"比之对于上课更感兴趣。我们购买"禁书"，去上那些老师有时会

258

> 我充满热情地找寻那些以同样的隐喻性的方式来观察世界的人们。

夹带有关我们过去的真相的课程。于是，我就成了最后一代"战斗的理想主义者"中的一员，他们与团结工会一同成长，植根于波兰独立复兴运动之中。"野蛮的资本主义"以及而今尤其在年轻人中甚嚣尘上的那种（以任何代价）求职挣钱的念头是在我们之后才出现的。

我们的历史课程大多数都充斥着事实影像（factography）。宏大的综合，国家、帝国和文明的历史提供了事实影像的框架和历史过程的知识。然而，它们丢掉了人。我想要学的可不是这种没有了人味的历史。于是，除了要求读的东西之外，我如饥似渴地阅读各种传记。我对艺术、音乐，对任何"人的"、情感的、体验性的东西产生了兴趣。我认真学习哲学史。亚里士多德、德国唯心主义和柯拉柯夫斯基（Kolakowski）让我着了迷。

> 我对艺术、音乐，对任何"人的"、情感的、体验性的东西产生了兴趣。

> 亚里士多德、德国唯心主义和柯拉柯夫斯基让我着了迷。

分析的历史哲学对于学术建制的影响真是厉害。所谓的科学哲学的波兹南学派使得某种非正统的马克思主义得到了普及。在一定程度上，杰尔泽·托波尔斯基以其做教师的天赋，将对于这些圆熟的科学主义理论的吸收变得轻缓了许多。他那时参加了历史叙事问题和真理在历史中所扮演的角色问题的论争。至于我自己，当时正忙着填补波兰历史中的"空白点"。在朋友们的帮助下，我做了各种展示牌，其中的内容被当地共产党认为是"民族主义的"。

总体而言，学生们反抗的是那样一种方法论，那一方面是他们毫不含糊地与马克思主义联系起来的，另一方面，又是与充斥着诉诸概括律、模型和普遍化来进行

解释的那种没有了人味的史学理论联系在一起的。我们
渴望着不受强制的自由、进行选择的自由，还有宽容。
我们不想让规律主宰着社会发展。我们向往着能够在政
治动乱中给我们指引道路的哲学。

毕业后，我开始在亚当·密科维茨大学宗教历史与哲
学系工作。我专注于早期基督教史，尤其是其象征和异端。
我学术生涯的这个时期并没有给我留下多么美好的记忆，
然而我学会了两样东西：关切道德哲学的人们本身并不总
是道德的，还有就是，没有异端就没有进步。我很高兴回
到了历史研究所，从那时起我一直在那儿工作。

259

我并不相信科学主义。科学与我们这个时代战争和
极权主义的悲剧并非漠不相干——它为它们提供了支
持。取代了上帝信仰的理性信仰，自 19 世纪初以来就
处于危机之中。人类需要启示。

我并不相信科学主义。

后现代主义是在 20 世纪 80 年代后期引起我的注意
的。它主要是在文学理论家当中被讨论的主题。外国出
版物难得一见，但我正好是在一个方便的位置上：杰尔
泽·托波尔斯基和他所指导的一个研讨班因其宽容和开
放而知名。而且，研讨班参加者们的智力潜能也是广为
人知的。我的朋友和同事们让我受益良多，尤其是乌尔
佐塞克（Wojciech Wrzosek）、扎雷吉科（Gwidon Zalejko）
和齐博托维茨（Andrzej Zybertowicz），他们打消了我个
性和心智上的幼稚，所幸不是全部……

我从托波尔斯基和帕摩尔斯基（Jan Pomorski）那里
了解到海登·怀特。1989 年，帕摩尔斯基递给我一本

《元史学》和一篇他关于怀特的论文。怀特的讨论所赖以展开的两个层面让我吃惊：一方面，是一种结构主义的构想——一种创造某种模型的企图（就此而论怀特并没有偏离科学主义）；另一方面，透过叙事、修辞的棱镜，则是一种考察历史写作的全新的路数。那正是我所想要寻求的：对于历史学的文学和艺术面孔的描述和对于19世纪史学的向往。最打动我的，是历史学家在试图创造出她对于过去的视域时所带有的主观性之合法化。在那之后，我很快就看了安克斯密特的《叙事的逻辑》，浏览了《过去与现在》和《历史与理论》杂志上发表的有关后现代主义的讨论。一切事物在我内心之中开始得到妥当的安顿，形成了一幅融通的画面：怀特、安克斯密特、凯尔纳、戈斯曼——历史与文学之间界线的模糊化，对于历史叙事的分析的关注，文本之被视为一个整体，对于古典的真理定义的拒斥，比喻性的语言、修辞、说服。我确信，这些观念将会改变我们看待过去的方式。

我是如何开始，也就是说，我是如何暂时地成为一名后现代主义者的？

这始于20世纪90年代早期理查德·罗蒂对波兰的访问。在那个时候，罗蒂那种式样的实用主义在波兰哲学意识中（尤其是在年轻人中）找到了它的家园。我也在那个时候碰到了给我极大启发的人。那一年，我得到了一笔资助，去荷兰的格罗宁根。在那儿，在弗兰克林·安克斯密特的充满善意的指导下，我在写一本有关叙

260

事主义历史哲学的书。我思考世界、人生和历史的方式发生了变化。我成了一名后现代主义者。我相信，倘若不是一方面是我深藏的个人经验所导致的潜意识中的裂口，另一方面又有安克斯密特的指引的话，后现代主义不会与我内心如此契合的。后现代主义吸引了我，完全淹没了我。它自由，不可测度，无法掌控，无法预言，没有中心，相对化，具有蒙蔽性，不稳定，意在反讽——然而却予人启迪，让人震动，旁门左道而又悖谬难解。在那个短暂的时期，它是对于我自身个性的哲学反思。它诉诸情感和潜意识。它提供了一种全新的观察世界的方式，透过直觉和情感来看世界；那个失去已久的世界，神圣的世界……人们为自己建造的天堂以及继之而来的地狱。那就是我生活的世界。那就是我渴望的哲学。我那时只想一件事：如何将这样一种智力上的回响发挥到极致，将它流溢出来的灵感尽可能汲取——这一切要快，尽可能地快，赶在它消散而化为陈腐的过去之前。我大概做到了这一点。

为什么会有这些表白呢？我想知识是否我们不应该开始在我们所写作的文字中展示出我们的灵魂——或者，甚至于，那样做乃是我们的义务。

寻找后现代主义者——最初的见面。

后现代主义已经过时了，应该让它死去，好进行仔细的尸检。它在完成了给那片因为理性和逻辑而干涸的土地下一场孕育生机的雨水的任务之后，就过去了。

后现代主义扮演了中世纪的异端和现代先锋派的角

我想知识是否我们不应该开始在我们所写作的文字中展示出我们的灵魂。

261

后现代主义已经过时了，应该让它死去，好进行仔细的尸检。

色。它重新评估了主导性的观察世界的方式——向我们
展现了世界的新面貌。后现代主义将旧的范畴置入了新
的语境。因此在人们看起来，它就是充满生气的，并且
让人文学科焕发了生机。它杀戮了一切传统的和约定俗
成的东西，带来了以往常常与"背叛变节"联系在一
起的东西。然而，我还是对它所向披靡的流行程度，对
精英、大师和权威的消失感到害怕：对于我情愿跟丹托
一样称之为"平庸之物的转化"的东西感到害怕。在
后现代主义之中，一切曾被认为"异常"的东西都受
到了关注，而实际上人们可以说，出毛病的不是出于正
常语境下的"异常"，而是出于异常语境下的"正常"。
这就是我在写作历史哲学时，避开后现代主义范畴的缘
故。因为它扮演了一个"元造物"（meta-creature）的角
色，将一切被视为是新的、非传统的和精微的东西都给
吞没了。正是因为这个缘由，我开始使用"过现代性"

"过现代性"
和"过现代
主义"。

（PASTmodernity）和"过现代主义"（PASTmodernism）
这样的说法，以指示这样一种现象，它表明现代性和现
代主义已经活到了头，因为它们已经耗尽了自己的潜
能。然而，我并不把过现代性视作一个新纪元，而是当
作一个预告新纪元即将到来的信使；换言之，我将过现
代性看作一个过渡时期。形形色色的哲学导向——它们
有意将其假设极端化，对于原本曾经是确定无疑的价值
争吵不休——的出现，明显证实了关于此种转移的论
点。此种极端化激起了反对，并且导致了批判性的辩
论。随着时间的流逝，这些趋势让其极端派们不再作

声，而在那些更加温和的立场中寻求共识。

生活在后现代的悬置状态、思想失重的状态，我在寻找一个大师、一个异端；我在寻找一个后现代主义者。1993 年 2 月，海登·怀特来到了格罗宁根……

我在寻找一个后现代主义者。

他应安克斯密特之邀做了一场讲演——"维柯与 18 世纪"。演讲大厅挤满了人。我期待着会出现热烈的讨论。坐在这样一个在历史哲学中制造了"叙事转向"、将其引向全新轨道的人物面前，我本以为提出的问题会是关于哲学上的后现代主义、文本主义、解构等等引起争议的问题。让我惊诧的是，人们提出的问题涉及的是怀特理论中的细枝末节——大致都是只有怀特和提问者才明白的问题。我相信，怀特的出现所开启的机会被浪费掉了。

262

既然我正计划着将我书中相当大的一部分用来讨论怀特的观点，我就请求约见他。我带了一个磁带录音机，因为想到我不大可能将我想要记录的东西全都记下来。由于心里面有那场不成功的讨论的印象，我开始提出最具一般性的问题——防止我们之间的交流陷于细枝末节的问题。我问了他所受到的启发和兴趣所在，问到了他对其他哲学家的看法，问到了后现代主义。我知道，在这类对话中，对话者常常会发现自己处于某种多少有些尴尬的境地，被迫承认或坦白他在写作中不会提到的东西，因为文本会让作者去掉某些亲密性、隐私性和主观性。与此相对照，在面对面的对话中，碰到一个刚被提出的问题时，对话人至少出于礼貌的缘故也倾向于要作答。那个时候，我还没有想到要把对话做成访谈，也没有想到要将其发表。

同年 2 月，汉斯·凯尔纳应安克斯密特之邀来到格罗宁根。受到与怀特的成功对话的激励，我决定再做一次努力。在我将谈话从录音转换过来时，我发现这些对话都充满了能够予人启迪的东西。我得出的结论是，我不能仅仅为我自身保留这些东西。我觉得，可以将一些选段变成一篇书面的东西。这就是在《辨析》(*Diacritics,* 1994 年春季号)上发表的一篇文章。

1992 年 5 月，我请求弗兰克林·安克斯密特做一次访谈。我会记住那个美妙的夜晚。我还记得那个片刻，安克斯密特说道："这种对于语言和话语的着迷让人厌倦。我们谈论语言已经差不多有 100 年了。该是变换主题的时候了。我个人更青睐于历史经验的范畴。"随后，我请求他就此进行发挥。这在我看来尤为要紧。我认为这一点对于历史哲学的前景而言至为根本。它给逾越将历史学和历史哲学分离开来的边界线赋予了象征意义。因为经验既可以是一个理论范畴，也可以是历史叙事的情节。出于这些理由，我给随后的每一位对话者都提出了如何看待经验范畴的问题。史学理论中一直就有一种努力，想要找到一个无所不包的范畴。在分析的历史哲学中，扮演这一角色的是解释模型。在语言哲学的主导下，发挥这一功能的是叙事、话语和隐喻。如今，在"历史学人类学化"之时，经验范畴以及其他与之相伴的范畴——诸如崇高 (sublime)、记忆、意

识——可能会决定性地更新历史哲学。通过返回其 19
世纪的传统，并接受来自于人类学哲学和人类学化的历
史的启发，这样的情形就会发生。生活是由经验构成
的。还能有什么比之我们的在世（being-in-the-world）更
加包容广大的呢？历史终究也是一种经验。或许，将罗
兰·巴特的说法变换一下，我们可以说：历史就像生
活，生活就是历史。当代史学的一个弥足珍贵的作品，
埃马纽埃尔·勒华拉杜里的《蒙塔尤》就是试图基于人
类经验来解释生活，并通过追索生活来解释历史，不正
是这样的吗？

带来生机的一击。

后现代主义在潜入历史研究的时候，也暴露了历史
学与历史哲学之间那种精神分裂的关系。这二者似乎是
彼此相互独立地发展起来的。历史学并不大关心历史哲
学中所发生的事情，而后者（我这里指的是叙事主义历
史哲学）则主要专注于 18 世纪和 19 世纪的历史学，将
那些时代视作史学成就的巅峰时期。

在后现代主义当中可以清晰地分辨出尼采的解构思
想和生命哲学的气息。毕竟正是尼采批判了历史主义，
从生命的制高点来考察它。照赫伯特·希那德尔巴赫
（Herbert Schnödelbach）的说法，那正是后来所谓的生命
哲学的起源。其实，它植根于德国浪漫主义，在那里生
命与启蒙运动的理性主义处于公然对立的状态。生命，
作为历史最根本的要素，就成了历史关怀的规范和目
标，而历史则被视作关于人类生活的科学。

264

在对生活和人道的确证中，却奇怪地暗含着一种悲观主义色彩，它又与越来越多的断定西方文化分裂的声音交织在一起。分裂的症状可以在对于世界的神圣体验日渐消减以及随之而来的"普世价值"系统的崩塌之中看到。对于将来的悲观主义看法现身了，提醒人们要警惕技术进步带来的破坏性后果。所有的文化领域都受到了危机的煎熬。文化在"沸腾"，然而，最终的爆炸却因为两次世界大战和极权主义而推迟了。这些历史事件要为这一事实负责：以笛卡尔式的 *ratio*［理性］来进行思考所碰到的危机的再度出现，不是呈现为"世纪末"衰颓的征象，而是目前正弥漫于所有人文学科的无所不包的后现代主义。与此同时，后现代主义反映了文化和心态的深刻变化。后现代主义是遭受了挫折的后工业社会的文化，它还记得战争和极权主义统治的悲剧，体验到了波普艺术的琐细，并又惊又怕地看到了头顶"空空洞洞的天空"。

后现代主义反映了文化和心态的深刻变化。后现代主义是遭受了挫折的后工业社会的文化，它还记得战争和极权主义统治的悲剧，体验到了波普艺术的琐细，并又惊又怕地看到了头顶"空空洞洞的天空"。

新的历史作品比如《蒙塔尤》（人类学化的历史的兴盛）和《元史学》（叙事主义历史哲学的兴盛）在 20 世纪 70 年代中期出现时，它的根基是在 19 世纪后半叶——那时，因为尼采的缘故而兴起了生命哲学，因此，它翻新了那个时期的某些观念。然而，这一次它是在历史的权威之下来这么做的。这一切都是始于 16 世纪的那场漫长危机的结果，这场危机在于不断推进的生活的世俗化和去神圣化，它与对于一场新的"世界之祛魅"的渴望相伴随。浪漫主义、世纪之交的先锋派以及如今的

后现代性都是这场危机的产物。理性被神秘化了，然
而，后现代主义哲学却又将此种神秘化剥得全身赤
裸裸。

历史学的人类学转向。 *265*

　　勒华拉杜里在《蒙塔尤》中所建构的阿伽狄亚[1]式
的世界，与屡遭挫折的 20 世纪的社会恰相对照。然而
这并非一个田园牧歌般的或者原始的阿伽狄亚。《蒙塔
尤》的阿伽狄亚式的神话是其道德智慧的证明。

　　这一神话使得勒华拉杜里能够获取可以替代科学知
识的知识。因为神话让人能够深入实在，那是与情感状
态联系在一起的，并且因此就是以它被经验的方式而存
在着的。这样的神话将即便是在其最陈腐不过的框架中
的存在提升到了崇高。如此构想的神话与狂想或虚构没
有任何关联。它是有着神圣维度的故事。它在真理一词
所具有的最深刻的意义上展示了真理。它令我们可以触
及实在、生命和人的本质。《蒙塔尤》的阿伽狄亚式的
特质，体现了根本性的升华（sublimation）的神话。然
而，这个神话与其说是由勒华拉杜里这个历史学家，还
不如说是由勒华拉杜里这个人建构出来的。

　　倘若我们越来越频繁地谈及人文学科在历史学的主
导之下的复兴，那是因为历史学扮演了一个越来越重要

---

　　〔1〕　阿伽狄亚（Arcadia）系古希腊一山区，以其田园牧歌式的淳朴生活而著称，
有如中国之桃花源。康德在其名文《世界公民观点之下的普遍历史观念》（见《历史理性
批判文集》）中，也用到此典故。——译者注

的角色。我们在转向过去，因为现在对于我们来说是不够的。我们在这大约 20 年中所经历的突破，使得历史学提升到了维系生命哲学的价值的心智事业之列。唯有历史学还是规范性的，而这就是它目前乃是仅有的几个价值领地之一的缘故。"新"史学成了有关人类生活、有关人类对于世界的经验的人类学故事（anthropological stories）。如今由历史学家们撰写的"人类学故事"，承担了补偿性的神话的角色，人们指望着它们将实在提升为崇高之物。如此它们就成为当代文化的对照物，展现出在我们与世界之间所发生的活剧。

那么，真理呢？

不论是"现代史学理论家"还是"新史学家"，都不否认实在或者真理本身的存在。他们只是暗示，实在和真理是相对的，强调我们对于世界的陈述也是一种建构：它们是对于世界的解释。因此，我相信，关于真理并没有什么问题可言：有的只是与解释的准确性和恰当性相关的问题，而且首先是与我们自己相关的问题。就此而论，我们要碰到的是伦理学。因为真理是一个道德范畴（就像枪一样）。

关于将来。

新史学不会主导历史学，即便它会成为史学的主流，这种新史学是个人或小共同体的单独传记的汇集；因此也是微观史的汇集。这种史学是关于与我们碰巧居住其中的世界不同的世界的故事。历史学家扮演了中介

如今由历史学家们撰写的"人类学故事"，承担了补偿性的神话的角色，人们指望着它们将实在提升为崇高之物。如此它们就成为当代文化的对照物，展现出在我们与世界之间所发生的活剧。

266

的角色，他以普通人的声调来说话。这些人被宏大的综合（利奥塔的元叙事）裁定了要沦于被人忽略的境地。以这样的方式，一个对于过往时光的神圣化的视域出现在读者的眼前。这种视域可以被人们经验到，并且让我们触及崇高。

看来，抛开后现代主义，并不会（即便在理论上）有助于我们解决当今文化种种让人烦忧的问题。然而，它完成了它的任务，它让我们受到了震动。它向研究者表明，历史学本质上乃是一种生活故事（life-story）；它提醒历史哲学家们，历史学同时也是文学，而真理乃是一个道德概念。它表明，没有什么东西比之那种神话——它显示了我们对于将世界视为井然有序的来认知的永无休止的愿望，并且其价值论实际上就是二值逻辑（善与恶）——更是历史性的了。如今我们应该思考，如何将平庸之物转化为艺术，如何使世俗之物再度神圣化，如何将日常生活的活动转换为一种仪式，如何将深藏在文化层累中的稳定不变的模式揭示出来。一句话：我们这一次如何能够让世界生魅。

我呢？

我热爱《蒙塔尤》，因为我有点儿喜欢比特丽思·德·普拉尼索，那是一个"年轻俊俏"的女人，从来没有忘怀她心爱的人——皮埃尔·克雷格，一个异端……

波兰，波兹南
1994 年夏

如今我们应该思考，如何将平庸之物转化为艺术，如何使世俗之物再度神圣化，如何将日常生活的活动转换为一种仪式，如何将深藏在文化层累中的稳定不变的模式揭示出来。

论著选目

Historia: O jeden most za daleko? (History: One World Too Far?), editor. Poznań: IH UAM, 1997.

"Metafora－Mit－Mimesis. Refleksje wokól koncepcji narracji historycznej Hayden White' a " ("Metaphor－Myth－Mimesis: Reflections on Hayden White' s Concept of Historical Narration"). *Historyka* 22 (1992): 29-44.

"Historia feminizmu i feministyczna historia" ("History of Feminism and Feminist History"). *Odra,* nos.7/8 (1994): 22-28.

"The Image of Self-Presentation." *Diacritics* (spring 1994): 91-100.

"Kryzys tradycyjnego rozumienia historii w filozofii anglosaskiej" ("The Crisis of the Traditional Understanding of History in Anglo-Saxon Philosophy"). *Historyka* 24 (1994): 57-65.

"Wspólczesna filozofia sztuki a narratywistyczna filozofia historii (Przypadek Arthura C. Danto)" (Contemporary Philosophy of Art and Narrativist Philosophy of History: The Case of Arthur C. Danto). *Historyka* 25 (1995): 75-87.

"Historiografia czasu postmodernizmu po postmodernizmie. Retropspekcja" ("The Postmodern Era' s Historiography after Postmodernism: Retrospection"). In *Wobec kultury. Problemy antropologa,* ed. Ewa Karpińska, 111-129. Lódź: Wyd. UL, 1996.

"Montaillou－Arkadia ' heretyckiego ' historyka" ("Montaillou－The Arcadia of a ' Heretic' Historian). In *Mit historyczny. Jego funkcje ideologiczne i polityczne w XIX i XX wieku (Historical Myth: Its Ideological and Political Functions in the Nineteenth and Twentieth Centuries),* ed. Alina Barszczewska-Krupa, 89-110. Lódź Wydawnictwo UL, 1996.

"Od postmodernistycznej narracji do po-postmodernistycznego doswiadxzenia. Propozycja Ankersmita" ("From Postmodern Narrative to Post-postmodern Experience: Ankersmit's Proposal"). *Teksty drugie,* nos. 2/3 (1996): 190-209.

"Po-postmodernistyczny romantyzm. (Senstivism-'nowa' filozofia historii-Franklin R. Ankersmit)" ("Post-postmodernist Romanticism: Sensitivism – the 'New' Philosophy of History–Franklin R. Anskermit"). *Kultura Wspólczesna,* nos. 1-2 (1996): 69-86.

后　记

林恩·亨特

历史哲学很少会带上个人的印记；自从黑格尔的时代以来，它的践履者们就以一种高度抽象的模式来写作，很少留下那些贡献这类文字的人所曾经有过的担忧、疑虑、期待或激情的痕迹。尽管他们之间很不一样，分析的历史哲学和更时新的后现代主义谱系这两者都保持了甚至是培育了这一传统。因此，在我打开埃娃·多曼斯卡所编排的这部文集时，冀望甚高之余，甚至还有某种程度上的如释重负之感。在这里，终于出现了对于我们智识生活中某些最急迫而又最困难的问题的第一手的、非正式的、日常化的表述。

这些期望没有落空，尤其是事情进行当中所发生的特殊的转折和扭曲，即便是参与者自身也无法逆料。读者在这儿找不到对于有关真理、后现代主义、语言学转向或者叙事主义取径的争论的系统性指南，然而他们却会发现某些更加撩拨人心的东西：对所有这些问题以及更多问题的引人入胜、视野开阔而且时而相互冲突的对话。关于一些历史哲学家中的领军人物对于他们自身的实践是如何思考的，这本书蕴涵颇丰，显然有时候超出了原先的打算；那涉及，透过他们自身的兴趣、过往的经验、自我的涉足、审美的关注和将来的抱负，他们是如何来看待这一实践的。

因此，这就是一本高度个性化的书。然而，这是谁

269

270

的书呢？它所代表的是什么呢？它反映了埃娃·多曼斯卡的观点吗？——既然是她挑选了对话者，提出了问题，并且在某种意义上引导了对话。她并没有把自己局限于助产士的角色；她所做的不止是帮助别人让他们羽翼未丰的思想出世。她像是一位电影导演，每天审视未完成的剧本，然而却表现出对于她想将作品做成什么样子的清晰意识，即便她对于故事的最终结局并无把握。参与者之间的交流就像人们会合情合理地推想的那样，体现了那些受访人——他们大度地让自己受到追问、引诱和刺激，然而他们事先就以自己的论著设定了议程——的见解吗？这些人（他们全都是男人，这一点值得考虑）并不像演别人电影的演员那样来做出回应；他们有如一部纪录片中的主人公那样，积极地介入为了他们和他们的著作而建构起来的记述之中。在这里我们是否也窥探到了一种更加普遍的时代精神（zeitgeist），一种对于历史写作的意味的集体思索？——那是一个人耐心十足地从有关我们时代的问题和答案的单个对话中建造起来的。当然，多曼斯卡自身对于这一努力的反思也可以说明很多问题，而且即便读者并非总是能够同意她对于问题的建构，也很难不得出这样的结论：访谈人、受访人和预想中的读者，都共同具有关于过去的意义的诸多忧虑、期待和梦想。某种集体的心理史学的分析在我们不知不觉的情况下展开了。

除了在提问者、回答者和旁观的读者这一修辞的三角中提供了不同层面的意义之外，这本书以其结构本身，还迫使我们提出更具一般意义的有关学术交流性质的问题。对话体的格式排除了所有将线性、系统化的思维模式强加于人的企图；而那恰恰就是历史哲学作为一种文体最为典型的模式。换言之，这本关于历史哲学的集子削弱了往往与那种反思联系在一起的思想进程。或者，它是不是在友善地对它们进行补充，以更加非正式的方式让我们的理解更加完满？即便对话的结果被写了下来，它们依然带上了某些它们在口头开始时所具有的犹疑不定和出乎意料之外的特性。正如在所有对话中那样，互动的结果是无法被一劳永逸就限定了的；访谈者和作者之间的来回往返，很快就引出了其他没有说过的或者甚至是不想说出来的问题。作者就是他们自己作品最好的阐释者吗？多曼斯卡对他们的追问似乎表明情况可能并非如此，读者也可以带着这样的念头把书拿起，然而作者的答案并非总是证实了这个预设；文字一经发表就有了自己的生命，这些文字的作者并非总是能够看到它们的全部蕴涵，就像他们自己所认识到的那样。那么，作者换个方式的谈话对于他们已发表的白纸黑字又有什么样的影响呢？我们是否应该将这些记录稿——因为它们无法系统组织——视作表述思想的更低一级的版本呢，还是将它们当作在其他方面大相径庭而又包含了丰富信息的东西？记录稿是否捕捉住了原汁原味的口头表达方式，或者，我们的解读无可避免地因为姿态和举止的阙如而遭到了扭曲？这些问题触及了学术交流常规的核心之处，并且提出了正规书籍所往往抹煞而让我们

271

茫然不知所措的问题。

就其还是一本书而论，这本书以不只一种方式，将出之以更加接近于我们日常经验的形式的学术交流呈现出来：话题快速转换，走向没有预见到的方向；回答来得犹疑不决，不够完备；问题持续一贯的时候，回答却变了。这本书以其个性化、互动式甚而是面对面的模式，令我们记起来，思想并非是从才智之士的头脑中一股脑儿地涌出的。它们是从与老师、学生、同事和爱人的对话中产生的；它们漂浮在某个时期的乌烟瘴气之中；它们常常沉在表层之下，只在人们没有预料到的时候脱颖而出；它们在被表述出来的时候——无论是口头的还是书面的——采取了奇特的经常还有些怪异的形式。这里的一些对话是在互联网上进行的，尽管多曼斯卡没有就此做出评论。人们只能揣想，这样的交流形式——那当然不是寻常意义上的口头交流，然而也不是寻常意义上的书面交流——如何使得思想推进的方式发生了改变。

在受访者明确的哲学和理论立场之外，他们与多曼斯卡进行交流的形式本身，就对历史作为一种经验和一门学科所具有的意义暗中做出了评论。近年来，历史哲学很关注叙事的性质，而后现代主义作为一种理论立场，得到了很多对于元叙事心存疑虑或者并不相信的人的认同。历史写作的叙事模式时常被人攻击为顽固的神话癖，总想越俎代庖，与科学和真正的批判迥不相侔。可是，这里是否也出现了某种或者更多的元叙事呢（许多人指出，后现代主义对于元叙事的批判本身就奠基于某种暗含着的元叙事之上)？至少，人们不得不说，叙事在这些对话中到处崭露头角。这在一定程度上必须归功于多曼斯卡的导引式的声音。她显然想要将后现代主义置于一个历史框架之中，欣赏它所具有的价值，宣布它的终结，并且勾勒出历史思想正在显现的新方向；也就是说，在人们纷纷宣称上帝和人的死亡之后，建构她自己关于生活和思想的新的元叙事。她旨在探明历史思想的水流，甚至或许给它开辟通道。

272

　　然而在这个方面她当然并非孤身一人。每一次当她问到她的受访者的某个立场的内涵，他(女分析家的男性分析对象?)回应她的问题时，总是编织一张叙事的网络：我写那东西的时候想的是什么……谁教的我……谁启发了我……我现在想的是什么……对于我自己和其他对类似问题感兴趣的人而言我认为事情将会向何处发展，如此等等。他们的个人经历和他们对历史作为一门学科的立场都可以在叙事网络中找到。关于这些叙事化的回答——这种形式仿佛是无法避免的——还可以写另一本书。这里没有人避开了这种形式。

　　倘若叙事的纠结被证明至少在这一语境下是无法避开的，那么其真理的内涵又如何呢？真理"问题"在书中一再出现。正如多曼斯卡所观察到的，今天，(至少在西方)真理问题依旧是最棘手的问题，而且，她还可以说，不仅在历史哲学，在几乎所有的知识领域的探讨中，都是如此。在许多方面，它是与理性问题相依共存的。倘若我们现在就像海登·怀特所主张的积极地重新想象历史的话，理性在此种努力中扮演的是何种角色？尽管他肯定是很正确地强调了，我们与我们私人的过去（或者我们集体的过去）之间的关系不会是一个纯粹的意识问题，它在包含了理性的同时也包含了想象，它依旧要将理性包含在内。然而是在何种程度上，以何种形式呢？

几乎这里受到询问的每个作者，都在祈望对于历史推理以及由此而来的对于写作历史的动机的更加开阔的理解。汉斯·凯尔纳提出，历史学家是在一个很少有人自觉到的"缄默的知识"的基础上来工作的，他们以模糊不明的焦虑的形式将那种"缄默的知识"传授给他们的弟子。他引入了历史学乃是对于失落的回应这一不断重现的主题。这种失落感有时候采取的是一种近乎忧郁的对于过去的向往的形式；比如说，弗兰克林·安克斯密特就坦言，他宁愿生活在18世纪。几乎每个人都援引了已经死去的，并且往往是死去很久了的人们的著作，作为他们主要的灵感之源：巴特、福柯、柯林武德、克罗齐、莱布尼茨、埃德蒙·伯克。认同的冲动似乎总是带有强烈的回溯性。

失落感和渴求感显然与对于当下的相当阴郁的看法联系在一起。受访者们一而再地回到分裂的主题，无论是出之于哪种形式：元叙事的死亡，知识的碎片化，对于历史线性进步的信心的丧失。即便他们往往对这些发展欢欣鼓舞，或者至少将其当作是有益的，还是在描绘它们时带上了缺憾、失落和伤逝的色调。约恩·吕森在谈到现代社会的无意义世界之时最为直言不讳地说出了这一点。多曼斯卡显然也持有这种观点，而对此的克服或许是她筹划这本书的主要目的。

一个分崩离析的现在与对于无可挽回地失去了的过去的渴望之间的关联，是一个浪漫的、尼采式的、反现代主义的、世纪末的比喻（trope）。它毫无疑问地出现在人们对于近来某些最为引人注目的文化史和微观史著作的热情接受之中：尤其是埃马纽埃尔·勒华拉杜里的《蒙塔尤》，娜塔莉·戴维斯的《马丁·盖尔归来》和金兹堡的《奶酪与蛆虫》。就像多曼斯卡看到的，很难找到以后现代精神来撰写的历史著作的例证。她转向这三本书，作为近似的候选者，然而在大多数方面它们确实无法满足种种指标。这些著作或许体现了对于元叙事信心的丧失，反映了知识的碎片化，因为它们的焦点都是一以贯之的地方性的。然而，它们也处处显示出对于历史学家寻求、捕捉以及讲述关于过去的真相的信心，即便与此同时它们也提出了有关史料以何种方式扭曲和转移了我们对于所发生的事情的视域的问题。它们反映了当前对于生活中看似无足轻重的和边缘性的东西的兴趣中最好的方面，因为它们坚持使用那些微不足道的东西，来说明有关过去的宗教、科学知识、家庭生活、性关系以及低等阶级的抱负等等更加广泛的问题。它们当然并不代表对于历史的放弃或者理性信念的丧失；在很多方面，勒华拉杜里、戴维斯和金兹堡属于历史学家中最为坚决的"现代主义者"之列，因为他们推进了传统形式的限制力量，即便是在出于肯定将来的深刻意识而写作的时候也是如此。

那种肯定将来的意识也出现在这本书里面。就像凯尔纳所指出的，历史学家们写作那种使得他们可以构想他们所祈望的将来的历史。这里面大多数受访的作者（我想说，他们中的所有人）仍然以很大程度上受惠于古典科学的理性和真理概念（尽管存在着针锋相对的种种抗议）来思考将来——以及因此还有过去。这些概念现在与其说是要被完全抛弃，不如说是得到了扩展，并且被打磨得更为精细。杰尔泽·托波尔斯基提醒我们，后现代主义在其最为极端的形式中——为彻底破坏古典的理性和真理概念而论辩——只会成为又一种教条主义。在实践中，历史学家不会也不能摒弃解释，也即，拒绝问为什么；对于将来的取向有赖于此。没有一种至少是暗含着的对于我们为何走到此时此地的叙事，我们就无法说出我们从这里想去到哪儿；过去、现在和未来经由我们的因果语言而连在一起。

在托波尔斯基的观点之中，令我信服的是真理问题不能只限于有关单个历史事实的有限陈述；它还必须关涉整个叙事的进行，无论叙事内在地就与审美的、伦理的和政治的关切有多大的纠缠。这里所访谈的作者们最初受到广泛的关注，就是因为他们明确地指出，在叙事结构中潜藏着各种没有明言的、被人们认为是外在的因素。简而言之，他们表明，历史写作并非在实用主义意

274

义上那样客观。我们也许想从他们的著作中得出结论说
——就像列昂奈尔·戈斯曼之所为——历史中的真理与
主体间性的观念联系在一起，比之与旧式的客观性观念
联系在一起，会更加成功。然而，他也指出，我们不必
得出这样的结论：历史中的真理是一个毫无意义的概
念，仅仅因为历史写作运用了各种各样的表现符码。

在多曼斯卡的表述中，对于历史真理的大多数最为
"激进的"挑战者而言，似乎有一种暗含着的叙事的潜
流。最早露面的是海登·怀特和弗兰克林·安克斯密
特，而这本集子是以阿瑟·丹托和彼得·伯克更为谨慎
的语调作结的。丹托说，他成为叙事的实在论者，并且
为他的立场提出了一个有趣的心理学以及或许是美学的
论证：除非我们觉得故事是真的，我们倾听这些故事的
劲头就会大打折扣。彼得·伯克指出，历史学家经常需
要受到震动，新的叙事主义和后现代主义的理论成功地
做到了这一点。但他坚持认为，我们可以达到某些真
理，并且避免讲述不实之言。他还暗示说，微观史和文
化史的时尚可能走到了头：没有对于更加宏大的解释框
架的悉心关注，地方性的焦点就会失去锋芒。久经锤炼
而备受人们信任的历史学家的技巧看来毕竟不会就这么
过时了。

无论多曼斯卡在将她的对话者们照此路数排列时有
何用心，最终我们还是得自己来描画前景。我们是否要
照着安克斯密特的样子在语言或者经验之间做出抉择？
他姿态决绝地宣称，自己站在后者的立场上，将经验与

意识关联起来（我们想得到，他会断定语言并不能完全将意识涵盖在内）。历史学家们或许会从中得到些许安慰，因为倘若我们的提问应该从我们如何表现实在转移到我们如何经验实在的话，历史学家就可以通过提供新的必不可少的答案来回击哲学家们。或者，我们是否就像伯克所提出的那样，认识到经验难以构成一个未经中介的范畴之后，必须使我们的注意力既关注结构又关注经验？

在思考将来的方向时，我发现自己被吕森所做的两点评论深深打动了。首先，他坚持认为，历史学结合了审美、政治和认知，我们需要对所有这三者的作用都有所品鉴。在某种意义上，我们可以说，怀特和安克斯密特都强调了审美的维度，而丹托和伯克则将重心放在认知上。我的观点不是要将每个历史学家或者哲学家都安放在一个三维的轴上，而是赞同吕森的看法，认为我们需要将更多的注意力用来考察这三种要素的相互纠结，而不低估其中的任何一种。其次，吕森提示了我们坚持某种历史真理的概念的最强有力的一个理由：这样的情况是会发生的，史料告诉我们某些我们预料之外的事情——甚至是某些与我们自己的意义概念相冲突的事情。这是吕森坚持历史知识的审美、认知和政治维度之间的相互关联的一个绝好的例证：从审美角度来说，可以预见的东西让我们无法餍足；从认知角度来说，惊奇感提醒我们，我们的知识并非仅仅来自于我们自身；从政治角度来说，未曾预料到的东西提醒我们要对自己的先入之见保持警觉。

　　这就让我到了给自己的后记来作一个后记的时候了。前面我注意到所有的受访者都是男性这一事实；他们也全都是欧洲人或美国人（至少我是这么想的）。尽管他们对他们自身和他们的技艺提出了丰富而让人振奋不已的陈述，他们却没有谈到当今一个出乎人们意料之外的广阔领域：那些从前被排除在历史知识的制造之外的人们所铭记的历史。女人、少数族群、非西方人提出了他们自己的历史陈述，有时候是关于他们自己人的，有时候是关于别人的，有时候遵循着经典的形式，有时候又不这样。历史意识的爆炸值得人们关注。然而，那是关于一个后记的后记——恳求人们去追踪那些未曾预料到的东西，无论它将我们引向何方。多曼斯卡所说的异端很少现身于你期待它们出现的地方。

论著选目

Politics, Culture and Class in the French Revolution. Berkeley: Univ. of California Press, 1984.

The New Cultural History, editor. Berkeley: Univ. of California Press, 1989.

The Family Romance of the French Revolution. Berkeley: Univ. of California Press, 1992.

The Invention of Pornography: Obscenity and the Origins of Modernity, 1500-1800, editor. New York: Zone Books, 1993.

Telling the Truth about History, co-author with Joyce Appleby and Margaret Jacob. New York: Norton, 1994.

Histories: French Constructions of the Past, co-editor with Joyce Revel. New York:

New Press, 1995.

The French Revolution and Human Rights, editor. Boston: Bedford Books, 1996.

"The Revenge of the Subject/The Return of Experience." *Salmagundi,* no. 97(1993): 45-53.

"The Virtues of Disciplinarity." *Eighteenth-Century Studies* 28 (1994): 1-7.

"Forgetting and Remembering: The French Revolution Then and Now." *American Historical Review* 100 (1995): 1119-1135.

参考文献

Ankersmit, Franklin R. "Historiography and Postmodernism." *History and Theory* 28, no. 2 (1989): 137–153. Discussion: Perez Zagorin. "Historiography and Postmodernism: Reconsiderations." *History and Theory* 29, no. 3 (1990): 265–74; and Franklin R. Ankersmit. "Reply to Professor Zagorin." *History and Theory* 29, no. 3 (1990): 275–296.

———. *Narrative Logic: A Semantic Analysis of the Historian's Language.* The Hague: Nijhoff, vol. 7, 1983.

———. "Tocqueville and the Sublimity of Democracy." *Tocqueville Review* (1993): 179–201; *Tocqueville Review* (1994): 193–218.

Ariès, Philippe. *Centuries of Childhood.* Trans. Robert Baldick. Harmondsworth UK: Penguin, 1979.

Aristotle. *De Anima*, edited and with introduction and commentary by David Ross. Oxford: Clarendon Press, 1961.

———. *De Sensu and De Memoria.* Text and translation with introduction and commentary by G. R. T. Ross. New York: Arno Press, 1973.

Auerbach, Erich. *Mimesis: The Representation of Reality in Western Literature.* Trans. Willard Trask. Princeton: Princeton Univ. Press, 1968.

Austen, Jane. *Persuasion.* London: Zodiac, 1949.

Bakhtin, Mikhail. *Rabelais and His World.* Trans. Hélène Iswolsky. Bloomington: Indiana Univ. Press, 1984.

———, and P. N. Medvedev. *The Formal Method in Literary Scholarship: A Critical Introduction to Sociological Poetics.* Baltimore: Johns Hopkins Univ. Press, 1978.

Bann, Stephen. "Analysing the Discourse of History." In his *The Inventions of History: Essays on the Representation of the Past.* Manchester: Manchester Univ. Press, 1990.

———. *The Clothing of Clio: A Study of the Representation of History in Nineteenth-Century Britain and France*. Cambridge: Cambridge Univ. Press, 1984.

———. "Generating the Renaissance or the Individualization of Culture. In *The Point of Theory*," ed. Mieke Bal and Inge E. Boer. Amsterdam: Amsterdam Univ. Press, 1994.

———. "'Wilder Shores of Love': Cy Twombly's Straying Signs." In *Materialities of Communication*, ed. Hans Ulrich Gumbrecht and K. Ludwig Pfeiffer. Stanford: Stanford Univ. Press, 1994.

———. *The True Vine: On Visual Representation and the Western Tradition*. Cambridge: Cambridge Univ. Press, 1989.

——— and William Allen, eds. *Interpreting Contemporary Art*. London: Reaktion Books, 1991.

——— and John E. Bowlt, eds. *Russian Formalism: A Collection of Articles and Texts in Translation*. Edinburgh: Scottish Academic Press, 1973.

——— and Krishan Kumar, eds. *Utopias and the Millennium*. London: Reaktion Books, 1993.

Barnett, Correlli. *The Swordbearers: Supreme Command in the First World War*. Harmondsworth UK: Penguin, 1966.

Barthes, Roland. "The Discourse of History." In *Structuralism: A Reader*, ed. and intro. Michael Lane. London: Jonathan Cape, 1970.

———. *Elements of Semiology*. Trans. Annette Lavers and Colin Smith. New York: Hill & Wang, 1968.

———. *Mythologies*. Paris: Seuil, 1957.

———. *A Lover's Discourse: Fragments*. Trans. Richard Howard. New York, 1978. French edn.: *Fragments d'un discours amoureux*. Paris: Seuil, 1977.

———. *S/Z*. Trans. Richard Miller. New York, 1974.

Bell, Daniel. *The Coming of Post-Industrial Society: A Venture in Social Forecasting*. Harmondsworth UK: Penguin, 1976.

Bernstein, Richard J. *Beyond Objectivism and Relativism: Science, Hermeneutics, and Praxis*. Oxford: Basil Blackwell, 1983.

Bloch, Marc. *Feudal Society*. Trans. L. A. Manyon. London: Routledge & Kegan Paul, 1989.

Borkenau, Franz. *Der Übergang vom feudalen zum bürgerlichen Weltbild: Studien zur Geschichte der Philosophie der Manufakturperiode*. Paris: Félix Alcan, 1934.

Braudel, Fernand. *L'Identite de la France*. Paris: Arthaud-Flammarion, 1986.

———. *The Mediterranean and the Mediterranean World in the Age of Philip II*. Trans. Siân Reynolds. London: Collins, 1972–1973.

Brown, Norman O. *Life against Death: The Psychoanalytical Meaning of History*. London: Routledge & Kegan Paul, 1959.

———. *Love's Body*. New York: Random House, 1966.

Bryson, Norman. *Looking at the Overlooked: Four Essays on Still Life Painting*. Cambridge: Harvard Univ. Press, 1990.

Burckhardt, Jacob. *The Age of Constantine the Great*. Trans. Moses Hadas. New York: Pantheon, 1949.

Bürgin, Alfred. *Geschichte des Geigy-Unternehmens von 1758 bis 1939: Ein Beitrag zur Basler Unternehmer- und Wirtschaftsgeschichte*. Basel: Birkhäuser, 1958.

Carnap, Rudolf. *Logische Aufbau der Welt*. Hamburg: Meiner, 1966.

Collingwood, R. G. *The Idea of History*. New York: Oxford Univ. Press, 1946.

Danto, Arthur C. *Analytical Philosophy of History*. Cambridge: Cambridge Univ. Press, 1965.

——. "The Artistic Enfranchisement of Real Objects: The Artworld." In *Aesthetics: A Critical Anthology*, ed. George Dickie and R. J. Sclafani. New York: St. Martin's Press, 1977.

——. "Beautiful Science and the Future of Criticism." In *The Future of Literary Theory*, ed. Ralph Cohen. New York: Routledge, 1989.

——. "A Future for Aesthetics." *The Journal of Aesthetics and Art Criticism* 51, no. 2 (1993): 271–277.

——. *The Transfiguration of the Commonplace: A Philosophy of Art*. Cambridge: Harvard Univ. Press, 1983.

Davis, Natalie Zemon. *Fiction in the Archives: Pardon Tales and Their Tellers in Sixteenth-Century France*. Stanford, California: Stanford Univ. Press, 1987.

——. *The Return of Martin Guerre*. Cambridge: Harvard Univ. Press, 1983.

Derrida, Jacques. *Glas*. Paris: Galilée, 1974.

——. *La Vérité en peinture. Lire Condillac*. Paris: Flammarion, 1978.

Descartes, René. *Méditations métaphysiques*. Texte, trad., objections et réponses présentés par Florence Khodoss. Paris: PUF, 1986.

Dewey, John. *Art as Experience*. New York: Capricorn Books, 1959.

Diderot, Denis. "Essai sur la peinture." In *Oeuvres esthétiques*, ed. P. Vernière. Paris: Garnier, 1968.

——. "Lettre sur les aveugles." In *Ouvres philosophiques*, ed. P. Vernière. Paris: Garnier, 1964.

Dray, William. *Laws and Explanation in History*. Oxford: Clarendon Press, 1957.

Droysen, Johann Gustav. *Historik, historisch-kritische Ausgabe*, ed. Peter Leyh, vol. 1, Stuttgart–Bad Cannstatt: Frommann-Holzboog, 1977.

Eco, Umberto. *Foucault's Pendulum*. Trans. William Weaver. San Diego: Harcourt Brace Jovanovich, 1989.

——. *The Name of the Rose*. Trans. William Weaver. London: Secker & Warburg, 1983.

Eliot, George. *Middlemarch*, ed. W. J. Harvey. Harmondsworth UK: Penguin, 1985.

Ermarth, Elizabeth Deeds. *Sequel to History: Postmodernism and the Crisis of Representational Time*. Princeton: Princeton Univ. Press, 1992.

Finlay, Ian Hamilton, Ron Costley, and Stephen Bann. *Heroic Emblems*. Calais VT: Z Press, 1977.

Flores, Marcello. *L'Immagine dell'USSR: l'Occidente e la Russia di Stalin (1927–1956)*. Milano: Il Saggatiore, 1990.

Fogel, Robert W. *New Sources and New Techniques for the Study of Secular Trends in Nutritional Status, Health, Mortality, and the Process of Aging*. Cambridge: National Bureau of Economic Research, 1991.

—— and Stanley L. Engerman. *Time on the Cross: The Economics of American Negro Slavery*. Boston: Little, Brown, 1974.

Forster, E. M. *A Passage to India*. London: Arnold, 1978.

Foucault, Michel. *The Archeology of Knowledge and the Discourse on Language*. Trans. A. M. Sheridan Smith. New York: Pantheon, 1972 (Originally *L'Archaeology du Savoir*, 1969, and *L'Ordre du Discours*, 1971, Paris: Gallimard).

——. *Discipline and Punish: The Birth of the Prison*. Trans. Alan Sheridan. Harmondsworth UK: Penguin, 1979.

——. *Histoire de la folie à l'âge classique*. Reprint Paris: Gallimard, 1985.

——. *The Order of Things: An Archeology of the Human Sciences* (*Les Mots et Les Choses*, 1966). New York: Random House, 1970.

Freud, Sigmund. *The Interpretation of Dreams*. Trans. James Strachey. Reprint New York: Avon, 1965.

Friedlander, Saul. *Reflections on Nazism: An Essay on Kitsch and Death*. Trans. Thomas Weyr. Bloomington: Indiana Univ. Press, 1993.

Fumaroli, Marc. *L'Âge de l'éloquence: Rhétorique et "res literaria," de la Renaissance au seuil de l'époque classique*. Geneva: Droz, 1980.

Genovese, Eugene. *Roll, Jordan, Roll: The World the Slaves Made*. London: Deutsch, 1975.

Gibbon, Edward. *The Decline and Fall of the Roman Empire*. Intro. Christopher Dawson. London 1957–1960.

Ginzburg, Carlo. *The Cheese and the Worms: The Cosmos of a Sixteenth-Century Miller*. Trans. John Tedeschi and Ann Tedeschi. London: Routledge & Kegan Paul, 1980.

Goethe, Johann Wolfgang von. "Italienische Reise." In Goethe, *Poetische Werke*, vol. 14. Berlin, 1961.

——. *Die Schriften Zur Naturwissenschaft*, vol. 4, *Zur Farbenlehre: Widmung, Vorwort, und Didaktischer Teil*. Weimar: Böhlau, 1955.

Goldmann, Lucien. *Le Dieu caché*. Paris: Gallimard, 1956.

Gombrich, Ernst. *Meditations on a Hobby Horse and Other Essays on the Theory of Art*. London: Phaidon, 1963.

Goodman, Nelson. *Languages of Art: An Approach to a Theory of Symbols*. Indianapolis: Bobbs-Merrill, 1968.

Gossman, Lionel. *Between History and Literature*. Cambridge: Harvard Univ. Press, 1990.

——, ed. with Mihai Spariosu. *Building a Profession: Autobiographical Perspectives on the Beginnings of Comparative Literature in the United States*. Albany: State Univ. of New York Press, 1994.

——. "Toward a Rational Historiography." In Gossman, *Between History and Literature*. Cambridge: Harvard Univ. Press, 1990.

——. Review of Michael Holquist and Katerina Clark, *Mikhail Bakhtin*, in *Comparative Literature* 38 (1986): 337–349.

——. Review of Mikhail Bakhtin, *The Formal Method in Literary Scholarship*, in *Comparative Literature* 31 (1979): 403–412.

Habermas, Jürgen. *The Philosophical Discourse of Modernity: Twelve Lectures*. Trans. Frederick Lawrence. Cambridge: MIT Press, 1987.

Hanawalt, Barbara, and Luise White. Review of Simon Schama, *Dead Certainties: Unwarranted Speculations*, in *American Historical Review* 98 no. 1 (1993): 121–123.

Hegel, Georg Wilhelm Friedrich. *Aesthetik*. Ed. Friedrich Basseng. Berlin, 1955.

Heidegger, Martin. *Being and Time (Sein und Zeit, 1927)*. Trans. John Macquarrie and Edward Robinson. New York: Harper & Row, 1962.

Hempel, Carl. G. "The Function of General Laws in History." *Journal of Philosophy* 39 (1942): 35–48.

Hildesheimer, Wolfgang. *Marbot: A Biography*. Trans. Patricia Crampton. New York: G. Braziller, 1983.

Himmelfarb, Gertrude. *The New History and the Old*. Cambridge: Belknap Press of Harvard Univ. Press, 1987.

——. "Telling It as You Like It." *Times Literary Supplement*, 16 Oct. 1992: 12–15.

Hofmannsthal, Hugo von. "Ein Brief." In Hofmannsthal, *Sämtliche Werke*, vol. 30. München, 1991: 45–56.

Ingarden, Roman. *Untersuchungen zur Ontologie der Kunst*. Tübingen: M. Niemeyer, 1962.

James, Henry. *The Golden Bowl*. Intro. R. P. Blackmur. New York, 1952.

Jones, Gareth Stedman. *Languages of Class: Studies in English Working Class History, 1832–1982*. New York: Cambridge Univ. Press, 1983.

Kammen, Michael, ed. *The Past before Us: Contemporary Historical Writing in the United States*. Ithaca: Cornell Univ. Press, 1980.

Kant, Immanuel. "Idea for a Universal History with a Cosmopolitan Purpose." In Kant, *Political Writings*. Ed. Hans Reiss, trans. H. B. Nisbet. 2d enlarged ed. Cambridge: Cambridge Univ. Press, 1991: 41–53.

——. *Kritik der Urteilskraft*. In Kant, *Werke*, vol. 8. Ed. Wilhelm Weischdel. Darmstadt, 1968.

——. "An Old Question Raised Again: Is the Human Race Constantly Progressing?" In Kant, *On History*. Ed. L. W. Beck. Indianapolis: Bobbs-Merrill, 1985.

Kellner, Hans. "A Bedrock of Order: Hayden White's Linguistic Humanism." *History and Theory* (1980) Beiheft 19: Metahistory: Six Critiques: 2–28.

——. "Hayden White and the Kantian Discourse: Freedom, Narrative, History." In *The Philosophy of Discourse. The Rhetorical Turn in Twentieth-Century Thought*, vol. I, ed. Chip Sills and George H. Jensen. Boynton/Cook: Portsmouth NH, 1992.

———. *Language and Historical Representation: Getting the Story Crooked*. Madison: Univ. of Wisconsin Press, 1989.

———. "Narrativity in History: Post-Structuralism and Since." *History and Theory* (1987). Beiheft 26: The Representation of Historical Events.

Keneally, Thomas. *Schindler's List*. London: Sceptre, 1994.

Kmita, Jerzy. *Elementy marksistowskiej metodologii humanistyki* (Elements of the Marxist methodology of the humanities, in Polish). Poznań, 1976.

Koselleck, Reinhart. *Historische Semantik und Begriffsgeschichte*. Stuttgart: Klett-Cotta, 1979.

———. *Kritik und Krise: Eine Studie zur Pathogenese der bürgerlichen Welt*. Frankfurt am Main: Suhrkamp, 1976.

Kowecka, Elzbieta. *Dwór "najrzadniejszego w Polszcze magnata"* (The court of "the most frugal magnate in Poland," in Polish). Warszawa: Instytut Kultury Materialnej PAN, 1991.

Krieger, Leonard. "The Horizons of History." *American Historical Review* 63 (1957): 62–74. Reprinted in Leonard Krieger, *Ideas and Events: Professing History*, ed. M. L. Brick, with an introduction by Michael Ermarth. Chicago: Univ. of Chicago Press, 1992.

Kristeva, Julia. *Proust and the Sense of Time*. Trans. Stephen Bann. London: Faber, 1993.

———. "The Ruin of a Poetics." In Stephen Bann and John E. Bowlt. *Russian Formalism: A Collection of Articles and Texts in Translation*. Edinburgh: Scottish Academic Press, 1973.

Kula, Witold. *Rozwazania o historii* (Reflections on history, in Polish). Warszawa: PWN, 1958.

Kuzminski, Adrian. "A New Science?" *Comparative Studies in Society and History* 18, no. 1 (1976): 129–143.

Labrousse, Ernest. *La Crise de l'économie française à la fin de l'ancien régime et au début de la révolution*. Paris: Presses Universitaires de France, 1944.

LaCapra, Dominick. "Is Everyone a *Mentalité* Case?" In his *History and Criticism*. Ithaca Cornell Univ. Press, 1985.

Laslett, Peter. *The World We Have Lost*. London: Methuen, 1965.

Leibniz, Gottfried Wilhelm. *Discourse on Metaphysics; and The Monadology*. Trans. George R. Montgomery. Buffalo: Prometheus Books, 1992.

Le Roy Ladurie, Emmanuel. *Montaillou, village occitan de 1294 a 1324*. Paris: Gallimard, 1975. English edn.: *Montaillou: Cathars and Catholics in a French Village, 1294–1324*. Trans. Barbara Bray. New York: Penguin, 1984.

Lévi-Strauss, Claude. *The Raw and the Cooked*. Trans. Doreen Weightman. Harmondsworth UK: Penguin, 1986.

Livius, Titus. *Titi Livi Ab urbe condita; Libri X*. Leipzig: Teubner, 1982.

Lord, Albert B. *The Singer of Tales*. Cambridge: Harvard Univ. Press, 1960.

Lotman, Iurii Mikhailovic. *Lektsii po struktural'noi poetike*. Introduced by Thomas G. Winner. Providence: Brown Univ. Press, 1968.

Lyotard, Jean-François. *The Postmodern Condition: A Report on Knowledge*. Trans.

Geoff Bennington and Brian Massumi, foreword by Fredric Jameson. Minneapolis: Univ. of Minnesota Press, 1984.

Malewski, Andrzej. "Empiryczny sens materializmu historycznego" (The empirical sense of historical materialism, in Polish). In *Studia z metodologii historii* (Studies in the methodology of history) ed. Andrzej Malewski and Jerzy Topolski. Warszawa: PWN, 1960.

Martin, Rux. "Truth, Power, Self: An Interview with Michel Foucault." In *Death and the Labyrinth: The World of Michel Foucault*. Trans. Charles Raus. London: Athlone Press, 1986.

Marx, Karl. *The Eighteenth Brumaire of Louis Bonaparte*. New York: International, 1972.

McCullagh, C. Behan. Review of *Narrative Logic. A Semantic Analysis of the Historian Language*, by Franklin R. Ankersmit. *History and Theory* 23, no. 3 (1984): 394–403.

Megill, Allan. "Recounting the Past: 'Description,' Explanation, and Narrative in Historiography." *American Historical Review* 94 (1989): 627–653.

Meinecke, Friedrich. *Die Entstehung des Historismus*. Hrsg. und eingel. von Carl Hinrichs. München: Oldenburg, 1959.

———. *Die Idee der Staatsräson in der neueren Geschichte*. Hrsg. und eingel. von Walther Hofer. 4. Aufl. München: Oldenburg, 1976.

Merleau-Ponty, Maurice. *Le Visible et l'invisible: Suivi des notes de travail*. Paris: Gallimard, 1971.

Mommsen, Theodor. *Römische Geschichte*, vols. 1–5. Berlin, 1912–1917.

Montaigne, Michel de. *Essais*. Paris: Librairie Generale Francaise, 1985. English edn.: *The Complete Essays*. Trans. M. A. Screech. London: Penguin, 1991.

Moretti, Franco. "The Moment of Truth." *New Left Review*, London, no. 159 (1986): 39–48. Republished in Franco Moretti, *Signs Taken for Wonders: Essays in the Sociology of Literary Forms*. Trans. Susan Fischer, David Forgacs and David Miller. London: Verso, 1988.

Nagel, Thomas. "What Is It Like to Be a Bat?" In Nagel, *Mortal Questions*. Cambridge: Cambridge Univ. Press, 1983: 165–181.

Negt, Oskar, and Alexander Kluge. *Geschichte und Eigensinn*. Frankfurt a.M.: Zweitausendeins, 1985.

Nelson, John S., Allan Megill, and Donald N. McCloskey. *The Rhetoric of the Human Sciences*. Madison: Univ. of Wisconsin Press, 1987.

Niethammer, Lutz. *Posthistoire. Ist die Geschichte zu Ende?* Reinbek bei Hamburg: Rowohlt, 1989. English edn.: *Posthistoire: Has History Come to an End?* Trans. Patrick Camiller. London: Verso, 1992.

Nietzsche, Friedrich. *The Genealogy of Morals: An Attack*. Trans. Francis Golffing. New York: Doubleday, 1956.

———. *The Use and Abuse of History*. Trans. Adrian Collins with an introduction by Julius Kraft. Indianapolis: Library of Liberal Arts Press, Bobbs-Merrill, 1957.

Novick, Peter. *That Noble Dream: The "Objectivity Question" and the American Historical Profession*. Cambridge: Cambridge Univ. Press, 1988.

Nussdorfer, Laurie. Review of *The New Cultural History*, edited with introduction by Lynn Hunt. Berkeley: Univ. of California Press, 1989; and *Interpretation and Cultural History*, ed. Joan H. Pittock and Andrew Wear. New York: St. Martin's Press, 1991. *History and Theory* 32, no. 1 (1993): 74–83.

Perelman, Chaim. *Raisonnement et démarches de l'historien*. Brussels: Éditions de l'Institut de Sociologie de l'Université Libre de Bruxelles, 1963.

——. *Le Champ de l'argumentation*. Brussels: Presses universitaires, 1970.

Pocock, John Greville Agard. *The Machiavellian Moment: Florentine Political Thought and the Atlantic Tradition*. Princeton: Princeton Univ. Press, 1975.

Propp, Vladimir. *Morphology of the Folktale*, edited and with an introduction by Svatava Pirkova-Jakobson. Trans. Laurence Scott. Bloomington: Indiana Univ. Press, 1958.

Proust, Marcel. *A la recherche du temps perdu*. Etablie par Nathalie Mauriac et Etienne Wolff. Paris: Grasset, 1987.

Rescher, Nicholas. "American Philosophy Today." *Review of Metaphysics* 46, no. 184 (1993): 717–745.

Ricoeur, Paul. *Time and Narrative*. vol. I. Trans. Kathleen McLaughlin and David Pellauer. Chicago: Univ. of Chicago Press, 1984.

Rigney, Ann. *The Rhetoric of Historical Representation: Three Narrative Histories of the French Revolution*. Cambridge: Cambridge Univ. Press, 1991.

Rorty, Richard. *Consequences of Pragmatism (Essays: 1972–1980)*. Minneapolis: Univ. of Minnesota Press, 1982.

——. *Philosophy and the Mirror of Nature*. Princeton: Princeton Univ. Press, 1980.

——. ed. *The Linguistic Turn: Recent Essays in Philosophical Method*. Chicago: Univ. of Chicago Press, 1967.

Rüsen, Jörn. *Studies in Metahistory*, edited and introduced by Pieter Duvenage. Pretoria: Human Sciences Research Council, 1993.

Schama, Simon. *Citizens. A Chronicle of the French Revolution*. New York: Knopf, 1989.

——. *Dead Certainties: Unwarranted Speculations*. New York: Knopf, 1991.

——. *The Embarrassment of Riches: An Interpretation of Dutch Culture in the Golden Age*. New York: Knopf, 1987.

Schefer, Jean-Louis. "The Bread and the Blood." In *Frankenstein, Creation and Monstrosity*, ed. Stephen Bann. London: Reaktion Books, 1994.

Schier, Flint. *Deeper into Pictures: An Essay on Pictorial Representation*. Cambridge: Cambridge Univ. Press, 1986.

Schiller, Friedrich. *Letters on the Aesthetic Education of Man*. Translated and edited by Elizabeth M. Witkinson and L. A. Willoughby. Oxford: Clarendon Press, 1967.

——. "Was heisst und zu welchem Ende studiert man Universalgeschichte." In *Werke*. Nationalausgabe, Weimar, 1970, XVII.

Scott, James C. *Weapons of the Weak: Everyday Forms of Peasant Resistance*. New Haven: Yale Univ. Press, 1985.

Scott, Joan Wallach. *Gender and the Politics of History*. New York: Columbia Univ. Press, 1988.

Sewell, William. *Work and Revolution in France: The Language of Labor from the Old Regime to 1848*. Cambridge: Cambridge Univ. Press, 1980.

Shusterman, Richard. *Pragmatist Aesthetics: Living Beauty, Rethinking Art*. Cambridge MA: Blackwell, 1992.

Southern, Richard. *The Making of the Middle Ages*. London: Hutchinson, 1953.

Spence, Jonathan D. *The Memory Palace of Matteo Ricci*. New York: Viking, 1984.

Spengler, Oswald. *The Decline of the West*. Trans. with notes by Charles Francis Atkinson. New York: Knopf, 1926–1928.

Stanford, Michael. *The Nature of Historical Knowledge*. Oxford: Basil Blackwell, 1986.

Stone, Lawrence. *The Family, Sex and Marriage in England, 1500–1800*. New York: Harper & Row, 1977.

——. "The Revival of Narrative: Reflections on a New Old History." *Past and Present* 85 (1979): 3–24.

Taylor, A. J. P. *History of World War I*. London: Octopus Books, 1974.

Thompson, E. P. *The Making of the English Working Class*. Harmondsworth UK: Penguin, 1968.

Todorov, Tzvetan. *Théorie de la Litterature*. Paris: Seuil, 1965.

Topolski, Jerzy. *Wolnosc i przymus w tworzeniu historii* (Freedom and coercion in the making of history). Warszawa: PIW, 1990.

——. "Założenia metodologiczne Kapitalu Marksa." In *Założenia metodologiczne "Kapitalu" Marksa* (Methodological assumptions of Marx's "Capital"). Warszawa, 1970.

——. *Methodology of History*. Trans. Olgierd Wojtasiewicz. Warszawa: PWN, 1976.)

——. "A Non-Postmodernist Analysis of Historical Narratives." In *Historiography between Modernism and Postmodernism*.

——. Teoria wiedzy historycznej (Theory of historical knowledge). Poznań: Wydawnictwo Poznańskie, 1983.

——, ed. *Historiography between Modernism and Postmodernism: Contributions to the Methodology of the Historical Research*. "Poznań Studies in the Philosophy of the Sciences and the Humanities." Amsterdam: Radopi, 1994.

Toulmin, Stephen, Richard Rieke, and Allan Janik. *An Introduction to Reasoning*. New York: Macmillan; London: Collier-Macmillan, 1979.

Toynbee, Arnold. A *Study of History*, vols. 1–12. London. Oxford Univ. Press, 1935–1961.

Vico, Giambattista. *The New Science*. Trans. of 3d. edn. (1744) by Thomas Goddard Bergin and Max Harold Fisch. Ithaca: Cornell Univ. Press, 1968.

Vries, P. H. H. *Vertellers op drift: een Verhandeling over de niuewe verhalende geschiedenis*. Hilversum: Verloren, 1990.

White, Hayden. "The Burden of History." *History and Theory* 5, no. 2 (1966): 3–34.

——. *The Content of the Form: Narrative Discourse and Historical Representation*. Baltimore: Johns Hopkins Univ. Press, 1987.

——. "Foucault Decoded: Notes from Underground." *History and Theory* 12, no. 1 (1973): 23–54. Also in White, *Tropics of Discourse*.

——. *Metahistory: The Historical Imagination in Nineteenth-Century Europe*. Baltimore: Johns Hopkins Univ. Press, 1973.

—— and Willson H. Coates. *The Ordeal of Liberal Humanism*, vol. 2 of An Intellectual History of Western Europe. New York: McGraw-Hill, 1969.

——. *Tropics of Discourse: Essays in Cultural Criticism*. Baltimore: Johns Hopkins Univ. Press, 1978.

——, ed. *The Uses of History: Essays in Intellectual and Social History*. Detroit: Wayne State Univ. Press, 1968.

Wilhelm, Richard. *Botschafter zweier Welten*. Selections, with an introduction by Wolfgang Bauer. Düsseldorf: Eugen Diederichs, 1973.

索 引

（索引页码为本书边码）